간추린 법화경

나무
지혜

간추린
법화경
法華經

원역자 / 구마라습 법사
편역자 / 권희재

간추린 법화경

법화경을 쓰신 분_어느 부처님의 화신
법화경 한문으로 번역하신 분_구마라즙 법사
법화경을 간추린 이_권희재

초판 1쇄 발행일_2023년 1월 25일
펴낸곳_나무지혜 | 출판등록 2022년 10월 20일 제2022-000073호
주소_서울시 은평구 연서로 28길 12 메트하임 1314호
전화번호_010-3509-6513
팩스_0504-252-6513
홈페이지_www.wordofbuddha.co.kr
전자우편_behindname@naver.com

삽화_조이락 Irak7@naver.com

가격_18,000원
ISBN_979-11-981484-0-7 03220

그 때에 석가모니불께서 법좌에서 일어나시면서 큰 신통력을 보이셨으니
오른손으로 한량없는 보살마하살들의 정수리를
한꺼번에 어루만지시며 말씀하셨다.
"내가 한량없는 백 천 만억 아승기겁 동안 닦아 익힌
이 얻기 어려운 아뇩다라삼먁삼보리의 법을 이제 너희들에게 부촉하노라.
너희들은 응당 일심으로 이 법을 펴서 널리 이롭게 하라."

-[법화경] [촉루품] 중에서-

경주 석굴암 본존불상.
삼매에 드신 석가모니 부처님.

고려 시대 묘법연화경 표지.
국립중앙박물관 소장.

고려 묘법연화경 제2권 제5 비유품의 변상도.
오른쪽에 석가세존께서 설법하시는 모습이 그려져 있고,
왼쪽 상단에는 불타는 집의 비유가 그려져 있다.
그 아래에는 거지 아들의 비유가 보인다.
국립중앙박물관 소장.

다보탑 안에 함께 앉으신 석가모니 부처님과 다보여래 부처님.
양산 통도사 영산전 벽화.

발해의 이불병좌상二佛並坐像.
중국 지린성 훈춘현 반라성지에서 출토됨.
일본 동경 국립박물관 소장.

그 때에 용왕의 딸에게 보배 구슬 하나가 있었는데
그 가치가 삼천대천세계에 버금가는 것이었다.
그것을 부처님께 바치니 부처님께서 곧 받으셨다.
용왕의 딸이 지적보살과 사리불 존자에게 말하였다.
"제가 드린 보배 구슬을 세존께서 받으셨는데 이 일이 빠르옵니까?"
지적보살과 사리불이 답하길 "빠르구나."
용녀가 말하길
"여러분의 신통력으로 제가 성불하는 걸 보십시오. 이보다 더 빠를 것입니다."
-[법화경] [제바달다품] 중에서-

일본 헤이안 시대 불화 용녀헌주龍女獻珠. 미국 메트로폴리탄 미술관 소장.

고려 묘법연화경 변상도의 일부.
[법화경] 제7권 제25 관세음보살보문품의 내용을 그렸다.
죄인이 관세음보살의 이름을 부르자
그 목을 치려던 칼이 동강나고 있다.
국립중앙박물관 소장.

합천 해인사 영산회상도. 영조 5년(1729) 승려화가 의겸의 작품.
석가모니 부처님의 양무릎 아래
문수보살과 보현보살, 그리고 아난과 가섭 존자님의 모습이 보인다.

權華開敷
實菓泰彰
無染之美
假喩蓮花

껍데기였던 꽃이 열려 활짝 피어
알맹이인 열매가 실히 드러났으니
물듦이 없는 아름다움이므로
이를 연꽃에 빌려서 비유하였다.

-[법화경종요][제1대의大意] 중에서-

강원도 춘천 현지사의 다보탑.
21세기에도 법화 신앙을 그대로 유지하고 있는 곳이다.
[법화경]의 다보탑이 다보여래께서 계시는 정토에
실제로 존재한다 믿는다.

차례

간추린 법화경法華經　　21

제1. 서품　　22
제2. 방편품　　30
제3. 비유품　　62
제4. 신해품　　86
제5. 약초유품　　110
제6. 수기품　　124
제7. 화성유품　　128
제8. 오백제자수기품　　160
제9. 수학무학인기품　　180
제10. 법사품　　188
제11. 견보탑품　　206
제12. 제바달다품　　224
제13. 권지품　　240
제14. 안락행품　　248
제15. 종지용출품　　268
제16. 여래수량품　　288
제17. 분별공덕품　　316
제18. 수희공덕품　　332
제19. 법사공덕품　　342
제20. 상불경보살품　　348
제21. 여래신력품　　362
제22. 촉루품　　376
제24. 묘음보살품　　384
제25. 관세음보살보문품　　408
제27. 묘장엄왕본사품　　446
제28. 보현보살권발품　　460

특별 부록　　　　　　　　　　　　　　484

1. 21세기 붓다의 메시지　　　　　　　486
2. 법화경 영험담　　　　　　　　　　500
3. 찾아보기　　　　　　　　　　　　503

참고 서적　　　　　　　　　　　　　515

수행표	一	二	三	四
	1日 서품 22	2日 방편품 30	3日 32	4日 36
	10日 비유품 62	11日 불타는 집의 비유 68	12日 74	13日 78
	19日 104	20日 약초유품 약초의 비유 110	21日 114	22日 116
	28日 140	29日 마술성의 비유 148	30日 154	31日 158
	37日 수학무학 인기품 180	38日 184	39日 법사품 188	40日 192
	46日 220	47日 제바달다품 224	48日 228	49日 230

五	六	七	八	九
5日 42	6日 46	7日 50	8日 54	9日 58
14日 80	15日 신해품 86	16日 가난한 아들의 비유 92	17日 98	18日 102
23日 120	24日 수기품 124	25日 화성유품 128	26日 132	27日 136
32日 오백제자 수기품 160	33日 164	34日 168	35日 옷에 숨겨진 보석의 비유 172	36日 178
41日 196	42日 202	43日 견보탑품 206	44日 210	45日 216
50日 232	51日 236	52日 권지품 240	53日 246	54日 안락행품 248

수행표	一	二	三	四
	55日 254	56日 256	57日 260	58日 왕의 상투속 구슬의 비유 264
	64日 여래수량품 288	65日 292	66日 296	67日 298
	73日 324	74日 328	75日 수희공덕품 332	76日 338
	82日 368	83日 372	84日 촉루품 376	85日 380
	91日 관세음보살 보문품 408	92日 414	93日 418	94日 420
	100日 450	101日 454	102日 456	103日 보현보살 권발품 460

五	六	七	八	九
59日 종지용출품 268	60日 272	61日 276	62日 280	63日 284
68日 300	69日 의사와 아들의 비유 306	70日 312	71日 분별공덕품 316	72日 320
77日 법사공덕품 342	78日 상불경 보살품 348	79日 354	80日 358	81日 여래신력품 362
86日 묘음보살품 384	87日 390	88日 394	89日 396	90日 402
95日 424	96日 426	97日 434	98日 438	99日 묘장엄왕 본사품 446
104日 464	105日 468	106日 472	107日 476	108日 480

일러두기

법화경法華經

대승불교의 근본 경전. [화엄경], [금강경]과 함께 대승삼부경을 이룬다. 천태종과 법상종, 일본 일련종의 소의 경전으로, [화엄경]과 함께 동아시아 대승 불교에서 양대 산맥을 이루며 핵심적 위치를 점해왔다. 산스크리트어로 saddharma-pundarika sutra라 하는데, 한역본으로 구마라집의 [묘법연화경]이 가장 대표적이다. 이 [묘법연화경]의 약칭이 바로 [법화경]이다.

[법화경]은 석가여래께서 열반에 드시기 얼마 전 당신의 진실한 정체를 드러내시는 경전이다. 영산회상에서 열린 법회에서 석가여래께서는 반평생 동안 설하셨던 아함부의 가르침이 임시방편이었다고 말씀하시면서, 진실로 성불하기 위해서는 방편의 가르침으로는 불가능하며 오직 대승으로만 진실한 성불이 가능하다고 밝히신다. 이 때 대승의 핵심은 모든 중생을 부처님의 자녀로 여기는 일불승과, 무분별법에 들어가는 제법적멸의 이치, 그리고 여래에 대한 절대적인 믿음이다.

법화경 후반부에서 석가여래께서는 자신이 실제로는 젊어서 성불한 것이 아니라 무한한 시간 이전에 성불한 구원실성(久遠實成, 장구한 시간 이전에 이미 성불하였음)의 부처님이심을 밝히는데, 이는 석가여래께서 인간과 같은 수행자 이기 이전에 이미 우주 전체의 지존이었음을 밝히시는 것이었다. [여래수량품]에 나오는 이 말씀으로 인해 동아시아 불교는 석가모니 부처님을 삼계의 지존이자 남섬부주(지구)의 교주, 신들을 모두 다스리시는 우주의 법왕으로 섬기게 된다. 개인적인 수행에서 벗어나 우주의 지존이신 석가모니불을 섬기는 대승 불교는 바로 이 때부터 탄생한 것이다.

간추린 법화경

원역자 / 구마라습 법사
편집자 / 권희재

[제1/서품] 1일차
법화경은 대대로 전해지는 최고의 진리이다

1. 영취산에서 법회가 열리다.

如是我聞 一時佛	여시아문 일시불
住王舍城 耆闍崛山中	주왕사성 기사굴산중
與大比丘衆 萬二千人俱	여대비구중 만이천인구
皆是阿羅漢 諸漏已盡	개시아라한 제루이진
無復煩惱 逮得己利	무부번뇌 체득기리
盡諸有結 心得自在	진제유결 심득자재
菩薩摩訶薩 八萬人	보살마하살 팔만인
皆於阿耨多羅三藐三菩提 不退轉	개어아뇩다라삼먁삼보리 불퇴전
皆得陀羅尼 樂說辯才	개득다라니 요설변재
轉不退轉法輪	전불퇴전법륜
供養無量 百千諸佛	공양무량 백천제불
於諸佛所 植衆德本	어제불소 식중덕본
常爲諸佛 之所稱歎	상위제불 지소칭탄
爾時 釋提桓因	이시 석제환인
與其眷屬 二萬天子俱	여기권속 이만천자구
復有名月天子 普香天子	부유명월천자 보향천자
寶光天子 四大天王	보광천자 사대천왕
與其眷屬 萬天子俱	여기권속 만천자구
自在天子 大自在天子	자재천자 대자재천자
與其眷屬 三萬天子俱	여기권속 삼만천자구
娑婆世界主 梵天王	사바세계주 범천왕
尸棄大梵 光明大梵等	시기대범 광명대범등
與其眷屬 萬二千天子俱	여기권속 만이천천자구

이와 같이 나는 들었다. 한때 부처님께서
왕사성 기사굴산(영취산) 가운데
큰 비구 만이천 명과 함께 계셨다.
그들은 모두 번뇌가 다한 아라한으로
다시는 번뇌가 없어 자신의 이익을 얻고
모든 미혹함을 끊어 마음에 자재함을 얻은 이들이었다.

그리고 보살마하살 팔만 명이 있었으니
모두 아뇩다라삼먁삼보리에서 물러나지 않는 경지에 있어
다 다라니와 설법 잘하는 변재를 얻어
물러나지 않는 법륜을 굴리는 이들이었다.
한량없는 백 천의 모든 부처님들께 공양하여
모든 부처님들의 처소에서 온갖 덕의 근본을 심어
모든 부처님들께서 항상 칭찬하고 찬탄하는 이들이었다.

그 때 석제환인이
그 권속들, 이만 명의 천자와 함께 있었고
또 월천자와 보향천자,
보광천자와 사대천왕들도
각기 그 권속들 만 명의 천자와 함께 있었다.
자재천자와 대자재천자도
그 권속 삼만 명의 천자와 함께 있었고,
사바세계의 주인인 범천왕과
시기대범, 광명대범의 무리도
그 권속들 만이천 명의 천자와 함께 있었다.

2. 부처님께서 기이한 상서를 나타내 보이시다.

爾時世尊 四衆圍遶	이시세존 사중위요
供養恭敬 尊重讚歎	공양공경 존중찬탄
爲諸菩薩 說大乘經 名無量義	위제보살 설대승경 명무량의
敎菩薩法 佛所護念	교보살법 불소호념
佛說此經已 結跏趺坐	불설차경이 결가부좌
入於無量義處三昧 身心不動	입어무량의처삼매 신심부동
是時 天雨曼陀羅華 摩訶曼陀羅華	시시 천우만다라화 마하만다라화
曼殊沙華 摩訶曼殊沙華	만수사화 마하만수사화
而散佛上 及諸大衆	이산불상 급제대중
普佛世界 六種震動	보불세계 육종진동

爾時 佛放眉間	이시 불방미간
白毫相光 照東方	백호상광 조동방
萬八千世界 靡不周遍	만팔천세계 미부주변
下至阿鼻地獄 上至阿迦尼吒天	하지아비지옥 상지아가니타천
於此世界 盡見彼土 六趣衆生	어차세계 진견피토 육취중생
又見彼土 現在諸佛	우견피토 현재제불
及聞諸佛 所說經法	급문제불 소설경법

復見諸菩薩摩訶薩	부견제보살마하살
種種因緣 種種信解	종종인연 종종신해
種種相貌 行菩薩道	종종상모 행보살도
復見諸佛 般涅槃者	부견제불 반열반자
復見諸佛 般涅槃後	부견제불 반열반후
以佛舍利 起七寶塔	이불사리 기칠보탑

그 때 세존께서 사부 대중에 둘러싸여
공양 받으시며 공경과 존중과 찬탄을 받으시며
모든 보살을 위하여 대승경을 설하셨으니 그 이름이 '무량의경'이었다.
곧 보살을 가르치는 법으로, 부처님께서 보호하고 생각하시는 경이었다.
부처님께서 이 경을 설하실 때에 결가부좌를 하시고
무량의처 삼매에 드시니 몸과 마음이 전혀 움직이지 않으셨다.
그 때 하늘에서 비처럼 만다라화, 마하만다라화 꽃이 내렸고
만수사화, 마하만수사화가 내려서
부처님 위와 모든 대중들에게 흩뿌려졌으며
온 부처님의 세계가 여섯 가지로 진동하였다.

그 때 부처님께서 미간
백호상의 광명으로 동방을 비추시니
만 팔천 세계에 두루 비추지 않는 곳이 없었다.
아래로는 아비지옥으로부터 위로는 아가니타천까지 이르렀으니
저 세계 모든 국토의 여섯 갈래 중생들을 보게 되었고
또 저 국토들에 현재 계신 모든 부처님들을 보면서
그 부처님들께서 설하시는 경전과 법들도 다 들을 수 있었다.

또한 모든 보살마하살들이
가지가지 인연과 가지가지 믿음과 이해,
가지가지 모양과 모습으로 보살도 행함을 볼 수 있었고
또 모든 부처님들께서 열반에 드시는 것과
모든 부처님들께서 열반에 드신 이후에
그 부처님의 사리로 칠보탑을 세우는 것들도 보게 되었다.

3. 문수사리보살이 미륵보살에게 상서의 인연을 설명하다.

爾時 彌勒菩薩 作是念	이시 미륵보살 작시념
今者世尊 現神變相	금자세존 현신변상
以何因緣 而有此瑞	이하인연 이유차서

爾時 文殊師利 이시 문수사리
語彌勒菩薩摩訶薩 어미륵보살마하살

我於過去諸佛 曾見此瑞 아어과거제불 증견차서
放斯光已 即說大法 방사광이 즉설대법
是故當知 今佛現光 亦復如是 시고당지 금불현광 역부여시
欲令衆生 咸得聞知 욕령중생 함득문지
一切世間 難信之法 일체세간 난신지법

如過去無量無邊 여과거무량무변
不可思議 阿僧祇劫 불가사의 아승기겁
爾時有佛 號日月燈明如來 이시유불 호일월등명여래

次復有佛 亦名日月燈明 차부유불 역명일월등명
次復有佛 亦名日月燈明 차부유불 역명일월등명
如是二萬佛 皆同一字 號日月燈明 여시이만불 개동일자 호일월등명

그 때 미륵보살이 생각하였다.
'지금 세존께서 신이한 변화의 모양들을 나타내시니,
어떠한 인연으로 저런 상서들이 나타나는 것일까?'

그 때 문수사리보살이
미륵보살마하살에게 말하였다.

"내가 과거에 모든 부처님들께서 이런 상서 보이심을 보았었는데
빛을 발하신 이후에 곧 크나큰 법을 설하셨습니다.
그러니 지금 부처님께서 광명을 보이시는 것도 똑같을 것입니다.
중생들로 하여금 들어서 알게 하시려는 것이니
일체 세간에서 믿기 어려운 법을 설하실 것입니다.

한량없고 끝도 없는 저 과거
생각으로 헤아릴 수도 없는 무량겁 이전에
부처님께서 계셨으니 그 호가 일월등명여래이시었습니다.

그 다음에 부처님이 또 계셨으니 역시 이름이 일월등명이셨고
그 다음에도 부처님이 또 계셨으니 또한 이름이 일월등명이셨습니다.
이처럼 이만명의 부처님이 똑같이 호를 일월등명이라 하시었습니다.

其最後佛 未出家時 有八王子　　기최후불 미출가시 유팔왕자
是諸王子 聞父出家　　　　　　시제왕자 문부출가
得阿耨多羅三藐三菩提　　　　　득아뇩다라삼막삼보리
悉捨王位 亦隨出家　　　　　　실사왕위 역수출가

佛滅度後 妙光菩薩 持妙法蓮華經　불멸도후 묘광보살 지묘법연화경
…日月燈明佛八子 皆師妙光…　　…일월등명불팔자 개사묘광…
是諸王子…皆成佛道　　　　　　기제왕자…개성불도
其最後成佛者 名曰燃燈　　　　　기최후성불자 명왈연등
八百弟子中 有一人 號曰求名　　　팔백제자중 유일인 호왈구명

彌勒當知 爾時 妙光菩薩　　　　미륵당지 이시 묘광보살
豈異人乎 我身是也　　　　　　기이인호 아신시야
求名菩薩 汝身是也　　　　　　구명보살 여신시야

그 마지막 부처님이 출가하기 전에 여덟 왕자를 두셨는데
그 왕자들 모두 아버지께서 출가하여
아뇩다라삼먁삼보리를 얻으셨다는 말을 듣고서는
왕위를 다 버리고 뒤따라서 출가하였습니다.

부처님께서 멸도하신 후 묘광보살이 묘법연화경을 받아 지니어 지켰는데
… 일월등명불의 여덟 왕자들이 다 묘광보살을 스승으로 삼았습니다.
그 왕자들이 다 불도를 이루었는데
그 최후에 성불하신 부처님이 호를 연등이라 하시었습니다.
팔백 제자 중 한 사람이 있었는데 이름이 구명(이름을 구한다)이었습니다.

미륵이여, 마땅히 알지니 그 때의 묘광보살이
어찌 다른 사람이겠습니까. 바로 나의 몸이었으며
구명보살은 당신이었습니다."

[제2/방편품] 2일차
부처님의 지혜는 감히 알 수 없다.

爾時世尊 從三昧   이시세존 종삼매
安詳而起 告舍利弗   안상이기 고사리불
諸佛智惠 甚深無量   제불지혜 심심무량
其智惠門 難解難入   기지혜문 난해난입
一切聲聞 辟支佛 所不能知   일체성문 벽지불 소불능지

1. 부처님은 예전부터 무수한 부처님들을 뵈어 왔다.

佛曾親近 百千萬億   불증친근 백천만억
無數諸佛 盡行諸佛   무수제불 진행제불

2. 여래는 일찍이 끝없는 해탈삼매를 성취하였다.

如來知見 廣大深遠   여래지견 광대심원
無量無礙 力無所畏   무량무애 역무소외
禪定解脫三昧 深入無際   선정해탈삼매 심입무제
成就一切 未曾有法   성취일체 미증유법

3. 여래는 중생들을 위하여 분별한다.

如來 能種種分別   여래 능종종분별
巧說諸法 言辭柔軟   교설제법 언사유연
悅可衆心   열가중심

그 때 세존께서 삼매에서
조용히 일어나시어 사리불에게 이르시었다.
"모든 부처님의 지혜는 심원하고 깊어 무한하니
그 지혜의 문은 이해하기도 어렵고 들어가기도 어려워
일체 성문이나 벽지불은 능히 알 수 없는 것이니

부처님은 일찍이 백 천 만억의
무수한 부처님들을 가까이 하였고 모든 부처님의 행들을 다하였으니

여래의 지혜는 광대하고 심원하여
무한하여 걸림이 없어 두려울 것 없는 힘 있으니
선정과 해탈과 삼매에 깊이 들어가 끝이 없으니
일체 전에 없던 모든 법을 다 성취하였느니라.

여래는 능히 가지가지 분별하여
모든 법을 정확히 설하니 언사가 유연해서
가히 중생들의 마음을 기쁘게 하느니라.

[제2/방편품] 3일차
오직 부처님께서만이 모든 법의 진실한 모양을 아신다.

1. 오직 부처님만이 모든 법의 실상을 아신다.

佛所成就 第一希有 難解之法	불소성취 제일희유 난해지법
唯佛與佛 乃能究盡 諸法實相	유불여불 내능구진 제법실상

2. 모든 법의 10가지 모양을 여래께선 다 아신다.

所謂諸法	소위제법
如是相	여시상
如是性	여시성
如是體	여시체
如是力	여시력
如是作	여시작
如是因	여시인
如是緣	여시연
如是果	여시과
如是報	여시보
如是本末究竟等	여시본말구경등

부처님께서 성취하신 바는 가장 희유해 알기 어려운 법이니
오직 부처님들만이 모든 법의 진실한 모습을 능히 다 알 수 있느니라

모든 법이란 함은
그에 합당한 모양과
그에 합당한 성품,
그에 합당한 바탕,
그에 합당한 힘,
그에 합당한 지음,
그에 합당한 원인,
그에 합당한 이어짐,
그에 합당한 결과,
그에 합당한 응보가 있어
그에 따라 처음과 끝이 궁극적으로 같음을 이름이니라.

3. 모든 법의 실상을 말할 수는 없지만, 믿음으로 이를 수 있다.

如是大果報 種種性相義　　여시대과보 종종성상의
我及十方佛 乃能知是事　　아급시방불 내능지시사
是法不可示 言辭相寂滅　　시법불가시 언사상적멸
諸餘衆生類 無有能得解　　제여중생류 무유능득해
除諸菩薩衆 信力堅固者　　제제보살중 신력견고자

舍利弗當知 諸佛於無異　　사리불당지 제불어무이
於佛所說法 當生大信力　　어불소설법 당생대신력
世尊法久後 要當說眞實　　세존법구후 요당설진실

告諸聲聞衆 及求緣覺乘　　고제성문중 급구연각승
我令脫苦縛 逮得涅槃者　　아령탈고박 체득열반자
佛以方便力 示以三乘敎　　불이방편력 시이삼승교
衆生處處著 引之令得出　　중생처처착 인지영득출

이와 같은 큰 과보가 가지가지의 성질과 모양, 뜻에 따르는 것을
나와 시방의 부처님들만이 능히 그 일 아나니
이 법은 보여줄 수 없는 것으로 언어와 문자의 길마저 끊어졌거니와
모든 중생들 중에 능히 이를 알 수 있는 자가 없거니와
믿음의 힘이 견고한 보살들만은 예외이니라.

사리불은 마땅히 알라 모든 부처님의 말씀은 다르지 않나니
부처님이 설하는 법에 마땅히 큰 믿음을 낼지니라.
세존은 방편의 법을 오랜 동안 설한 뒤에야 응당 진실한 법을 설하나니

성문의 무리와 연각승을 구하는 이들에게
고통에서 벗어나 열반을 얻는 지경에 미치게 하였으나
이는 부처님의 임시방편의 힘으로 삼승의 가르침을 보인 것이니
중생들이 곳곳마다 집착하기에 끌어내어 건지기 위함이니라."

[제2/방편품] 4일차
부처님께서 비로소 일대사 인연을 설하시다.

爾時 大衆中　　　　　　　　이시 대중중
有諸聲聞 漏盡阿羅漢　　　　유제성문 누진아라한
阿若憍陳如等 千二百人　　　아야교진여등 천이백인
及發聲聞辟支佛心 比丘 比丘尼　급발성문벽지불심 비구 비구니
優婆塞 優婆夷 各作是念　　　우바새 우바이 각작시념
今者世尊 何故慇懃 稱歎方便　금자세존 하고은근 칭탄방편
而作是言 佛所得法 甚深難解　이작시언 불소득법 심심난해
有所言說 意趣難知　　　　　유소언설 의취난지
一切聲聞 辟支佛　　　　　　일체성문 벽지불

爾時 舍利弗　　　　　　　　이시 사리불
知四衆心疑 自亦未了　　　　지사중심의 자역미료
而白佛言　　　　　　　　　　이백불언
世尊 何因何緣 慇懃稱歎　　　세존 하인하연 은근칭탄
諸佛第一方便　　　　　　　　제불제일방편
甚深微妙 難解之法　　　　　심심미묘 난해지법
我自昔來 未曾從佛 聞如是說　아자석래 미증종불 문여시설
今者四衆 咸皆有疑　　　　　금자사중 함개유의
唯願世尊 敷演斯事　　　　　유원세존 부연사사

爾時 佛告舍利弗　　　　　　이시 불고사리불
止! 止!　　　　　　　　　　지! 지!
不須復說　　　　　　　　　　불수부설
若說是事 一切世間　　　　　약설시사 일체세간
諸天及人 皆當驚疑　　　　　제천급인 개당경의

그 때 대중 가운데
모든 성문들과 번뇌를 다한 아라한,
곧 아야교진여를 비롯한 천이백 명과
성문과 벽지불의 마음을 내었던 비구와 비구니,
우바새와 우바이들이 각자 생각하길
'세존께서는 어찌하여 지금 은근히 방편을 칭찬하시면서
부처님께서 얻으신 법이 심히 깊어 이해하기 어렵다고 말하시는 것일까?
왜 말씀하신 그 뜻을 일체
모든 성문이나 벽지불이 알기 어렵다고 말씀하시는 걸까?' 라고 하였다.

그 때 사리불이
사부대중이 마음으로 의심함을 알고 또 자신도 알지 못하므로
부처님께 사뢰었다.
"세존이시여, 어떤 이유와 어떤 사연으로
모든 부처님의 방편이 제일이라 은근히 칭찬하시면서
부처님의 법이 지극히 깊고 미묘해 이해하기 어렵다 하시는 것입니까?
저는 일찍이 부처님께서 이런 말씀을 하시는 걸 들어본 적이 없습니다.
지금 사부대중이 모두 의심하고 있으니
원컨대 세존이시여, 이 일을 풀어 설명해주시옵소서!"

그 때 부처님께서 사리불에게 말씀하셨다.
"그만두어라! 그만두어라!
다시 말할 필요가 없느니라.
만일 이 일을 설한다면 일체 세간과
모든 하늘 사람 및 사람들이 전부 다 놀라 의심하리라."

1. 사리불이 부처님께 법을 청하다.

舍利弗 重白佛言	사리불 중백불언
世尊 唯願說之 唯願說之	세존 유원설지 유원설지
所以者何 是會無數 百千萬億	소이자하 시회무수 백천만억
阿僧祇衆生 曾見諸佛	아승기중생 증견제불
諸根猛利 智慧明了	제근맹리 지혜명료
聞佛所說 則能敬信	문불소설 즉능경신

2. 증상만들이 영산회상을 떠나다.

五千人等 卽從座起	오천인등 즉종좌기
禮佛而退	예불이퇴
所以者何 此輩	소이자하 차배
罪根深重 及增上慢	죄근심중 급증상만
未得謂得 未證謂證	미득위득 미증위증
有如此失 是以不住	유여차실 시이부주

사리불이 부처님께 거듭 사뢰었다.
"세존이시여, 원컨대 설하여 주옵소서! 설하여 주옵소서!
여기 이 회중에 백 천만 억의
많은 무리들은 일찍이 모든 부처님들을 뵈어왔으니
근기가 날카롭고 영리하여 지혜가 밝아
부처님의 말씀을 들으면 곧 능히 공경하고 믿을 수 있을 것입니다."

그러자 오천 명의 무리들이 곧 자리에서 일어나더니
부처님께 예를 갖추고 나가버렸다.
왜냐하면 이 무리들은
죄의 뿌리가 심히 무거워 교만함이 그 위에 더하는 이들이었으니
얻지 못한 걸 얻었다 하고 증하지 못한 걸 증했다고 했으니
이러한 과실이 있어 머물지 못하였던 것이다.

3. 부처님께서 비로소 일대사 인연을 설하시다.[1]

舍利弗	사리불
諸佛 隨宜說法 意趣難解	제불 수의설법 의취난해
所以者何 我以無數方便 種種因緣	소이자하 아이무수방편 종종인연
譬喻言辭 演說諸法	비유언사 연설제법
是法 非思量分別 之所能解	시법 비사량분별 지소능해
唯有諸佛 乃能知之	유유제불 내능지지

諸佛世尊 唯以一大事因緣故	제불세존 유이일대사인연고
出現於世	출현어세

諸佛如來 但敎化菩薩	제불여래 단교화보살
諸有所作 常爲一事	제유소작 상위일사
唯以佛之知見 示悟衆生	유이불지지견 시오중생

---

1 486 페이지 "1) 일대사인연"

(석가모니 부처님께서 말씀하셨다)
"사리불아
모든 부처님들이 설하시는 바는 그 참뜻을 이해키 어려우니
왜냐하면 내가 무수한 방편들을 가지가지 인연을 따라
비유로 말하고 설명하여 모든 법에 대해 설하였지만
이 법은 생각으로 헤아리거나 분별해 알 수 있는 것이 아니기 때문이니라.
오직 모든 부처님들만이 능히 아실 수 있느니라.

모든 부처님들은 오직 일대사인연으로 인해
세간에 출현하시는 것이니라.

모든 여래께서는 오직 보살되도록 가르치시는 것이니
그 모든 일들을 짓는 건 항상 그 하나의 일을 위함이니라.
오직 부처님의 지혜를 보여주어 중생들을 깨닫게 하려 함이니라.

[제2/방편품] 5일차
일승이란 무엇인가?

1. 모든 부처님께서는 영원히 중생 구제를 위해 출현하신다.

舍利弗 如來　　　　　　　　사리불 여래
但以一佛乘故 爲衆生說法　　　단이일불승고 위중생설법
無有餘乘 若二若三　　　　　　무유여승 약이약삼
舍利弗 一切十方諸佛 法亦如是　사리불 일체시방제불 법역여시

是諸佛亦 以無量無數方便　　시제불역 이무량무수방편
種種因緣 譬喩言辭　　　　　종종인연 비유언사
而爲衆生 演說諸法　　　　　이위중생 연설제법
是法皆爲 一佛乘故　　　　　시법개위 일불승고
是諸衆生 從佛聞法　　　　　시제중생 종불문법
究竟皆得 一切種智　　　　　구경개득 일체종지

2. 오직 일승 외에 다른 가르침은 없다.

舍利弗 十方世界中　　사리불 시방세계중
尙無二乘 何況有三　　상무이승 하황유삼

사리불아, 여래는
다만 일불승으로 인해 중생들에게 설법하는 것이니
다른 가르침은 없으니 어떻게 이승이나 삼승이 따로 있겠느냐.
사리불아 모든 세계의 부처님들의 법도 이와 같으니라.

모든 부처님들께서도 한량없고 무수한 방편으로
가지가지 인연과 비유와 언사를 통해
중생을 위해 모든 법을 설하시되
그 법이 다 일불승을 위한 것이니라.
모든 중생들이 그 부처님의 법을 듣고
필경에는 모두들 일체종지를 얻느니라.

사리불아 모든 세계 중에
이승도 없거늘 하물며 삼승이 있겠느냐.

3. 일승의 가르침이 없다면 깨달은 것이 아니다.

又舍利弗 是諸比丘比丘尼　　우사리불 시제비구비구니
自謂已得阿羅漢　　　　　　　자위이득아라한
是最後身 究竟涅槃　　　　　　시최후신 구경열반
便不復志 求阿耨多羅三藐三菩提　변불부지 구아뇩다라삼먁삼보리
當知此輩 皆是增上慢人　　　　당지차배 개시증상만인

所以者何 若有比丘 實得阿羅漢　소이자하 약유비구 실득아라한
若不信此法 無有是處　　　　　약불신차법 무유시처

또 사리불아 어떤 비구, 비구니들이
스스로 이르기를 아라한과를 얻었다 하고
윤회를 벗어날 최후의 몸에 이르러 궁극적 열반에 들겠다 하면서
다시 그 뜻을 돌이켜 아뇩다라삼먁삼보리를 구하지 않는다면
마땅히 알라 이 무리들은 거만함이 그 위에 더하는 사람들이니라.

왜냐하면 만약 실제로 아라한과를 얻은 비구가 있는데
이 법을 믿지 않는다고 하면 있을 곳이 전혀 없기 때문이니라.

[제2/방편품] 6일차
법화경이 아니면 진정한 불교가 아니다.

1. 부처님은 중생들의 눈높이에 맞춰 설하셨다.

舍利弗善聽 諸佛所得法　　사리불선청 제불소득법
無量方便力 以爲衆生說　　무량방편력 이위중생설
衆生心所念 種種所行道　　중생심소념 종종소행도
若干諸慾性 先世善惡業　　약간제욕성 선세선악업
佛悉知是已 以諸緣譬喩　　불실지시이 이제연비유
言辭方便力 令一切歡喜　　언사방편력 영일체환희

2. 임시방편으로 한 설법에서는 수기를 주지 아니하셨다.

我說是方便 令得入佛慧　　아설시방편 영득입불혜
未曾說汝等 當得成佛道　　미증설여등 당득성불도
所以未曾說 說時未至故　　소이미증설 설시미지고
今正是其時 決定說大乘　　금정시기시 결정설대승
我此九部法 隨順衆生說　　아차구부법 수순중생설
入大乘爲本 以故說是經　　입대승위본 이고설시경

我記如是人 來世成佛道　　아기여시인 내세성불도
以深心念佛 修持淨戒故　　이심심염불 수지정계고
此等聞得佛 大喜充遍身　　차등문득불 대희충변신

사리불아 잘 들으라, 모든 부처님이 얻으신 법에는
무한한 방편의 힘이 있어 중생을 위해 설하시니
중생이 생각하는 바와 가지가지 행하는 길
모든 욕심내는 성질과 선세의 선업과 악업을
부처님은 다 이미 아시나니 이로써 비유를 들어서
말의 임시방편의 힘으로 일체 중생으로 하여금 환희케 하시느니라.

내가 임시방편으로 설하여 부처의 지혜에 들어오게 하였으나
아직까지 너희에게 마땅히 성불하리라 말하지 아니하였으니
아직까지 말을 안 한 것은 말할 때가 이르지 않았기 때문이니라.
그러나 지금 이제 시기가 이르렀으니 결정코 대승을 설하리라.
내가 구부경을 설한 것은 중생의 눈높이를 따라 설한 것으로
대승에 들어가기 위한 기본이 되니 이제 고로 이 경을 설하노라.

내가 이런 사람들에게 내세에 성불하리라 수기를 주나니
마음으로 깊이 염불하며 깨끗한 계율을 지키고 닦은 까닭이라,
이런 이들 부처되리란 말을 듣고 큰 기쁨이 온 몸에 충만하리라.

3. 소승으로는 끝내 깨닫지 못한다.

唯此一事實 餘二則非眞　　유차일사실 여이즉비진
終不以小乘 濟度於衆生　　종불이소승 제도어중생
佛自住大乘 如其所得法　　불자주대승 여기소득법
定慧力莊嚴 以此度衆生　　정혜력장엄 이차도중생
自證無上道 大乘平等法　　자증무상도 대승평등법
若以小乘化 乃至於一人　　약이소승화 내지어일인
我則墮慳貪 此事爲不可　　아즉타간탐 차사위불가

오직 저 하나의 일(일승)만 진실이요 나머지 둘은 진실이 아니니
소승으로는 끝내 중생을 제도할 수 없노라.
부처님께서는 스스로 그 얻으신 법, 대승에 머무르시니
선정과 지혜의 힘으로 장엄되어 저 중생들을 제도하시느니라.
내가 스스로 얻은 위없는 깨달음은 대승평등법이니
만약 한 사람이라도 소승으로 교화한다면
나 역시 간탐에 빠진 것으로 이러한 일은 불가하니라.

[제2/방편품] 7일차
부처님의 소원은 모든 중생이 자신처럼 되는 것이다.

1. 부처님께서는 질투하시는 분이 아니다.

若人信歸佛 如來不欺誑   약인신귀불 여래불기광
亦無貪嫉意 斷諸法中惡   역무탐질의 단제법중악
故佛於十方 而獨無所畏   고불어시방 이독무소외
我以相嚴身 光明照世間   아이상엄신 광명조세간
無量衆所尊 爲說實相印   무량중소존 위설실상인

2. 부처님께서는 모든 중생이 자신처럼 되기를 바라신다.

舍利弗當知 我本立誓願   사리불당지 아본입서원
欲令一切衆 如我等無異   욕령일체중 여아등무이
如我昔所願 今者已滿足   여아석소원 금자이만족
化一切衆生 皆令入佛道   화일체중생 개령입불도

만약 어떤 이가 부처님을 믿고 귀의하면 여래는 속이거나 기만치 않고
또 그를 탐하거나 질투하지 않으니 모든 법에서 악을 끊었기 때문이니라.
고로 시방 모든 부처님들께서만이 오직 두려울 바 없으니
이에 나는 32상의 장엄한 몸으로 세간에 광명을 비추며
무량한 중생들의 존경하는 바가 되어 실상의 도리를 설하노라.

사리불은 마땅히 알지니 내가 본래 근본 서원 세우기를
일체 중생이 나와 같이 되어 다르지 않기를 소원하였으니
나의 이 옛 소원이 지금에서야 이제 만족되는도다.
일체 중생으로 하여금 모두 부처의 길로 들어오게 하였도다.

3. 부처님께서는 중생의 눈높이에 맞춰 방편법을 설하시지만 최후에는 자신이 가진 최고의 진리를 전해주신다.

若我遇衆生 盡敎以佛道　　약아우중생 진교이불도
無智者錯亂 迷惑不受敎　　무지자착란 미혹불수교

是故舍利弗 我爲設方便　　시고사리불 아위설방편
說諸盡苦道 示之以涅槃　　설제진고도 시지이열반
我雖說涅槃 是亦非眞滅　　아수설열반 시역비진멸
諸法從本來 常自寂滅相　　제법종본래 상자적멸상
佛子行道已 來世得作佛　　불자행도이 내세득작불
我有方便力 開示三乘法　　아유방편력 개시삼승법
一切諸世尊 皆說一乘道　　일체제세존 개설일승도
今此諸大衆 皆應除疑惑　　금차제대중 개응여의혹
諸佛語無異 唯一無二乘　　제불어무이 유일무이승

만약 내가 만나는 중생마다 일승의 진실한 가르침으로 불도를 가르친다면
무지한 이들은 그릇된 혼란 속에 미혹되어 가르침을 받지 아니하리니

이에 사리불아 내가 방편을 설한 것이니
모든 고통의 길을 다하는 길을 설하여 열반을 보였건만
내가 열반을 설하긴 했어도 이는 진정한 열반이 아니니라.
모든 법이 본래부터 항상 스스로 적멸한 모양을 따르니
불자가 이를 행하면 오는 세상에 부처를 이루리라.
내게 방편의 힘이 있어 삼승법을 열어 보였으나
일체 모든 세존께선 다 일승의 도를 설하시니
지금 여기 대중들은 전부 마땅히 의혹을 거둘지라.
모든 부처님들의 말씀은 다르지 않으니 오직 일승뿐, 이승은 없느니라.

[제2/방편품] 8일차
일체 모든 중생은 부처님께 귀의함으로써 성불할 수 있다

1. 오직 일승뿐이요 이승은 없다.

今此諸大衆 皆應除疑惑　　금차제대중 개응제의혹
諸佛語無異 唯一無二乘　　제불어무이 유일무이승

是諸世尊等 皆說一乘法　　시제세존등 개설일승법
化無量衆生 令入於佛道　　화무량중생 영입어불도

2. 육바라밀을 실천하여 성불에 이른다.

若有衆生類 值諸過去佛　　약유중생류 치제과거불
若聞法布施 或持戒忍辱　　약문법보시 혹지계인욕
精進禪智等 種種修福慧　　정진선지등 종종수복혜
如是諸人等 皆已成佛道　　여시제인등 개이성불도

지금 너희 모든 무리들은 마땅히 의혹을 떨칠지니
모든 부처님의 말씀은 다르지 않아 오직 일승이요 이승은 없느니라.

모든 세존께서는 다같이 일승법을 설하시나니
무한한 중생들을 교화하여 부처님의 길에 들어가게 하시느니라.

어떤 중생의 무리가 과거 모든 부처님들을 뵙고
법을 들어 보시하거나 혹 계를 지키거나 욕됨을 견디거나
지치지 않고 정진해 선정과 지혜를 닦아 갖가지 복과 지혜를 닦는다면
이러한 모든 무리들은 이미 다 불도를 성취하였으며

3. 부처님을 예배함으로 성불에 이른다.

諸佛滅度已 若人善軟心　　제불멸도이 약인선연심
如是諸衆生 皆已成佛道　　여시제중생 개이성불도

諸佛滅度已 供養舍利者　　제불멸도이 공양사리자
起萬億種塔 金銀及玻瓈　　기만억종탑 금은급파려

若人爲佛故 建立諸形像　　약인위불고 건립제형상
刻彫成衆相 皆已成佛道　　각조성중상 개이성불도

彩畫作佛像 百福莊嚴相　　채화작불상 백복장엄상
自作若使人 皆已成佛道　　자작약사인 개이성불도

或有人禮拜 或復但合掌　　혹유인예배 혹부단합장
乃至擧一手 或復小低頭　　내지거일수 혹부소저두
以此供養像 漸見無量佛　　이차공양상 점견무량불
自成無上道 廣度無數衆　　자성무상도 광도무수중
入無餘涅槃 如薪盡火滅　　입무여열반 여신진화멸
若人散亂心 入於搭廟中　　약인산란심 입어탑묘중
一稱南無佛 皆已成佛道　　일칭나무불 개이성불도

부처님께서 멸도하신 후에도 선하고 유연한 마음을 가진 이 있다면
이러한 모든 무리들도 이미 다 불도를 성취한 것이며

부처님께서 멸도하신 후에 사리에 공양하여
무수한 가지가지 탑을 세우거나 금과 은, 유리로 장엄하거나

어떤 사람이 부처님을 위하여 모든 형상을 건립하되
불상을 조각한다면 이미 다 불도를 성취한 것이며

탱화를 그리거나 불상을 만들어 여러 가지로 장엄하게 꾸며
스스로 또는 남을 시켜 그렇게 하면 이들도 이미 다 불도를 성취한 것이고

혹 부처님께 예배하는 사람 있어 다만 합장하되
한 손으로만 하거나 조금 고개를 숙이기만 하더라도
이렇게 부처님 상에 공양한다면 점차 무한한 부처님들을 뵈리니
언젠가 스스로 위없는 도를 이루어 무수한 중생들을 제도하고는
남김 없는 열반에 들리니 나무가 다하면 불도 꺼지는 것과 같으리라.
혹 어떤 이가 산란한 마음으로 불탑이나 사당에 들어가
'나무불'이라 한 번만 부른다 해도, 이미 다 불도를 성취한 것이리라.

[제2/방편품] 9일차
석가모니 부처님께서는 왜 방편으로 소승을 설하셨는가?

1. 진리는 오직 하나, 일승(대승평등법) 뿐이다.

諸佛本誓願 我所行佛道	제불본서원 아소행불도
普欲令衆生 亦同得此道	보욕령중생 역동득차도
未來世諸佛 雖說百千億	미래세제불 수설백천억
無數諸法文 其實爲一乘	무수제법문 기실위일승
諸佛兩足尊 知法常無性	제불양족존 지법상무성
佛種從緣起 是故說一乘	불종종연기 시고설일승
是法住法位 世間相常住	시법주법위 세간상상주
於道場知已 導師方便說	어도량지이 도사방편설

2. 모든 중생은 일승법 아래 있지만 모든 중생은 고통 받고 있다.

舍利弗當知 我以佛眼觀	사리불당지 아이불안관
見六道衆生 貧窮無福慧	견육도중생 빈궁무복혜
入生死險道 相續苦不斷	입생사험도 상속고부단

以貪愛自蔽 盲瞑無所見	이탐애자폐 맹명무소견
不求大勢佛 及與斷苦法	불구대세불 급여단고법
深入諸邪見 以苦欲捨苦	심입제사견 이고욕사고

모든 부처님들의 서원은 내가 행한 불도를
중생으로 하여금 널리 닦게 하여 역시 똑같이 불도를 얻게 하려 함이니
미래의 모든 부처님들이 비록 백 천 만억으로 설하시더라도
무수한 법문은 기실 모두 다 일승을 위한 것이니라.
모든 부처님, 양족존께서는 법에는 일정한 성품이 없음을 아시고,
부처님 종자도 인연을 따라 나오심을 아시니 이에 일승을 설하시느니라.
이 법은 법의 자리에 머무르면서도 세간의 온갖 모양에 상주하나니
도량에서 이미 이를 알았으나 진리의 스승은 방편을 설하신 것이니라.

사리불은 마땅히 알라, 내가 부처의 눈으로 보니
육도의 중생들이 빈궁하고 복과 지혜가 없어서
생사의 험난한 길로 들되 고통을 이어받아 끊지를 못하니

탐욕과 애욕으로 스스로를 해하고 눈멀고 어두워 아무 것도 보지 못하니
큰 능력의 부처님께 도움을 구하지도, 고통의 법을 끊으려 하지도 않으니
모든 삿된 견해에 깊이 빠져들어 고통으로써 고통을 버리려고 하는구나.

3. 일승법을 바로 가르치면 중생은 오히려 미혹될 뿐이다.

我卽自思惟 若但讚佛乘　　아즉자사유 약단찬불승
衆生沒在苦 不能信是法　　중생몰재고 불능신시법
破法不信故 墜於三惡道　　파법불신고 추어삼악도
我寧不說法 疾入於涅槃　　아녕불설법 질입어열반
尋念過去佛 所行方便力　　심념과거불 소행방편력
我今所得道 亦應說三乘　　아금소득도 역응설삼승

내가 곧 스스로 생각하길 '만약 내가 일승만 찬탄한다면
중생들이 고통에 매몰되어 있어 이 법을 믿지 아니하리니
법을 깨뜨릴뿐더러 믿지 않은 까닭으로 삼악도에 떨어지리니
차라리 그럼 설법하지 말고 빨리 열반에 들어야겠다.' 하였으나
그 때 곧 과거 부처님들께서 방편의 힘을 쓰신 것을 기억해내고는
'내가 이제 얻은 도를 나 역시 삼승으로 나누어 설하리라.' 하였느니라."

[제3/비유품] 10일차
사리불이 진정한 열반을 깨닫다.

1. 진실로 깨닫기 위해서는 시간이 필요하다.

世尊 我常獨處 山林樹下	세존 아상독처 산림수하
若左若行 每作是念	약좌약행 매작시념
我等同入法性 云何如來	아등동입법성 운하여래
以小乘法 而見濟度	이소승법 이견제도

每自剋責 而今從佛	매자극책 이금종불
聞所未聞 未曾有法	문소미문 미증유법
斷諸疑悔 身意泰然	단제의회 신의태연
快得安隱 今日乃知	쾌득안은 금일내지
眞是佛子 從佛口生	진시불자 종불구생
從法化生 得佛法分	종법화생 득불법분

2. 진정한 열반은 곧 진정한 부처님이 되는 것이다.

我本着邪見 爲諸梵志師	아본착사견 위제범지사
世尊知我心 拔邪說涅槃	세존지아심 발사설열반
我悉除邪見 於空法得證	아실제사견 어공법득증
爾時心自謂 得至於滅度	이시심자위 득지어멸도
而今乃自覺 非是實滅度	이금내자각 비시실멸도
若得作佛時 具三十二相	약득작불시 구삼십이상
天人夜叉衆 龍神等恭敬	천인야차중 용신등공경
是時乃可謂 永盡滅無餘	시시내가위 영진멸무여

(사리불이 부처님께 아뢰었다)
"세존이시여, 제가 항상 홀로 있을 때 숲 속에서 나무 아래에서
앉거나 걸으면서 매번 생각하기를
'우리도 부처님과 동등한 법의 성품에 들었는데 왜 여래께서는
소승법으로 제도하시는가?' 라고 생각하였었습니다.

매번 스스로 자책하였는데 이제 지금 부처님을 좇아
듣지 못한 미증유한 법을 듣고서
모든 의심을 끊었으니 몸과 뜻이 태연하고
편안하여 오늘에서야 바로 알게 되었으니
진정한 부처님의 아들이 되어 부처님의 입으로부터 태어나게 되었나이다.
부처님의 법을 따라 태어나 부처님의 법을 나누어 가지게 되었나이다.

저는 본래 잘못된 견해에 집착하여 외도의 스승이 되었었는데
세존께서 저의 마음을 아시고 잘못된 견해를 뽑고 열반을 설해주시니
제가 잘못된 견해를 다 버리고 공한 법을 증득하였나이다.
그 때 스스로 생각하길 고통을 다 여의고 참된 열반을 얻었다 하였는데,
이제 지금 스스로 깨달으니 그것은 참된 멸도가 아니었습니다.
만약 진실로 부처가 되어 삼십이상을 갖추게 된다면
천인과 야차 무리, 용신 무리가 다 공경하리니
그 때에야 비로소 영원히 남김없이 고통을 여의었다 하리이다."

3. 한 사람의 진실한 열반에는 한 시대가 필요하다.

舍利弗 汝於未來世	사리불 여어미래세
過無量無邊 不可思議劫	과무량무변 불가사의겁
供養若干 千萬億佛	공양약간 천만억불
奉持正法 具足菩薩所行之道	봉지정법 구족보살소행지도
當得作佛 號曰 華光如來	당득작불 호왈 화광여래

| 佛爲王子時 棄國捨世榮 | 불위왕자시 기국사세영 |
| 於最末後身 出家成佛道 | 어최말후신 출가성불도 |

(부처님께서 말씀하셨다)
"사리불아 너는 미래세에
무한하고 불가사의한 겁이 지난 후에
천 만억의 부처님께 공양드리리니
정법을 받아 지키고 보살이 행하는 도를 다 갖추어
결정코 성불할 것이니 그 호를 화광여래라고 하리라.

부처님이 왕자이실 때 나라와 세상의 영화를 버리고
그 최후의 몸으로 출가하여 불도를 이루리라."

삽화 하나. 불타는 집의 비유

삼계화택의 비유.
중생이 거하는 삼계는 불타는 집과 같아 전부 고통의 바다이다.
그러나 아이들은 불이 무엇인지도 모르고 피하려는 생각도 없다.
아버지는 그래서 임시방편으로 세 가지 수레를 제시하여 아이들을 불에서 끌어낸다.

[제3/비유품] 11일차
불타는 집의 비유 (삼계화택三界火宅의 비유)

是諸 千二百 心自在者　　시제 천이백 심자재자
昔住學地 佛常敎化言　　석주학지 불상교화언
我法 能離生老病死 究竟涅槃　　아법 능리생로병사 구경열반
是學無學人 亦各自以離我見　　시학무학인 역각자이리아견
及有無見等 謂得涅槃　　급유무견등 위득열반
而今於世尊前 聞所未聞　　이금어세존전 문소미문
皆墮疑惑　　개타의혹

1. 불타는 집과 같이 삼계는 모두 고통에 처해 있다.

舍利弗 若國邑聚落 有大長者　　사리불 약국읍취락 유대장자
其年衰邁 財富無量　　기년쇠매 재부무량
多有田宅 及諸僮僕　　다유전택 급제동복
其家廣大 唯有一門　　기가광대 유유일문

周匝俱時 欻然火起　　주잡구시 훌연화기
焚燒舍宅　　분소사택

(사리불이 부처님께 아뢰길)
"여기 모든 천이백 명의 마음에 자재함을 얻은 제자들이
옛날 배우는 단계에 있었을 때 부처님께서 항상 말씀하시기를
"나의 법은 능히 생로병사를 떠나 궁극의 열반에 이르게 하느니라."
하셨기에 배우는 자와 배움을 마친 자들이 전부 '나라는 생각,
있다, 없다 하는 생각을 모두 떠나 열반을 얻었다'고 생각했었습니다.
그런데 지금 세존의 앞에서 일찍이 듣지 못했던 말씀을 들으니
모두가 의혹에 빠져있습니다."

(석가모니불께서 말씀하셨다)
"사리불아, 한 나라에 어떤 마을에 큰 장자가 있었는데
그 나이가 많으나 재산이 무한하였고
밭과 집이 많았고 모든 하인들이 다 있었느니라.
그 집이 광대하였지만 문은 오로지 하나 뿐이었느니라.

그러던 어느 때에 모든 곳에서 한꺼번에 불이 갑자기 일어나
집을 태우기 시작하였느니라.

2. 불타는 집에서 아들을 구하려 아버지는 보물이 밖에 있다 말한다.

長者 見是大火 從四面起　　장자 견시대화 종사면기
卽大驚怖 而作是念　　　　　즉대경포 이작시념
我雖能於此 所燒之門　　　　아수능어차 소소지문
安隱得出 而諸子等　　　　　안은득출 이제자등
於火宅內 樂著嬉戲　　　　　어화택내 낙착희희
不覺不知 不驚不怖　　　　　불각부지 불경불포
火來逼身 苦痛切已　　　　　화래핍신 고통절이
心不厭患 無求出意　　　　　심불염환 무구출의

父知諸子 先心各有所好　　　부지제자 선심각유소호
種種珍玩 奇異之物　　　　　종종진완 기이지물
情必樂著 而告之言　　　　　정필락착 이고지언

如此種種 羊車鹿車牛車　　　여차종종 양거녹거우거
今在門外 可以遊戲　　　　　금재문외 가이유희
汝等 於此火宅 宜速出來　　　여등 어차화택 의속출래
隨汝所欲 皆當與汝　　　　　수여소욕 개당여여

爾時諸子 聞父所說　　　　　이시제자 문부소설
珍玩之物 適其願故　　　　　진완지물 적기원고
心各勇銳 互相堆排　　　　　심각용예 호상퇴배
競共馳走 爭出火宅　　　　　경공치주 쟁출화택
是時長者 見諸子等　　　　　시시장자 견제자등
安隱得出 …　　　　　　　　안은득출…
其心泰然 歡喜踊躍　　　　　기심태연 환희용약

장자는 큰 불이 사방에서 일어나는 것을 보고는
크게 놀라 생각하기를
'비록 나는 저 불타는 문을 능히 지나쳐
나와 편안하게 머물고 있지만 이 모든 나의 아들들은
불타는 집 안에 있어서 즐거움에 집착하며 놀고 있으니
자신들이 알지 못함을 깨닫지도 못하고 놀라지도, 두려워하지도 않으니
불이 곧 몸에 닥쳐서 고통이 심할 것인데도
마음으로 싫어하거나 염려하지도 않아 나오려고 하지를 않는구나.'

아버지는 모든 아들이 각자 좋아하는 것이 이전부터 있었음을 알았고
그 가지가지 장난감과 기이한 물건들을
즐거워하여 필히 집착함을 알고는 아이들에게 고하기를

"가지가지의 양 수레와 사슴 수레, 소 수레가
지금 문 바깥에 있으니 갖고 놀 수 있느니라.
너희들은 불타는 집에서 빨리 나가거라.
너희들이 바라는 대로 모두 다 마땅히 줄 것이니라."

그 때에 모든 아들들은 아버지의 말을 듣고는
그 장난감들이 자신들이 원하는 것임을 알고는
각기 다 신이 나서 서로를 밀치며
다 같이 다투면서 달려 나와 불타는 집에서 나왔느니라.
그 때 장자는 자신의 아들들이
편안히 나오게 된 것을 보고서는...
그 마음을 안심하게 되었고 환희하며 기뻐하였느니라.

3. 집 밖에 나온 아들에게 아버지는 최고의 보물을 선물한다.

舍利弗 爾時長者　　　사리불 이시장자
各賜諸子 等一大車　　각사제자 등일대거

與諸子等 今此幼童　　여제자등 금차유동
皆是吾子 愛無偏黨　　개시오자 애무편당
我有如是 七寶大車　　아유여시 칠보대거
其數無量 應當等心　　기수무량 응당등심
各各與之 不宜差別　　각각여지 불의차별

사리불아, 그 때에 장자는
각기 모든 아들들에게 가장 큰 수레를 주었느니라.

"이 모든 아이들은
모두가 다 나의 아들이니 치우치게 사랑할 수 없으며
나에게는 칠보로 만든 큰 수레가 있고
그 수가 무한하니 마땅히 평등하게
각자에게 똑같이 차별 없이 나누어 주리라."

[제3/비유품] 12일차
부처님께서 방편을 쓰신 이유를 밝히시다.

1. 부처님께서 임시방편으로 설하신 말씀(소승)은 허망하지 않다.

舍利弗 於汝意云何	사리불 어여의운하
是長者 等與諸子	시장자 등여제자
珍寶大車 寧有虛妄不	진보대거 영유허망부
舍利弗言	사리불언
不也 世尊	불야 세존
是長者 但令諸子	시장자 단령제자
得免火難 全其軀命	득면화난 전기구명
非爲虛妄	비위허망

世尊 若是長者	세존 약시장자
乃至不與 最小一車	내지불여 최소일거
猶不虛妄	유불허망
何以故 是長者	하이고 시장자
先作是意 我以方便	선작시의 아이방편
令子得出 以是因緣	영자득출 이시인연
無虛妄也	무허망야

사리불아, 어떻게 생각하느냐
이 장자가 자기의 모든 아들에게 동등하게
진귀한 보물, 큰 수레를 준 것을 허망하다 할 수 있겠느냐?"
사리불이 아뢰길,
"아니옵니다, 세존이시여.
이 장자가 다만 모든 아들들에게
화재를 면하게 한 것만으로도, 그 몸과 목숨을 온전히 구한 것만으로도
허망하다 할 수 없습니다.

세존이시여, 만약 이 장자가
가장 작은 수레 하나조차 주지 않았다 하더라도
허망하다 할 수 없습니다.
왜냐하면 이 장자가
먼저 생각한 뜻은 '나의 방편으로써
이 아들들을 밖으로 나오게 하리라.'는 것이었기 때문입니다.
그러기에 허망하다 할 수 없습니다."

2. 부처님께서는 일체 모든 중생의 아버지이시다.

舍利弗 如來 亦復如是　　사리불 여래 역부여시
則爲一切 世間之父　　　　즉위일체 세간지부
於諸怖畏 衰惱憂患　　　　어제포외 쇠뇌우환
無明闇蔽 永盡無餘　　　　무명암폐 영진무여
而悉成就 無量知見　　　　이실성취 무량지견

大慈大悲 常無懈倦　　　　대자대비 상무해권
恒求善事 利益一切　　　　항구선사 이익일체
而生三界 朽故火宅　　　　이생삼계 후고화택
爲度衆生 生老病死　　　　위도중생 생로병사

3. 부처님께서는 세 가지 수레(삼승)를 방편으로 제시하셨다.

但以智惠方便　　　　　　　단이지혜방편
於三界火宅 拔濟衆生　　　어삼계화택 발제중생
爲說三乘 聲聞辟支佛佛乘　위설삼승 성문벽지불불승
而作是言 汝等　　　　　　이작시언 여등
莫得樂住 三界火宅　　　　막득락주 삼계화택
勿貪麤弊 色聲香味觸也　　물탐추폐 색성향미촉야
若貪着生愛 則爲所燒　　　약탐착생애 즉위소소
汝速出三界 當得三乘　　　여속출삼계 당득삼승

"사리불아, 여래 또한 그러하니
곧 일체 모든 세간의 아버지이니라.
모든 두려움과 쇠약함, 근심과 어리석음,
어둠을 영원히 멸하였으니
무한한 지혜를 다 성취하였느니라.

큰 자비로 항상 게으르지 않고
항상 선한 일을 구하여 일체 중생에게 이익이 되게 하려 하나니
그 때문에 삼계에 태어나 썩어 오래된 불타는 집에 들어오나니
중생들을 생로병사의 고통으로부터 건지기 위함이니라.

다만 지혜의 방편으로
이 삼계의 불타는 집에서 모든 중생들을 빼내고자
삼승을 설하니 곧 성문과 벽지불과 불승이니라.
이에 말하니 "너희 무리들은
삼계의 불타는 집에 머무는 즐거움을 얻지 말라.
추해지는 것을 탐하지 말고 색깔이나 소리, 향기, 맛, 촉감을 탐하지 말라.
만약 탐착하여 삶을 사랑하게 되면 곧 불에 탈 것이니
너희는 속히 삼계를 탈출하라. 마땅히 삼승을 얻을 것이니라."

[제3/비유품] 13일차
세 가지 수레는 결국 한 가지 수레, 대승으로 귀결된다.

1. 성문승은 스스로 열반을 구하는 자이다.

舍利弗 若有衆生 內有智性　　사리불 약유중생 내유지성
從佛世尊 聞法信受　　　　　　종불세존 문법신수
慇懃精進 欲速出三界　　　　　은근정진 욕속출삼계
自求涅槃 是名聲聞乘　　　　　자구열반 시명성문승

2. 벽지불은 모든 법의 원인됨과 연결됨의 이치를 구하는 자이다.

若有衆生 從佛世尊　　　　　　약유중생 종불세존
聞法信受 慇懃精進　　　　　　문법신수 은근정진
求自然慧 樂獨善寂　　　　　　구자연혜 낙독선적
深知諸法因緣　　　　　　　　 심지제법인연
是名辟支佛乘　　　　　　　　 시명벽지불승

3. 대승은 일체 모든 지혜를 얻어 모든 중생을 구하려는 자이다.[2]

若有衆生 從佛世尊　　　　　　약유중생 종불세존
聞法信受 勤修精進　　　　　　문법신수 근수정진
求一切智 佛智　　　　　　　　구일체지 불지
自然智 無師智　　　　　　　　자연지 무사지
如來知見 力無所畏　　　　　　여래지견 역무소외
慇念安樂 無量衆生　　　　　　민념안락 무량중생
利益天人 度脫一切　　　　　　이익천인 도탈일체
是名大乘　　　　　　　　　　 시명대승

2　487 페이지 "2) 성중 ⇒ 보살 ⇒ 붓다"

사리불아, 만약 어떤 중생이 지혜의 성품이 있어
부처님을 따르면서 법을 들어 믿고 받아 지니면서
은근히 정진하며 삼계를 벗어나고자 하면서
스스로 열반을 구한다면 이를 성문승이라 하느니라.

만약 어떤 중생이 부처님을 따르면서
법을 들어 믿고 받아 지니며 은근히 정진하여
스스로 이뤄지는 지혜를 구하고 홀로 있기를 즐기면서 고요함을 좋아하고
모든 법의 원인됨과 연결됨의 이치를 깊이 안다면
이를 벽지불승이라 하느니라.

만약 어떤 중생이 있어 부처님을 따르면서
법을 들어 믿고 받아 지니며 부지런히 정진하며
일체 모든 지혜를 구하고 부처님의 지혜를 구하며
스스로 이뤄지는 지혜와 스승 없는 지혜를 구하고
여래의 지견과 두려울 것 없는 힘을 구하여,
무한한 중생을 가엾게 여겨 편안케 하려 생각하고
하늘 사람을 이익 되게 하며 일체 모두를 해탈케 한다면
이를 대승이라 하느니라.

[제3/비유품] 14일차
모든 불교의 가르침은 하나의 가르침, 일승으로 돌아간다.

舍利弗 如彼長者 見諸子等　　사리불 여피장자 견제자등
安隱得出火宅 到無畏處　　　　안은득출화택 도무외처
自惟財富無量　　　　　　　　　자유재부무량
等以大車 而賜諸子　　　　　　등이대거 이사제자

如來 亦復如是　　　　　　　　여래 역부여시
爲一切衆生之父　　　　　　　　위일체중생지부
若見無量 億千衆生　　　　　　약견무량 억천중생
以佛敎門 出三界苦　　　　　　이불교문 출삼계고
怖畏險道 得涅槃樂　　　　　　포외험도 득열반락
如來爾時 便作是念　　　　　　여래이시 변작시념
我有 無量無邊智惠　　　　　　아유 무량무변지혜
力無畏等 諸佛法藏　　　　　　역무외등 제불법장
是諸衆生 皆是我子　　　　　　시제중생 개시아자
等與大乘　　　　　　　　　　　등여대승
不令有人 獨得滅度　　　　　　불령유인 독득멸도
皆以如來滅度 而滅度之　　　　개이여래멸도 이멸도지

舍利弗 以是因緣　　　　　　　사리불 이시인연
當知諸佛 方便力故　　　　　　당지제불 방편력고
於一佛乘 分別說三　　　　　　어일불승 분별설삼

諸子是時 歡喜踊躍　　　　　　제자시시 환희용약
乘是寶車 遊於四方　　　　　　승시보거 유어사방

사리불아, 저 장자는 자기의 모든 아들이 똑같이
안전하게 불타는 집에서 나와서 두려움 없는 곳에 이름을 보고는
자신에게 재산이 무한히 많다는 것을 생각하고는
모든 아들에게 똑같이 가장 큰 수레를 주었느니라.

여래도 또한 그와 같아서
일체 모든 중생의 아버지가 되나니
무한한 억 천 명의 중생이
부처님의 가르침을 통해 삼계의 고통으로부터 나와
열반의 즐거움을 얻는 걸 보고는
여래는 이 때 문득 생각하되
'나에게는 무한한 지혜가 있으니
두려울 것 없는 힘과 모든 부처님의 교법이 있다.
이 모든 중생들은 나의 아들들이니
똑같이 대승을 주리라.
혼자서 멸도(소승의 열반)하는 사람이 있지 않게 하리니
모두에게 여래의 멸도로 진정 멸도하게 하리라.'

사리불아, 이러한 인연으로
모든 부처님들께 방편의 힘이 있는 고로
1불승을 분별하여 3승을 설하시는 줄을 알아야 하느니라.

그 때 그 모든 아들이 크게 기뻐 뛰어놀면서
그 보물 수레를 타고서 사방으로 다니며 놀았느니라.

1. 부처님은 모든 중생의 아버지 되신다.

我亦如是	아역여시
衆聖中尊 世間之父	중성중존 세간지부
一切衆生 皆是吾子	일체중생 개시오자
深着世樂 無有慧心	심착세락 무유혜심
三界無安 猶如火宅	삼계무안 유여화택
衆苦充滿 甚可怖畏	중고충만 심가포외
常有生老 病死憂患	상유생로 병사우환
如是等火 熾然不息	여시등화 치연불식

2. 부처님은 고통스런 삼계를 벗어나신 유일한 구원자이시다.

如來已離 三界火宅	여래이리 삼계화택
寂然閑居 安處林野	적연한거 안처임야
今此三界 皆是我有	금차삼계 개시아유
其中衆生 悉是吾子	기중중생 실시오자
而今此處 多諸患難	이금차처 다제환난
唯我一人 能爲救護	유아일인 능위구호

汝舍利弗 我爲衆生	여사리불 아위중생
以此譬喩 說一佛乘	이차비유 설일불승
汝等若能 信受是語	여등약능 신수시어
一切皆當 得成佛道	일체개당 득성불도
是乘微妙 淸淨第一	시승미묘 청정제일
於諸世間 爲無有上	어제세간 위무유상

나(석가세존) 또한 그와 같아서
모든 성인 중 존귀하여 세간의 아버지가 되나니
모든 중생은 나의 아들들이니라.
그러나 세간의 즐거움에 깊이 집착하여 지혜가 없으니
삼계 전체에 안락함이 없어 불타는 집과 같으니라.
고통으로 가득 차서 심히 두려운 곳이니
항상 생로병사의 근심 고통으로
불이 맹렬히 타서 쉬지 않는 것과 같으니라.

여래는 이미 삼계의 불타는 집을 떠나서
고요하고 안온한 임야에 거하나니
저 삼계는 모두 나의 소유이며
그 가운데 중생은 전부 나의 아들이로다.
그러나 그곳은 모든 환란이 가득하니
오직 나 한 사람만이 능히 구해낼 수 있느니라.

사리불아, 내가 중생을 위하여
이러한 비유로 일불승을 설하나니
너희들이 만일 이 말을 믿고 받아들인다면
일체 모두가 마땅히 성불도를 얻을 것이니라.
이 (일불)승은 미묘하고 청정하기가 제일이라,
모든 세간에서 더 높은 것이 없느니라.

3. 4성제는 생사의 괴로움을 끊는 법일 뿐, 진정 열반은 아니다.[3]

若人小智 深着愛慾　　약인소지 심착애욕
爲此等故 說於苦諦　　위차등고 설어고제

若有衆生 不知苦本　　약유중생 부지고본
深着苦因 不能暫捨　　심착고인 불능잠사
爲是等故 方便說道　　위시등고 방편설도
諸苦所因 貪欲爲本　　제고소인 탐욕위본
若滅貪欲 無所依止　　약멸탐욕 무소의지
滅盡諸苦 名第三諦　　멸진제고 명제삼제

爲滅諦故 修行於道　　위멸제고 수행어도
離諸苦縛 名得解脫　　이제고박 명득해탈
是人於何 而得解脫　　시인어하 이득해탈
但離虛妄 名爲解脫　　단리허망 명위해탈
其實未得 一切解脫　　기실미득 일체해탈

斯人未得 無上道故　　사인미득 무상도고
我意不欲 令至滅度　　아의불욕 영지멸도
我爲法王 於法自在　　아위법왕 어법자재
安隱衆生 故現於世　　안은중생 고현어세

---

3 487 페이지 "2) 성중 ⇒ 보살 ⇒ 붓다"

만약 지혜 적은 이가 있어 애욕에 심히 집착한다면
이러한 무리들을 위하여 '고제'를 설해주고

만일 어떤 중생이 고통의 근본을 알지 못하고
고통의 원인에 심히 집착하여 잠시도 이를 버리지 못한다면
이러한 무리들을 위하여 방편으로 '도제'를 설하나니
모든 고통의 원인은 탐욕을 근본으로 하므로
탐욕이 멸한다면 의지할 바가 없어
모든 고통이 멸하니 이를 '3제(멸제)'라고 이름하느니라.

이 멸제를 위하여 도를 닦는 것이니(도제)
모든 고통의 속박을 끊으면 이를 해탈이라 이름 하느니라.
이러한 사람들이 해탈을 얻었다 하지만
단지 허망함을 떠난 것을 해탈이라 이름붙인 것이니
실은 그것은 일체 해탈을 얻은 것이 아니니라.

이러한 사람은 위없는 도를 얻은 것이 아닌 것이기에
내 뜻은 그러한 멸도에 이르게 하게 함이 아니었느니라.
나는 법왕으로, 모든 법에 자재하니
중생을 편안케 하기 위하여 지금 세간에 출현하였느니라."

[제4/신해품] 15일차
법화경 이전에 알던 열반은 착각이었다.

爾時 慧命須菩提 摩訶迦栴延　　이시 혜명수보리 마하가전연
摩訶迦葉 摩訶目犍連　　　　　　마하가섭 마하목건련
從佛所聞 未曾有法　　　　　　　종불소문 미증유법
世尊 授舍利弗　　　　　　　　　세존 수사리불
阿耨多羅三藐三菩提記　　　　　　아뇩다라삼먁삼보리기
發希有心 歡喜踊躍　　　　　　　발희유심 환희용약

1. 법화경 이전에 알던 열반은 사실 착각이었다.

一心合掌 曲躬恭敬　　　　　　　일심합장 곡궁공경
瞻仰尊顔 而白佛言　　　　　　　첨앙존안 이백불언
我等 居僧之首 年竝朽邁　　　　　아등 거승지수 연병후매
自謂已得涅槃　　　　　　　　　　자위이득열반
無所堪任 不復進求　　　　　　　무소감임 불부진구
阿耨多羅三藐三菩提　　　　　　　아뇩다라삼먁삼보리

世尊往昔 說法旣久　　　　　　　세존왕석 설법기구
我時在座 身體疲懈　　　　　　　아시재좌 신체피해
但念空 無相無作　　　　　　　　단념공 무상무작
於菩薩法 遊戱神通　　　　　　　어보살법 유희신통

그 때에 혜명 수보리와 마하가전연,
마하가섭과 마하목건련 존자는
부처님께서 일찍이 없던 법을 말씀하시는 것을 듣고,
또 세존께서 사리불에게
아뇩다라삼먁삼보리의 수기를 주심을 보고는
희유한 마음에 뛸 듯이 기뻐하였다.

그리고 한 마음으로 합장하여 몸을 굽혀 공경스레
세존의 얼굴을 우러러 보며 부처님께 아뢰었다.
"저희 무리들은 승가의 지도자로 연로하여
스스로 열반에 이르렀다고 생각했고
더 감당할 일이 없다고 여겨 또 다시
아뇩다라삼먁삼보리를 구하지 아니하였습니다.

세존께서 옛날부터 설법하신지 오래되어
저희들은 그 자리에 계속 있었으나 육체가 피곤하고 게을러서
다만 공에 대해서만 생각하고 상이 없음과 짓지 않음을
보살의 법으로 여겨 신통을 가지고 놀 뿐이었습니다.

2. 불국토를 위해, 중생을 위해 정진하기로 결의하다.

淨佛國土 成就衆生　　　정불국토 성취중생
心不喜樂　　　　　　　심불희락

又今我等 年已朽邁　　　우금아등 연이후매
於佛敎化菩薩　　　　　어불교화보살
阿耨多羅三藐三菩提　　 아뇩다라삼먁삼보리
不生一念 好樂之心　　　불생일념 호락지심

3. 부처님의 은혜로 구하지도 않았는데 무한한 보배를 얻다.

忽然得聞 希有之法　　　홀연득문 희유지법
深自慶幸 獲大善利　　　심자경행 획대선리
無量珍寶 不求自得　　　무량진보 불구자득

그래서 불국토를 깨끗하게 하는 일이나 중생들을 성취시키는 일에 대해선
기쁘게 생각하지 않았습니다.

또 저희들은 나이 들고 쇠하여서
부처님께서 보살들을
아뇩다라삼먁삼보리에까지 이끄시는 일에 대해
한 생각도 즐거운 마음을 내지 아니하였습니다.

이제 홀연히 부처님의 말씀을 듣고 이 희유한 법을 얻으니
스스로도 깊이 경사라 느끼는 큰 선한 이익을 얻게 되었나이다.
무한한 진주 보배를 구하지도 않았는데 저절로 얻게 되었나이다."

삽화 둘. 돌아온 가난한 아들의 비유

궁자窮子의 비유.
우리는 부처님의 자녀인데도
우리 자신이 부처님의 자녀라는 사실을 감당하지 못한다.
삼계의 법왕이신 여래께서 인간이 되신 것은,
대승이 아니라 소승으로 처음에 가르치신 것은,
이런 저열한 우리 중생들을 가르치기 위한 것이었다.

[제4/신해품] 16일차
돌아온 가난한 아들의 비유 (궁자窮子의 비유)

1. 우리 모두는 부처님의 잃어버린 아들이다.

譬若有人 年旣幼稚	비약유인 연기유치
捨父逃逝 久住他國	사부도서 구주타국
或十二十 至五十歲	혹십이십 지오십세
年旣長大 加復窮困	연기장대 가부궁곤
馳騁四方 以求衣食	치빙사방 이구의식

其父先來 求子不得	기부선래 구자부득
中止一城 其家大富	중지일성 기가대부
財寶無量	재보무량

父每念子 與子離別	부매념자 여자이별
五十餘年 而未曾向人	오십여년 이미증향인
說如此事 但自思惟	설여차사 단자사유
心懷悔恨 自念老朽	심회회한 자념노후
多有財物 金銀珍寶	다유재물 금은진보
倉庫盈溢 無有子息	창고영일 무유자식
一旦終沒 財物散失	일단종몰 재물산실

(마하가섭이 부처님께 아뢰었다)
"비유하자면, 어떤 사람이 있었는데 나이 어릴 적에
아버지로부터 도망하여 타국에서 오래 머물게 되었습니다.
십년, 이십년 즈음 지나 오십 살에 이르렀는데
기나긴 시간이 흘러 가난하고 빈곤케 되었고
사방으로 다니면서 옷과 음식을 구하는 지경에 이르게 되었습니다.

그 아버지는 아들을 찾아보았으나 찾지 못하고
한 성에 거하였는데 그 집의 부가 대단하였고
재물과 보물이 무한하였습니다.

아버지는 매번 이별한 아들을 생각하였는데
오십 여년이나 지났지만 누구를 향해서
말한 적이 없었습니다. 다만 사유할 때
깊은 회한 속에서 스스로 생각하길
'나는 늙었으니 재물이 많고 금은진보가 있어서
창고가 가득 찬다 해도 자식이 없으니
내가 죽고 나면 재물들도 산산이 흩어져 버리겠구나.' 라고 하였습니다.

2. 우리는 우리 자신을 감히 부처님의 자녀라 생각하지 못한다.

世尊 爾時窮子	세존 이시궁자
傭賃展轉 遇到父舍	용임전전 우도부사

窮子見父 有大力勢	궁자견부 유대력세
卽懷恐怖 悔來至此	즉회공포 회래지차
竊作是念 此或是王	절작시념 차혹시왕
或是王等 非我傭力	혹시왕등 비아용력
得物之處	득물지처

時富長者 於師子座	시부장자 어사자좌
見子便識 心大歡喜	견자변식 심대환희

卽遣傍人 急追將還	즉견방인 급추장환
爾時使者 疾走往捉	이시사자 질주왕착
窮子驚愕 稱怨大喚	궁자경악 칭원대환
我不相犯 何爲見捉	아불상범 하위견착

父遙見之 而語使言	부요견지 이어사언
不須此人 勿强將來	불수차인 물강장래

父知其子 志意下劣	부지기자 지의하열
自知豪貴 爲子所難	자지호귀 위자소난

세존이시여, 이 때 그 가난한 아들은
품팔이를 하며 전전하다가 우연히 아버지의 집에 이르게 되었습니다.

가난한 아들은 아버지를 보고 큰 세력이 있음을 알고서는
곧 두려운 마음을 품고 그 곳에 이르게 된 것을 후회하였습니다.
몰래 생각하기를 '저 사람은 왕이거나
왕족일 거야. 나 같은 품팔이의 힘으로는
있을 곳도 얻지 못하겠구나.'라 하였습니다.

그 때 부유한 장자는 사자좌에 앉아 있다가
아들을 보고서 마음으로 크게 기뻐하였습니다.

즉시 옆의 사람을 보내어 급히 (아들을) 쫓아가 데려오도록 하였는데
이 때 사자가 데려오려고 급히 달려가자
가난한 아들은 경악하여 크게 원망하며 소리쳤습니다.
"난 죄를 범한 적이 없는데 어찌하여 보자마자 잡으러 오는 것입니까?"

아버지는 멀리서 이를 보고서는 사자에게 말하였습니다.
"저 사람이 필요치 않으니 강제로 데려오지 말거라."

아버지는 그 아들의 생각과 뜻이 저열한 수준에 있어
자신이 아는 호사와 부귀가 아들에게는 어려운 것임을 이해했습니다.

3. 부처님께선 우리를 위해 우리처럼 빈천한 자가 되셨다.

爾時長者 將欲誘引其子　　이시장자 장욕유인기자
而設方便 密遣二人　　　　이설방편 밀견이인
形色憔悴 無威德者　　　　형색초췌 무위덕자
汝可詣彼 徐語窮子　　　　여가예피 서어궁자
此有作處 倍與汝値　　　　차유작처 배여여치

爾時窮子 先取其價　　　　이시궁자 선취기가
尋與除糞 其父見子　　　　심여제분 기부견자
愍而怪之　　　　　　　　민이괴지

卽脫瓔珞 細軟上服　　　　즉탈영락 세연상복
嚴飾之具 更着麤弊　　　　엄식지구 갱착추폐
垢膩之衣 塵土坌身　　　　구이지의 진토분신
右手執持 除糞之器　　　　우수집지 제분지기

그 때 장자는 장차 그 아들을 이끌고자 하여
방편으로 은밀하게 두 사람을 보내었는데
형색이 초췌하고 위엄이나 덕망이 없는 이를 보냈습니다.
"너희들은 저기 가난한 아이에게 가서
일할 곳이 있는데 품삯을 곱으로 쳐 준다고 말해주어라."

그래서 가난한 아들은 품삯을 먼저 받고서는
똥거름 치우는 일을 하게 되었으니, 아버지는 그런 아들을 보는 것이
민망하고 안타까웠습니다.

그리하여 (아버지는) 즉시 목걸이와 부드러운 옷과
장신구들을 버리고 거칠고 해진 옷으로 갈아입었습니다.
때 묻은 옷에 흙으로 더럽혀진 몸이 되어
오른손에는 똥거름 치우는 기구를 갖추었습니다.

[제4/신해품] 17일차
부처님께서는 우리가 대승에까지 성장하길 기다리신다.

1. 우리는 우리가 부처님의 아들이라는 사실을 받아들이지 못한다.

爾時窮子 雖欣此遇	이시궁자 수흔차우
猶故自謂 客作賤人	유고자위 객작천인
由是之故 於二十年中	유시지고 어이십년중
常令除糞 過是已後	상령제분 과시이후
心相體信 入出無難	심상체신 입출무난
然其所止 猶在本處	연기소지 유재본처

2. 부처님께서는 우리가 부처님처럼 되기까지 훈련시키신다.

世尊 爾時 長者有疾	세존 이시 장자유질
自知將死不久 語窮子言	자지장사불구 어궁자언
我今多有 金銀珍寶	아금다유 금은진보
倉庫盈溢 其中多少	창고영일 기중다소
所應取與 汝悉知之	소응취여 여실지지

今我與汝 便爲不異	금아여여 변위불이
宜加用心 無令漏失	의가용심 무령누실

復經少時	부경소시
父知子意 漸已通泰	부지자의 점이통태
成就大志 自鄙先心	성취대지 자비선심

그 때 가난한 아들은 (아버지의) 그 대우를 흔쾌히 받아들였지만
그래도 스스로를 객지의 천한 사람이라 생각했습니다.
그 때문에 이십년이란 세월동안
항상 오물 치우는 일을 하며 이후
마음으로 서로 신뢰케 되어 출입이 무난해졌는데도
머무는 곳은 여전히 본래의 누추한 곳을 벗어나지 못하였습니다.

세존이시여, 그 때 장자가 병이 들어
자기가 장차 오래지 않아 죽을 것을 알고서 궁자에게 말하였습니다.
"나에게는 많은 재산이 있어 금은진보가
창고에 가득 차 있으니 그 중의 많고 적음을
네가 아는 대로 처리하도록 해라.

이제 나와 너는 다르지 아니하니
마땅히 마음을 써서 누실되는 것이 없도록 하라."

다시 시간이 지나서
아버지는 아들의 생각이 점차 자라나
큰 뜻을 성취해 예전 본인의 생각이 옹졸했음을 깨달은걸 알아챘습니다.

3. 법화경은 최후의 순간, 우리가 부처님의 아들이라 공표하는 부처님의 최고 말씀이다.

臨欲終時	임욕종시
而命其子 幷會親族	이명기자 병회친족
國王大臣 刹利居士	국왕대신 찰리거사
皆悉已集 卽自宣言	개실이집 즉자선언
諸君當知 此是我子	제군당지 차시아자
此實我子 我實其父	차실아자 아실기부
今我所有 一切財物	금아소유 일체재물
皆是子有	개시자유

마지막 때가 이르러서
(아버지는) 그 아들에게 친족을 모두 모으게 했습니다.
국왕 대신들과 귀족들까지
모두 모인 자리에서 곧 친히 선언하였습니다.
"여러분, 이 자가 나의 친아들입니다.

이는 내 진짜 아들이요, 나는 정말로 그의 아버지입니다.
이제 나의 모든 소유는
다 이 아들의 것입니다."

[제4/신해품] 18일차
무상함을 깨달아 견성하는 일은 최후의 열반이 아니다.

1. 석가모니불께서는 장자이시고 우리는 그 자녀들이다.

世尊 大富長者 則是如來　　세존 대부장자 즉시여래
我等 皆似佛子　　　　　　　아등 개사불자

2. 무상함을 깨달음은 똥거름을 치우는 일에 지나지 않는다.

今日世尊 令我等　　　　　　금일세존 영아등
思惟蠲除 諸法戲論之糞　　　사유견제 제법희론지분
我等於中 勤加精進　　　　　아등어중 근가정진
得至涅槃 一日之價　　　　　득지열반 일일지가

我等從佛　　　　　　　　　　아등종불
得涅槃一日之價 以爲大得　　득열반일일지가 이위대득
於此大乘 無有志求　　　　　어차대승 무유지구

3. 진정한 아버지의 보물은 대승으로 모든 이를 성불케 한다.

我等昔來 眞是佛子　　　　　아등석래 진시불자
而但樂小法　　　　　　　　　이단락소법
若我等 有樂大之心　　　　　약아등 유낙대지심
佛則爲我 說大乘法　　　　　불즉위아 설대승법

佛實以大乘敎化　　　　　　　불실이대승교화
是故我等說 本無心有所悕求　시고아등설 본무심유소희구
今法王大寶 自然而至　　　　금법왕대보 자연이지

세존이시여, 그 큰 부자인 장자는 곧 여래이시며,
우리는 모두 부처님의 아들과도 같습니다.

오늘날 세존께서는 우리들로 하여금
모든 법의 장난 같은 논의, 곧 똥거름을 깨끗하게 덜어내도록 하셨으니
우리 중에 부지런히 정진하여
열반을 얻은 이들은 하루 품삯을 받은 것과 같은 것입니다.

우리들이 부처님을 따라서
열반의 하루 품삯을 얻은 것을 크게 얻었다 여겨
저 대승을 구하려는 뜻이 없었습니다.

우리는 옛날부터 본디 부처님의 아들들이었습니다.
다만 작은 법만 좋아하였던 것이니
만약 우리들이 큰 법을 즐기는 마음이 있었더라면
부처님께서는 즉시 우리들에게 대승을 설하여 주셨을 것입니다.

부처님께서는 실지로는 대승으로 교화하시기 때문입니다.
그러기에 우리에게 이렇게 말씀해주시니 본래 바라는 마음조차 없었건만
오늘 법왕의 큰 보물에 자연스럽게 이르도록 하셨습니다.

[제4/신해품] 19일차
내면의 멸도만으로는 충분치 않다.

爾時長者 於其門內　　이시장자 어기문내
施大寶帳 處師子座　　시대보장 처사자좌
眷屬圍遶 諸人侍衛　　권속위요 제인시위
或有計筭 金銀寶物　　혹유계산 금은보물
出內財產 注記券疏　　출내재산 주기권소
窮子見父 豪貴尊嚴　　궁자견부 호귀존엄
謂是國王 若是王等　　위시국왕 약시왕등
驚怖自怪 何故至此　　경포자괴 하고지차

1. 일체 법이 공하다는 사실을 깨닫는 것은 소승의 경지다.

如彼窮子 得近其父　　여피궁자 득근기부
雖知諸物 心不希取　　수지제물 심불희취
我等雖說 佛法寶藏　　아등수설 불법보장
自無志願 亦復如是　　자무지원 역부여시

我等內滅 自謂爲足　　아등내멸 자위위족
唯了此事 更無餘事　　유료차사 갱무여사
我等若聞 淨佛國土　　아등약문 정불국토
敎化衆生 都無欣樂　　교화중생 도무흔락

그 때 거부 장자가 자기 집 문 안에서
큰 보배 휘장을 둘러치고 사자좌에 앉았으니
권속들이 둘러싸여 여러 사람들이 모시고 있었습니다.
어떤 이는 금은 보물을 세고 있기도 하였고
또 들어오고 나가는 많은 재산을 문서에 기록하고 있었으니
가난한 아들은 아버지의 존엄함을 보면서
'저 분은 국왕이거나 왕족이겠구나.' 하면서
혼자 놀라며 두려워하며 '난 왜 여기까지 왔는가?' 하였습니다.

(나중에) 저 가난한 아들이 아버지와 가까이 있게 되어
그 모든 재산을 관리했지만 자기 것이라는 생각이 없었던 것처럼
우리들도 비록 부처님 법의 보물들을 설하였음에도
정작 스스로는 그 뜻을 원하지 아니하였으니, 저 거지 아들과 같았나이다.

우리들은 내면의 멸도만으로도 스스로 족하다 여겼고
오직 그것만 깨닫고자 했으니 다른 경지가 남았다 생각하지 않았습니다.
그래서 불국토를 깨끗하게 하는 일이나
중생 교화하는 일을 들을 때도 도무지 기뻐하는 마음이 없었던 것입니다.

2. 모든 법이 공하다는 것만으론 중생 구제의 이유가 충분치 않다.

所以者何 一切諸法　　소이자하 일체제법
皆悉空寂 無生無滅　　개실공적 무생무멸
無大無小 無漏無爲　　무대무소 무루무위
如是思惟 不生喜樂　　여시사유 불생희락
我等長夜 於佛智慧　　아등장야 어불지혜
無貪無着 無復志願　　무탐무착 무부지원
而自於法 謂是究竟　　이자어법 위시구경

3. 부처님의 일이 중생 교화임을 알 때에야 중생 교화를 위해 우리도 나서게 된다.

諸佛希有 無量無邊　　제불희유 무량무변
不可思議 大神通力　　불가사의 대신통력
無漏無爲 諸法之王　　무루무위 제법지왕
能爲下劣 忍于斯事　　능위하열 인우사사
取相凡夫 隨宜爲說　　취상범부 수의위설

又知成熟 未成熟者　　우지성숙 미성숙자
種種籌量 分別知已　　종종주량 분별지이
於一乘道 隨宜說三　　어일승도 수의설삼

왜냐하면 일체 모든 법이
다 공하고 적멸하여 나지도 않고 멸하지도 않고
크지도 않고 작지도 않고 흔들리지도 않고 움직이지도 않는다
그렇게 생각하니 기쁨이나 즐겁게 여기는 마음이 생기질 않았습니다.
저희들이 기나긴 밤 부처님의 지혜에 대해
탐내지도, 집착지도 않고 다시 그 뜻을 원하지 아니하였으니
그저 스스로 이 법이 궁극의 깨달음이라 여겼던 까닭입니다.

모든 부처님은 희유하사 헤아릴 수 없고 끝이 없는
불가사의한 대신통력이 있으시니
흔들림이 없고 움직이지도 않으시니 모든 법의 왕이십니다.
저열한 중생들을 위해 능히 저 일(일승법 설하심)을 참으시면서
범부의 상을 취하시어 그를 따라 설하시나니

또 성숙한 자와 미성숙한 자를 아시어
가지가지 그릇을 살피시어 분별하여 이미 아시니
일승의 길을 삼승으로 나누어 (근기에 맞춰서) 그에 따라 설하시나이다."

삽화 셋. 약초의 비유

하늘에서 내리는 비가 다양한 종류의 식물 모두를 살리듯이,
여래의 가르침은 서로 다른 모든 근기의 중생들을 먹여 살린다.

[제5/약초유품] 20일차
약초의 비유

爾時世尊	이시세존
告摩訶迦葉 及諸大弟子	고마하가섭 급제대제자
善哉善哉 迦葉	선재선재 가섭
善說如來 眞實功德	선설여래 진실공덕
誠如所言	성여소언

1. 여래는 일체 모든 중생의 생각을 다 알고, 동시에 모든 법이 돌아가는 곳도 안다.

如來 是諸法之王	여래 시제법지왕
若有所說 皆不虛也	약유소설 개불허야
於一切法 以智方便	어일체법 이지방편
而演說之 其所說法	이연설지 기소설법
皆悉到於一切智地	개실도어일체지지
如來觀知 一切諸法	여래관지 일체제법
之所歸趣 亦知一切衆生	지소귀취 역지일체중생
深心所行 通達無礙	심심소행 통달무애

그 때 세존께서
마하가섭과 모든 큰 제자들에게 말씀하셨다.
"착하고 착하구나, 가섭이여,
여래의 진실한 공덕에 대해 잘 말하였으니
말한 바와 같도다.

여래는 모든 법의 왕으로
그 말하는 바에 허망한 것이 없느니라.
일체의 법에 대해 방편으로
연설하여도 그 말하는 법이
전부 다 일체지의 경지에 이르느니라.
여래는 일체 모든 법을 다 알고 보나니
그 돌아가는 곳을 알고, 또한 일체 중생의
생각과 행하는 바를 깊은 곳까지 다 알고 통달하여 거리낌이 없느니라.

2. 여래의 말씀은 모든 중생을 다 먹여 살린다.

迦葉 譬如三千大天世界　　가섭 비여삼천대천세계
山川谿谷 土地所生　　　　산천계곡 토지소생
卉木叢林 及諸藥草　　　　훼목총림 급제약초
種類若干 名色各異　　　　종류약간 명색각이
密雲彌布 遍覆三千大天世界　밀운미포 변부삼천대천세계
一時等澍 其澤普洽　　　　일시등주 기택보흡

3. 중생들은 여래의 말씀을 듣고 종자와 성품에 따라 다르게 자란다.

諸樹大小　　　　　　　　제수대소
隨上中下 各有所受　　　　수상중하 각유소수
一雲所雨 稱其種性　　　　일운소우 칭기종성
而得生長 華果敷實　　　　이득생장 화과부실
雖一地所生 一雨所潤　　　수일지소생 일우소윤
而諸草木 各有差別　　　　이제초목 각유차별

가섭아, 비유하면 삼천대천세계의
산천과 계곡의 토지에서 자라나는
풀과 나무와 숲과 모든 약초가 있으되
종류에 따라 이름과 모양이 다 각기 다르니라.
그런데 짙은 구름이 삼천대천세계에 두루 가득하여
일시에 똑같이 단비를 내리나니 그 모두를 다 윤택하게 하느니라.

모든 크고 작은 나무들이
상, 중, 하의 정도에 따라 각기 다르게 받아들이나니
하나의 구름이 비를 내리되 그 종자와 성품에 따라 비를 맞고
생장하여 꽃과 열매를 맺는 것과 같으니라.
비록 한 땅에서 자라고 한 비를 맞지만
모든 초목에는 다 차별이 있느니라.

[제5/약초유품] 21일차
석가모니 부처님은 일체 모든 것을 아시는 분이시다.

1. 여래의 출현하심은 전 우주에 단비와도 같다.

迦葉當知	가섭당지
如來 亦復如是	여래 역부여시
出現於世 如大雲起	출현어세 여대운기
以大音聲 普遍世界 天人阿修羅	이대음성 보변세계 천인아수라
如彼大雲 遍覆三千大千國土	여피대운 변부삼천대천국토

2. 여래께서는 우주 최고의 스승이시다.

於大衆中 而唱是言	어대중중 이창시언
我是如來	아시여래
應供 正遍知	응공 정변지
明行足 善逝	명행족 선서
世間解 無上士	세간해 무상사
調御丈夫 天人師	조어장부 천인사
佛世尊	불세존

3. 여래께서는 일체 모두를 성불의 길로 인도하신다.

未度者 令度	미도자 영도
未解者 令解	미해자 영해
未安者 令安	미안자 영안
未涅槃者 令得涅槃	미열반자 영득열반
今世後世 如實知之	금세후세 여실지지
我是一切知者 一切見者	아시일체지자 일체견자
知道者 開道者 說道者	지도자 개도자 설도자

가섭아 마땅히 알라
여래 역시 마찬가지이니
세간에 출현함이 저 큰 구름이 일어나는 것과 같고
큰 음성으로 온 세계의 하늘 사람과 아수라에게 설함이
저 삼천대천세계에 구름이 두루 가득한 것과 같으니라.

대중 가운데에서 큰 소리로 선언하되
"나는 여래이니
응공(응당히 이바지하는 자), 정변지(두루 바르게 아는 자)
명행족(빛으로 행하는 자), 선서(선으로 완전히 건너간 자)
세간해(세간의 구원자), 무상사(가장 높은 스승)
조어장부(모두를 고르게 기르는 자), 천인사(하늘 신들의 스승)
불세존이니라.

건너지 못한 이를 건너게 하며
이해하지 못하는 이를 이해케 하며
편안하지 못한 이를 편안케 하며
열반하지 못한 이를 열반하게 하느니라.
지금 세상과 미래 세상을 있는 그대로 아나니
나는 일체 모든 걸 아는 자이며 일체 모든 걸 보는 자이니라.
진리를 아는 자이며 진리를 여는 자이며 진리를 설하는 자이니라."

[제5/약초유품] 22일차
인간 스스로는 자신의 성장 단계를 알 수 없다.

1. 여래의 말씀을 들은 중생은 각기 다르게 성장해 진리에 들어간다.

是諸衆生 聞是法已　　　시제중생 문시법이
現世安隱 後生善處　　　현세안은 후생선처
以道受樂 亦得聞法　　　이도수락 역득문법
既聞法已 離諸障礙　　　기문법이 이제장애
於諸法中 任力所能　　　어제법중 임력소능
漸得入道　　　　　　　점득입도

如彼大雲 雨於一切　　　여피대운 우어일체
卉木叢林 及諸藥草　　　훼목총림 급제약초
如其種姓 具足蒙潤　　　여기종성 구족몽윤
各得生長　　　　　　　각득생장

2. 인간 그 스스로는 인간 자신의 성장 단계를 알 수 없다.

唯有如來 知此衆生　　　유유여래 지차중생
種相體性　　　　　　　종상체성
念何事 思何事 修何事　　염하사 사하사 수하사
云何念 云何思 云何修　　운하념 운하사 운하수
以何法念 以何法思 以何法修　이하법념 이하법사 이하법수
以何法得何法　　　　　이하법득하법
衆生 住於種種之地　　　중생 주어종종지지

如彼卉木叢林 諸藥草等　여피훼목총림 제약초등
而不自知 上中下性　　　이부자지 상중하성

그 모든 중생들이 이 법을 듣는다면
현세에 안락하고 그 다음 생에도 좋은 곳에 나거늘
즐거이 진리를 받으므로 또한 법을 들을 수 있느니라.
법을 들었기에 이미 모든 장애를 떠나게 되고
모든 법 가운데에서 맡은 힘과 능력에 따라
점차 진리에 들어가게 되느니라.

마치 저 큰 구름이 일어나서 일체 만물에 비를 내려
풀과 나무, 모든 숲의 모든 약초들이
그 종자와 성품에 따라 흡족히 비를 맞으며
각기 다르게 생장하는 것과 같으니라.

오직 여래만이 저 모든 중생의
종자와 모양과 바탕과 성품을 아느니라.
중생이 어떤 일을 생각하고, 어떤 일을 사유하고, 어떤 일로 수행하는지,
그리고 어떻게 그 생각과 사유와 닦음에 이르렀는지,
어떤 법으로 인해 그 생각과 사유와 닦음에 이르렀는지,
어떤 법으로 인해 그 법에 이르렀는지,
그리하여 중생이 제각기 어느 경지에 머무는지를 아느니라.

마치 저 풀과 나무와 숲의 모든 약초의 무리들이
그 스스로는 자신의 상중하를 알지 못함과 같으니라.

3. 가장 높은 진리, 하나의 진리를 바로 아시는 분은 여래뿐이시다.

如來知是 一相一味之法　　여래지시 일상일미지법
所謂 解脫相 離相 滅相　　　소위 해탈상 이상 멸상
究竟涅槃 常寂滅相 終歸於空　구경열반 상적멸상 종귀어공
佛知是已 觀衆生心慾 而將護之　불지시이 관중생심욕 이장호지
是故 不卽爲說 一切種智　　시고 부즉위설 일체종지

여래는 한 모양과 한 맛의 법을 바로 아나니
그 법은 이른바 해탈의 모양, 떠난 모양, 멸한 모양이며
궁극적 열반, 항상 적멸한 모양으로 마침내 공으로 돌아가느니라.
부처님은 이를 아시지만 중생의 마음과 욕망을 보고 이를 보호하기에
그래서 일체 종지를 바로 설하지 않느니라.

[제5/약초유품] 23일차
여래는 일체를 평등케 여겨 미워하거나 사랑함이 없다

1. 여래의 진리는 일체 만물을 적신다.

我爲如來 兩足之尊	아위여래 양족지존
出于世間 猶如大雲	출우세간 유여대운
充潤一切 枯槁衆生	충윤일체 고고중생
皆令離苦 得安隱樂	개령이고 득안은락
世間之樂 及涅槃樂	세간지락 급열반락

2. 최고의 진리, 대승에서는 일체 모두가 평등하다.

其法一味 解脫涅槃	기법일미 해탈열반
以一妙音 演暢斯義	이일묘음 연창사의
常爲大乘 而作因緣	상위대승 이작인연
我觀一切 普皆平等	아관일체 보개평등
無有彼此 愛憎之心	무유피차 애증지심
我無貪着 亦無限礙	아무탐착 역무한애
恒爲一切 平等說法	항위일체 평등설법
如爲一人 衆多亦然	여위일인 중다역연

充足世間 如雨普潤	충족세간 여우보윤
貴賤上下 持戒毁戒	귀천상하 지계훼계
威儀具足 及不具足	위의구족 급불구족
正見邪見 利根鈍根	정견사견 이근둔근
等雨法雨 而無懈倦	등우법우 이무해권

나는 여래이며, 존귀한 양족존이라.
세간에 출현함이 마치 큰 구름이 이는 것과 같으니
일체 만물을 적심이 목마른 중생을 적심과 같아서
고통에서 모두를 떠나게 하여 안락함을 얻게 하나니
세간의 즐거움뿐만 아니라 열반의 즐거움도 누리게 하느니라.

이 법은 한 맛이어서 해탈열반의 맛이니
하나의 묘한 음성으로 그 뜻을 펼치되
항상 대승을 행하니 이를 위해 인연을 짓느니라.
나는 일체를 모두 다 평등하게 관하니
너와 나가 따로 없고 미워함과 사랑함의 마음도 없으니
나는 탐착하는 것도 없고 또한 걸리는 것도 없어서
항상 일체를 위해 평등하게 법을 설하느니라.
한 사람을 위하여서나, 많은 무리를 위하여서나 똑같이 그리하느니라.

세간을 충족시킴이 비가 널리 만물을 적시는 것과 같으니
귀하거나 천하거나, 높거나 낮거나, 계를 지키거나 안 지키거나,
위의를 갖추었거나 갖추지 못하였거나,
견해를 바르게 지녔거나 잘못 지녔거나, 근기가 총명하거나 둔하거나,
똑같이 진리의 비를 내리나니 이에 게으르지 아니하느니라.

3. 깨달음의 단계는 중생마다 다 다르다.

或處人天 轉輪聖王　　혹처인천 전륜성왕
釋梵諸王 是小藥草　　석범제왕 시소약초

獨處山林 常行禪定　　독처산림 상행선정
得緣覺證 是中藥草　　득연각증 시중약초

求世尊處 我當作佛　　구세존처 아당작불
行精進定 是上藥草　　행정진정 시상약초

常行慈悲 自知作佛　　상행자비 자지작불
決定無疑 是名小樹　　결정무의 시명소수

轉不退輪 度無量億　　전불퇴륜 도무량억
百千衆生 如是菩薩　　백천중생 여시보살
名爲大樹　　　　　　명위대수

인간계와 하늘 세상의 전륜성왕이나
제석천왕, 범천왕은 하품 약초이고,

산림에 홀로 거하면서 선정에 항상 힘써
연각을 증한 이는 중품 약초이고,

세존 계시는 곳을 구하면서 나도 마땅히 부처가 되리라 하며
삼매에 항상 정진하는 자는 상품 약초니라.

항상 자비를 행하면서 스스로 부처될 줄을 알아
결정코 의심이 없다면 작은 나무요,

물러서지 않는 법륜을 굴리면서 무한히
많은 중생들을 구제한다면 이를 보살이라 하며,
큰 나무라 하느니라."

[제6/수기품] 24일차
부처님의 제자들이 미래에 성불하여 법맥을 이으리라

1. 부처님의 수기 - 가섭이 미래에 성불하여 광명 여래가 되리라.

爾是世尊 說是偈已	이시세존 설시게이
告諸大衆 唱如是言	고제대중 창여시언
我此弟子 摩訶迦葉	아차제자 마하가섭
於未來世 當得奉覲	어미래세 당득봉근
三百萬億 諸佛世尊	삼백만억 제불세존
供養恭敬 尊重讚歎	공양공경 존중찬탄
廣宣諸佛 無量大法	광선제불 무량대법
於最後身 得成爲佛	어최후신 득성위불
名曰 光明如來	명왈 광명여래

2. 여래께서 수기를 주셔야 미래의 성불이 완성될 수 있다.

爾時 大目犍連 須菩提	이시 대목건련 수보리
摩訶迦葉 旃延等	마하가섭 전연등
皆悉悚慄 一心合掌	개실송률 일심합장
瞻仰尊顔	첨앙존안

大雄猛世尊 諸釋之法王	대웅맹세존 제석지법왕
哀愍我等故 而賜佛音聲	애민아등고 이사불음성
若知我深心 見爲授記者	약지아심심 견위수기자

如從飢國來 忽遇大王饍	여종기국래 홀우대왕선
心猶懷疑懼 未敢卽便食	심유회의구 미감즉변식
若復得王敎 然後乃敢食	약부득왕교 연후내감식

그 때에 세존께서 게송으로 이르시었다.
모든 대중을 향해 소리 높여 말씀하시되
"나의 제자 마하가섭은
미래세에 마땅히
삼백만억의 모든 부처님들을 만나 뵈옵고
공양하고 공경하며 존중과 찬탄을 드리리니
모든 부처님의 무량한 대법을 설한 후에
마지막 최후의 몸으로 성불하리라.
그 이름을 광명 여래라 하리라."

그 때에 대목건련과 수보리,
마하가섭, 마하가전연 등이
모두 다 송구스러워 어쩔 줄 몰라 일심으로 합장하며
세존의 얼굴을 우러러보았다.

"높고 용맹하신 세존이시여, 모든 석가족의 법왕이시여,
저희들을 불쌍히 여기시어 부처님의 음성으로 직접 말씀해주시옵소서.
만약 저희가 마음 깊이 수기를 받고자 함을 아신다면 직접 말씀해주소서.

마치 어떤 굶주린 나라에서 온 이가 문득 대왕이 베푸신 음식을 받게 되면
오히려 먹어도 되는지 의구심을 품고 바로 음식을 먹지 못하는 법이니,
왕의 허락이 다시 있은 후에야 감히 음식을 먹을 수 있는 것과 같습니다.

我等亦如是 每惟小乘過　　아등역여시 매유소승과
不知當云何 得佛無上慧　　부지당운하 득불무상혜
雖聞佛音聲 言我等作佛　　수문불음성 언아등작불
心尙懷憂懼 如未敢便食　　심상회우구 여미감변식
若蒙佛授記 爾乃快安樂　　약몽불수기 이내쾌안락

3. 법화경을 들은 자리의 제자들이 모두 수기를 받다.

我諸弟子 威德具足　　아제제자 위덕구족
其數五百 皆當授記　　기수오백 개당수기
於未來世 咸得成佛　　어미래세 함득성불

저희도 이와 같아서 매번 소승의 허물만을 생각했었는데
위없는 부처님의 지혜를 마땅히 얻을 수 있다는 걸 감당치 못하겠사오니
비록 부처님의 음성으로 너희가 부처가 되리라는 말을 들어도
마음으로 회의를 품고 두려워하여 감히 음식을 바로 먹지 못하오니
만약 부처님의 수기를 직접 받는다면 편안할 수 있을 것입니다."

"나의 모든 제자들은 위엄과 덕을 구족하였으니
이 오백 명의 제자들에게도 마땅히 다 수기를 주리라.
미래세에 전부 성불하리라."

[제7/화성유품] 25일차
대통지승여래 부처님의 이야기

1. 무량한 시간 전 아뇩다라삼먁삼보리를 이루신 부처님이 계셨다.

佛告諸比丘	불고제비구
乃往過去 無量無邊	내왕과거 무량무변
不可思議 阿僧祇劫	불가사의 아승기겁
爾時有佛 名大通智勝如來	이시유불 명대통지승여래

彼佛滅度已來 甚大久遠	피불멸도이래 심대구원
譬如三千大天世界 所有地種	비여삼천대천세계 소유지종
假使有人 磨以爲墨	가사유인 마이위묵
過於東方千國土	과어동방천국토
乃下一點 大如微塵	내하일점 대여미진
又過千國土 復下一點	우과천국토 부하일점
如是展轉 盡地種墨	여시전전 진지종묵

所經國土 若點不點	소경국토 약점부점
盡末爲塵 一塵一劫	진말위진 일진일겁
彼佛 滅度已來 復過是數	피불 멸도이래 부과시수

2. 여래는 과거 무량겁 전의 이 일조차도 다 알 수 있다.

彼佛 滅度已來	피불 멸도이래
復過是數 無量無邊	부과시수 무량무변
百千萬億 阿僧祇劫	백천만억 아승기겁
我以如來 知見力故	아이여래 지견력고
觀彼久遠 猶若今日	관피구원 유약금일

부처님께서 모든 비구들에게 이르시었다.
"지나간 과거 한량없고 헤아릴 수 없고
불가사의한 아승기겁 이전에
부처님께서 계셨으니 이름이 대통지승여래이셨느니라.

그 부처님께서 멸도하신지는 심히 오래 전이었느니라.
비유하자면 삼천대천세계의 땅을
어떤 사람이 전부 다 갈아 먹으로 만들어서
동방의 국토 천 곳을 지나면서
점 하나를 떨어뜨리되 큰 것이 티끌만하다고 하자.
이렇게 계속 천 곳을 지나서 점 하나를 떨어뜨리기를
반복하여 먹을 다 썼다고 하자.

그 지나간 국토들, 곧 점이 떨어졌거나 안 떨어졌거나
모두를 다 티끌로 만들어서 그 티끌 하나를 일 겁으로 치자.
그 부처님께서 멸도하신지는 그보다 더 오래 전이었느니라.

그 부처님께서 멸도하신지는
그보다 더 오래되어서, 한량없고 셀 수 없는
백 천 만억 아승기겁 이전이니라.
나는 여래로 지혜와 보는 힘이 있는 고로
저 머나먼 일들도 오히려 지금의 일처럼 보느니라."

3. 아뇩다라삼먁삼보리의 성취는 우주의 성취이다.

衆生常苦惱 盲瞑無導師　중생상고뇌 맹명무도사
不識苦盡道 不知求解脫　불식고진도 부지구해탈
長夜增惡趣 減損諸天衆　장야증악취 감손제천중
從冥入於冥 永不聞佛名　종명입어명 영불문불명
今佛得最上 安隱無漏道　금불득최상 안은무루도
我等及天人 爲得最大利　아등급천인 위득최대리
是故咸稽首 歸命無上尊　시고함계수 귀명무상존

(대통지승여래께서 무상정등각을 이루셨을 때 천인들이 말하였다)
"중생은 항상 고뇌에 빠져있으니 눈멀고 어두워 스승이 없어
고통을 다할 길을 알지 못하니 해탈을 구하지도 않고
기나긴 밤 동안 악취만 더하게 되어 하늘 사람이 갈수록 줄어가니
어둠을 따라 어둠에 들어가 오랫동안 부처님의 이름을 듣지 못했습니다.
이제 부처님께서 최상의 안온한 무루의 도를 얻으셨으니
우리와 하늘 사람들에게 최고의 이익이옵니다.
그러므로 다같이 머리 숙여 무상존께 귀의하옵니다."

[제7/화성유품] 26일차
우주가 부처님의 지혜로 밝아지다

1. 대통지승여래께서 깨달으실 때 온 우주가 6방향으로 진동하다.

佛告諸比丘 大通智勝佛	불고제비구 대통지승불
得阿耨多羅三藐三菩提時	득아뇩다라삼먁삼보리시
十方 各五百萬億	시방 각오백만억
諸佛世界 六種震動	제불세계 육종진동
其國中間 幽冥之處	기국중간 유명지처
日月威光 所不能照	일월위광 소불능조
而皆大明	이개대명

諸天宮殿 乃至梵宮	제천궁전 내지범궁
六種震動 大光普照	육종진동 대광보조
遍滿世界 勝諸天光	편만세계 승제천광

2. 깨달음의 빛이 온 우주의 신들을 깨우다.

諸梵天王 各作是念	제범천왕 각작시념
今者宮殿光明 昔所未有	금자궁전광명 석소미유
以何因緣 而現此相	이하인연 이현차상

時彼衆中 有一大梵天王	시피중중 유일대범천왕
名救一切 爲諸梵衆	명구일체 위제범중
而說偈言	이설게언

我等諸宮殿 光明昔未有	아등제궁전 광명석미유
此是何因緣 宜各共求之	차시하인연 의각공구지
爲大德天生 爲佛出世間	위대덕천생 위불출세간

부처님께서 모든 비구들에게 이르시었다. "대통-지승불께서
아뇩다라삼먁삼보리를 이루실 때에
사방 10방향의 각 오백만억의
모든 부처님의 세계가 여섯 방향으로 진동하였느니라.
그 나라들 사이에 어두운 저승
곧 해와 달도 빛을 비추지 못하는 곳에도 빛이 비춰었으니
모든 곳이 크게 밝아지게 되었느니라.

모든 하늘의 궁전 및 범천왕의 궁전까지
6가지로 진동하였고 큰 광명이 두루 비춰니
세계에 빛이 가득하여 모든 천상의 빛들을 능가하였느니라.

모든 범천왕들이 각자 생각하기를
"지금 궁전에 비추이는 빛은 일찍이 보지 못하던 것인데
어떤 인연으로 이러한 현상이 나타난 것일까?"

이 때 그 무리들 중에 한 대범천왕이 있었는데
이름이 '구일체'였으니 범천의 무리들을 향해
게송으로 말하되

"우리의 모든 궁전에 비치는 광명은 일찍이 없던 것이라
어떤 인연으로 이리 된 것인지 마땅히 다함께 찾아보세
큰 덕이 하늘에 나시려는가, 부처님께서 세간에 출현하시려는 것인가?"

3. 아뇩다라삼먁삼보리의 성취는 모든 신들이 기다리는 일이다.

爾時 五百萬億國土　　　　이시 오백만억국토
諸梵天王 與宮殿俱　　　　제범천왕 여궁전구
各以衣裓 盛諸天華　　　　각이의극 성제천화
共詣西方 推尋是相　　　　공예서방 추심시상
見大通智勝如來 處于道場　견대통지승여래 처우도량
菩提樹下 坐師子座　　　　보리수하 좌사자좌

卽時 諸梵天王　　　　즉시 제범천왕
頭面禮佛 繞百千匝　　두면예불 요백천잡
卽以天華 而散佛上　　즉이천화 이산불상

華供養已　　　　　　화공양이
各以宮殿 奉上彼佛　　각이궁전 봉상피불

世尊甚希有 久遠乃一現　　세존심희유 구원내일현
一百八十劫 空過無有佛　　일백팔십겁 공과무유불
三惡道充滿 諸天衆減少　　삼악도충만 제천중감소
今佛出於世 爲衆生作眼　　금불출어세 위중생작안
世間所歸趣 救護於一切　　세간소귀취 구호어일체
爲衆生之父　　　　　　　위중생지부

그 때에 오백만억의 국토의
모든 범천왕들이 궁전을 가지고
또 그 옷자락에 하늘 꽃을 가득 담아서
함께 서방으로 가서 그 상서의 이유를 찾아보았느니라.
그리고 대통지승여래께서 도량에 앉아
보리수나무 아래에서 사자좌에 앉으신 것을 보았느니라.

그 즉시 모든 범천왕들은
부처님께 머리를 조아리며 예를 갖추고 그 주위를 백 천 번 돌면서
하늘 꽃을 부처님의 머리 위로 흩날렸느니라.

꽃 공양을 마친 후에는
각기 가져온 궁전을 부처님께 봉양하여 올리었는데

(다들 찬탄하길)
"세존께선 심히 희유하사 기나긴 세월이 흐른 뒤에 한 번 나타나실 뿐이니
180겁이 지나는 동안 부처님이 없으셨던 고로
삼악도는 가득 찼고 하늘 무리들은 줄어들었나이다.
이제 부처님께서 세간에 출현하시매 중생의 눈이 되셨으니
세간이 다 귀의할 곳이니 일체를 다 건지시리다.
중생들의 아버지와 같사옵니다."

[제7/화성유품] 27일차
과거 대통지승여래께서도 임시방편으로 소승을 설하셨다.

1. 대통지승여래께서도 소승을 설하셨다.

爾時 大通智勝如來 受十方　　이시 대통지승여래 수시방
諸梵天王 及十六王子請　　　제범천왕 급십육왕자청
卽時三轉 十二行法輪　　　　즉시삼전 십이행법륜

謂是苦 是苦集　　　　　　　위시고 시고집
是苦滅 是苦滅道　　　　　　시고멸 시고멸도
及廣說 十二因緣法　　　　　급광설 십이인연법
無明緣行 行緣識　　　　　　무명연행 행연식
識緣名色 名色緣六入　　　　식연명색 명색연육입
六入緣觸 觸緣受　　　　　　육입연촉 촉연수
受緣愛 愛緣取　　　　　　　수연애 애연취
取緣有 有緣生　　　　　　　취연유 유연생
生緣老死 憂悲苦惱　　　　　생연노사 우비고뇌

그 때에 대통지승여래께서 시방의
모든 범천왕과 열여섯 왕자의 청을 받아들여
즉시로 세 차례 동안 12행의 법륜을 굴리셨느니라.

"이것이 고통이며, 이것이 고통이 모이는 모양이고,
이것이 고통의 멸함이며, 이것이 고통이 멸한 도의 모양이다."
더하여 12인연법에 대해서도 설하시니,
"어리석음으로 인하여 움직임이 있고 움직임으로 인하여 의식이 있으며
의식으로 인해 이름붙임이 있고 이름붙임으로 인해 6가지 감각이 있고
6가지 감각으로 인해 촉감이 있고 촉감으로 인해 인지함이 생기고
인지함으로 인해 애착이 있고 애착으로 인해 취함이 있고
취함으로 인해 그 무엇이 있고 그 무엇이 있음으로 태어남이 있고
태어남으로 인해 늙음과 죽음과 근심, 슬픔, 고뇌가 생겨나느니라."

2. 진정한 깨달음은 연기법을 넘어선 대승으로만 가능하다.

說是法時　　　　　　　　설시법시
六百萬億 那由他人　　　　육백만억 나유타인
以不受一切法故　　　　　이불수일체법고
而於諸漏 心得解脫　　　　이어제루 심득해탈
皆得深妙禪定　　　　　　개득심묘선정

爾時 十六王子　　　　　　이시 십육왕자
皆以童子出家 而爲沙彌　　개이동자출가 이위사미

俱白佛言　　　　　　　　구백불언
世尊 是諸無量千萬億　　　세존 시제무량천만억
大德聲聞 皆已成就　　　　대덕성문 개이성취
世尊 亦當爲我等　　　　　세존 역당위아등
說阿耨多羅三藐三菩提法　 설아뇩다라삼먁삼보리법
我等聞已 皆共修學　　　　아등문이 개공수학
世尊 我等志願 如來知見　 세존 아등지원 여래지견
深心所念 佛自證知　　　　심심소념 불자증지

3. 대통지승여래께서 최후에 이 묘법연화경을 설하시다.

爾時彼佛 受沙彌請　　　　　이시피불 수사미청
過二萬劫已 乃於四衆之中　　과이만겁이 내어사중지중
說是大乘經 名妙法蓮華經　　설시대승경 명묘법연화경
敎菩薩法 佛所護念　　　　　교보살법 불소호념

이 법을 설하실 때에
육백만억 나유타의 사람들이
일체법을 벗어나게 된 고로
모든 번뇌에서 벗어나 마음이 해탈케 되었느니라.
전부 심묘한 선정을 얻었느니라.

그 때에 열여섯 왕자가
모두 동자로 출가하여 사미가 되었는데

함께 부처님께 아뢰기를
"세존이시여 이 모든 무량한 천만 억의
사람들은 이미 다 대덕의 성문승을 성취하였나이다.
세존이시여 이제 마땅히 또한 저희들을 위해서도
아뇩다라삼먁삼보리의 법을 설하여 주시옵소서.
저희들이 듣는다면 다 함께 배우고 닦겠습니다.
세존이시여, 저희들이 원하는 바는 여래의 지혜, 견해로
여래께서 깊이 생각하신 바 스스로 증득하신 지혜입니다."

그 때에 그 부처님께서 사미들의 청을 받아들여
이만 겁이 지나도록 사부대중 가운데에서
대승경을 설하셨으니 이름이 묘법연화경이었느니라.
이는 보살되는 가르침으로 부처님께서 보호하고 생각하는 경이었느니라.

[제7/화성유품] 28일차
대통지승여래불의 16왕자

1. 대통지승여래불의 16왕자가 묘법연화경을 받아들이다.

說是經時	설시경시
十六菩薩沙彌 皆悉信受	십육보살사미 개실신수
聲聞衆中 亦有信解	성문중중 역유신해
其餘衆生 千萬億種	기여중생 천만억종
皆生疑惑	개생의혹

是十六菩薩	시십육보살
常樂說是 妙法蓮華經	상락설시 묘법연화경
一一菩薩所化	일일보살소화
六百萬億那由他 恒河沙等衆生	육백만억나유타 항하사등중생
世世所生 與菩薩俱	세세소생 여보살구
從其聞法 悉皆信解	종기문법 실개신해

(대통지승여래께서 묘법연화경을) 설하실 때에
16명의 보살사미들이 다 이 법을 믿고 받아들였느니라.
성문의 무리 가운데에도 믿고 이해하는 자가 더러 있었으나
그 나머지 천만 억의 중생들은
모두 다 의혹을 품었느니라.

이 16명의 보살들은
항상 이 묘법연화경 설하기를 즐거워하였으니
보살 하나하나가 교화한 이들이
육백만억 나유타로 항하강의 모래알처럼 많았느니라.
이들은 세세생생 보살과 함께 태어나
그 법을 듣고 따라 다 믿고 이해하였느니라.

2. 16왕자가 다 성불하니, 석가모니불께선 그중 마지막 왕자이셨다.

諸比丘 我今語汝　　　　　　제비구 아금어여
彼佛弟子 十六沙彌　　　　　피불제자 십육사미
今皆得阿耨多羅三藐三菩提　　금개득아뇩다라삼먁삼보리
於十方國土 現在說法　　　　어시방국토 현재설법

其二沙彌 東方作佛　　　　　기이사미 동방작불
一名阿閦 在歡喜國　　　　　일명아촉 재환희국
二名須彌頂　　　　　　　　　이명수미정
東南方二佛　　　　　　　　　동남방이불
一名師子音 二名師子相　　　일명사자음 이명사자상
南方二佛　　　　　　　　　　남방이불
一名虛空住 二名常滅　　　　일명허공주 이명상멸
西南方二佛　　　　　　　　　서남방이불
一名帝相 二名梵相　　　　　일명제상 이명범상
西方二佛　　　　　　　　　　서방이불
一名阿彌陀 二名度一切世間苦惱　일명아미타 이명도일체세간고뇌
西北方二佛　　　　　　　　　서북방이불
一名多摩羅跋栴檀香神通　　　일명다마라발전단향신통
二名須彌相　　　　　　　　　이명수미상
北方二佛　　　　　　　　　　북방이불
一名雲自在 二名雲自在王　　일명운자재 이명운자재왕
東北方佛　　　　　　　　　　동북방불
名壞一切世間怖畏　　　　　　명괴일체세간포외
第十六我 釋迦牟尼佛　　　　제십육아 석가모니불
於娑婆國土　　　　　　　　　어사바국토
成阿耨多羅三藐三菩提　　　　성아뇩다라삼먁삼보리

모든 비구들아, 내가 이제 너희에게 말하노니
그 부처님의 제자였던 16명의 사미들은
지금 모두 다 아뇩다라삼먁삼보리를 성취하였느니라.
현재 시방의 국토에서 설법하고 계시느니라.

그 중 두 사미가 동방에서 부처님이 되셨는데
한 분은 환희국의 아촉불이시고
다른 분은 수미정불이시며
동남방에서도 두 부처님이 탄생하셨으니
한 분은 사자음불, 다른 분은 사자상불이시니라.
남방에도 두 부처님이 계시니
한 분은 허공주불, 다른 분은 상멸불이시고
서남방에도 두 부처님이 계시니
한 분은 제상불, 다른 분은 범상불이시니라.
서방에도 두 부처님이 계시니
한 분은 아미타불, 다른 분은 도일체세간고뇌불이시니라.
서북방에도 두 부처님이 계시니
한 분은 다마라발전단향신통불,
다른 분은 수미상불이시니라.
북방에도 두 부처님이 계시니
한 분은 운자재불, 다른 분은 운자재왕불이시니라.
동북방에도 부처님이 계시니
괴일체세간포외불이신데
16번째 부처님이 바로 나, 석가모니불로
사바세계에서
아뇩다라삼먁삼보리를 이루었느니라.

3. 부처님들께서는 세세생생 법화경을 설하여 보살을 아뇩다라삼먁삼보리로 이끄신다.

爾時所化 無量恒河沙等衆生者	이시소화 무량항하사등중생자
汝等諸比丘 及我滅度後	여등제비구 급아멸도후
未來世中 聲聞弟子	미래세중 성문제자
是也 我滅度後	시야 아멸도후
復有弟子 不聞是經	부유제자 불문시경
不知不覺 菩薩所行	부지불각 보살소행
自於所得功德	자어소득공덕
生滅度想 當入涅槃	생멸도상 당입열반
我於餘國作佛 更有異名	아어여국작불 갱유이명

是人 雖生滅度之想 入於涅槃	시인 수생멸도지상 입어열반
而於彼土 求佛智慧	이어피토 구불지혜
得聞是經 唯以佛乘	득문시경 유이불승
而得滅度 更無餘乘	이득멸도 갱무여승

그 때에 교화한 무량한 항하강의 모래와 같은 중생들은
바로 너희 비구들이며 또 내가 멸도한 후
미래세 가운데 있을 성문 제자들이니라.
이들은 내가 멸도 후
다시 제자가 될 것이나 이 경을 듣지 못해
보살이 행할 바를 알지도, 깨닫지도 못한 채
스스로 얻은 공덕을 갖고
멸도라고 생각하며 열반에 들려 할 것이다.
그럼 내가 다시 다른 국토에서 다른 명호로 성불할 것이니라.

그럼 그들은 비록 멸도의 상이 생겨나 열반에 든다 할지라도
다른 국토에서 부처님의 지혜를 구하게 되리니
이 경을 듣는다면 오직 일승으로만
멸도를 얻을 수 있으며 다른 승으로는 안 된다는 걸 알게 되리라.

삽화 넷. 마술로 만든 성의 비유

화성化城의 비유.
소승의 깨달음은 최후의 깨달음이 아니라
단지 중간에 임시 방편의 휴식처로 만들어진 마술성과 같다.

[제7/화성유품] 29일차
마술성의 비유 (화성化城의 비유)

1. 여래의 지혜는 여러 생을 거쳐도 들어가기 어렵다.

是諸人等 應以是法　　시제인등 응이시법
漸入佛道 所以者何　　점입불도 소이자하
如來智慧 難信難解　　여래지혜 난신난해

2. 공의 가르침을 알아 준비가 되면 그제야 여래는 법화경을 설한다.

諸比丘 若如來自知 涅槃時到　　제비구 약여래자지 열반시도
衆又淸淨 信解堅固　　중우청정 신해견고
了達空法 深入禪定　　요달공법 심입선정
便集諸菩薩 及聲聞衆 爲說是經　　변집제보살 급성문중 위설시경
世間無有二乘 而得滅度　　세간무유이승 이득멸도
有一佛乘 得滅度耳　　유일불승 득멸도이

이 모든 무리들은 응당히 이 법을 통해
점차 부처님의 길로 들어서리니 어떤 까닭인가,
여래의 지혜는 믿기도 어렵고 이해하기도 어렵기 때문이니라.

모든 비구들아, 만일 여래가 스스로 열반의 때가 이르렀음을 알고
또 대중들이 청정하여 그 믿음과 이해가 견고해져서
공의 가르침을 깊이 깨달아 선정에 깊이 들어감을 보면,
모든 보살들과 성문의 무리들을 모아 이 경을 설하느니라.
그리하여 세간에 멸도를 얻는 이승이 따로 없고
오직 일불승으로만 멸도를 얻을 수 있음을 설하시느니라.

3. 소승의 깨달음은 마술로 만든 성에서 취하는 휴식일 따름이다.

譬如五百由旬 險難惡道	비여오백유순 험난악도
曠絶無人 怖畏之處	광절무인 포외지처
若有多衆 欲過此道	약유다중 욕과차도
至珍寶處 有一導師	지진보처 유일도사
聰慧明達 善知險道	총혜명달 선지험도

所將人衆 中路懈退	소장인중 중로해퇴
白導師言 我等疲極	백도사언 아등피극
而復怖畏 不能復進	이부포외 불능부진
前路猶遠 今欲退還	전로유원 금욕퇴환

此等可愍	차등가민
云何捨大珍寶 而欲退還	운하사대진보 이욕퇴환
作是念已 以方便力	작시념이 이방편력
於險道中 過三百由旬	어험도중 과삼백유순
化作一城 告衆人言	화작일성 고중인언
汝等勿怖 莫得退還	여등물포 막득퇴환
今此大城 可於中止	금차대성 가어중지
隨意所作 若入是城	수의소작 약입시성
快得安隱	쾌득안은

비유하자면 오백 유순의 험난한 악도가 있는데
인적이 끊어져 두려움이 가득한 와중에
많은 무리들이 그 길을 지나
보물이 있는 곳으로 가려 하였느니라. 거기 한 도사가 있어
지혜와 총명으로 그 길의 험난함을 미리 알았느니라.

근데 그 거느린 무리들이 길의 중간에서 물러나고파서
도사에게 말하길 "우리들은 피로가 극에 달하였으니
다시 이 두려운 곳을 능히 지나가지 못하겠습니다.
남은 길이 오히려 더 머니 이제 도로 돌아가길 원합니다."

(도사가 생각하길) '참으로 가엾은 무리들이로구나.
어찌하여 저 큰 보배를 버리고 다시 돌아가고자 하는가.'
이렇게 생각한 후에 방편의 힘으로
험로 가운데에 삼백 유순 되는 지점에
성 하나를 마술로 만든 뒤에 무리들에게 말하기를
"너희들은 두려워 말고 되돌아가지 말라.
이 큰 성은 가히 머물만한 곳이니
원하는 대로 성에 들어가 쉬면서
쾌히 편안히 머물도록 하라."

是時 疲極之衆 心大歡喜　시시 피극지중 심대환희
歎未曾有 我等今者　　　탄미증유 아등금자
免斯惡道 快得安隱　　　면사악도 쾌득안은
於是衆人 前入化城　　　어시중인 전입화성
生已度想 生安隱想　　　생이도상 생안은상

爾時導師 知此人衆　　　이시도사 지차인중
旣得止息 無復疲惓　　　기득지식 무부피권
卽滅化城 語衆人言　　　즉멸화성 어중인언
汝等去來 寶處在近　　　여등거래 보처재근
向者大城 我所化作　　　향자대성 아소화작
爲止息耳　　　　　　　 위지식이

그 때에 피곤이 극에 달하던 무리들은 마음으로 크게 환희하여
일찍이 없던 일이라며 찬탄하였느니라. "우리들은 오늘
악도를 면하게 되어 즐거이 안락함을 얻게 되었구나!"
그 무리들이 마술로 만든 성에 들어가니
이미 길을 건넜다는 생각, 안락하다는 생각이 생겼느니라.

그 때에 도사는 사람들이
충분히 휴식하여 더 이상 피곤하지 않음을 알고
곧 마술로 만든 성을 없애버리고는 사람들에게 말하였느니라.
"너희들은 이제 갈지니 보물이 있는 곳이 가까웠느니라.
아까 있던 큰 성은 내가 마술로 만든 것이니라.
휴식을 위해서 잠시 만든 것이니라."

[제7/화성유품] 30일차
소승의 깨달음은 마술로 만든 성에서의 휴식일 뿐이다.

1. 성불하기까지는 무수히 많은 생애와 고통을 거쳐야 한다.

諸比丘 如來 亦復如是　　제비구 여래 역부여시
今爲汝等 作大導師　　　금위여등 작대도사
知諸生死 煩惱惡道　　　지제생사 번뇌악도
險難長遠 應去應道　　　험난장원 응거응도

2. 부처님께선 중생이 포기치 않게 하려 임시방편을 쓰신다.

若衆生 但聞一佛乘者　　약중생 단문일불승자
則不欲見佛 不欲親近　　즉불욕견불 불욕친근
便作是念 佛道長遠　　　변작시념 불도장원
久受勤苦 乃可得成　　　구수근고 내가득성
佛知是心 怯弱下劣　　　불지시심 겁약하열
以方便力 而於中道　　　이방편력 이어중도
爲止息故 說二涅槃　　　위지식고 설이열반

비구들아, 여래도 마찬가지니라.
오늘날 너희들의 큰 도사가 되었으니
모든 생사의 번뇌와 악도를 다 아나니
험난하고 길이 멀지만 반드시 그 길을 가야함을 아시느니라.

만일 중생이 오직 일불승만 들으면,
부처님을 곧 뵙겠다거나 가까이 하겠다는 생각을 않고
다만 '불도의 길이 지극히 멀고 험하니
오랜 고통을 받아야만 성불할 수 있겠구나' 하고 생각하니
부처님께서는 이런 겁약하고 하열한 생각을 아시고
방편의 힘을 써서 길 중간에서
휴식을 취하도록 하기 위해 이승의 열반을 설하시느니라.

3. 소승은 임시방편이지 최종 목적지가 아니다.

若衆生 住於二地　　약중생 주어이지
如來爾時 卽便爲說　　여래이시 즉변위설
汝等 所作未辦　　여등 소작미판
汝所住地 近於佛慧　　여소주지 근어불혜
當觀察籌量　　당관찰주량
所得涅槃 非眞實也　　소득열반 비진실야

但是如來 方便之力　　단시여래 방편지력
於一佛乘 分別說三　　어일불승 분별설삼
如彼導師 爲止息故　　여피도사 위지식고
化作大城 旣知息已　　화작대성 기지식이
而告之言 寶處在近　　이고지언 보처재근
此城非實 我化作耳　　차성비실 아화작이

만약 중생이 이승의 경지에 머문다면
여래는 곧 말을 바꾸어 설하니
"너희들은 아직 다 이루지 못하였으니
너희들이 머무는 경지가 부처님의 지혜에 근접하기는 했지만
마땅히 헤아려 관찰해야 하느니라.
너희들이 얻은 열반이 진실로 열반인 것은 아니니라."

다만 여래는 방편의 힘으로
일불승을 삼승으로 분별하여 설하는 것이니
저 도사가 휴식을 주기 위하여
마술로 큰 성을 만들었다가 충분히 휴식을 취했음을 안 뒤에
말하길 "보물이 있는 곳이 가까웠으니
이 성은 사실 진짜가 아니라 내가 마술로 만든 것이었느니라."

[제7/화성유품] 31일차
아라한도 부처를 이루기 위해 정진해야만 한다.

1. 생사번뇌의 험로는 반드시 지나가야만 한다.

我亦復如是 爲一切導師　　아역부여시 위일체도사
見諸求道者 中路而懈廢　　견제구도자 중로이해폐
不能度生死 煩惱諸險道　　불능도생사 번뇌제험도

2. 아라한의 경지도 중간 마술성에서의 휴식과 같다.

故以方便力 爲息說涅槃　　고이방편력 위식설열반
言汝等苦滅 所作皆已辦　　언여등고멸 소작개이판
旣知到涅槃 皆得阿羅漢　　기지도열반 개득아라한
爾乃集大衆 爲說眞實法　　이내집대중 위설진실법
諸佛方便力 分別說三乘　　제불방편력 분별설삼승
唯有一佛乘 息處故說二　　유유일불승 식처고설이
今爲汝說實 汝所得非滅　　금위여설실 여소득비멸
爲佛一切智 當發大精進　　위불일체지 당발대정진

3. 진실한 멸도로 부처님이 되면 십력과 32상이 반드시 생긴다.

汝證一切智 十力等佛法　　여증일체지 십력등불법
具三十二相 乃是眞實滅　　구삼십이상 내시진실멸

나 또한 마찬가지로 일체 중생의 도사가 되느니라.
모든 구도자들이 여로의 중간에서 게을러 싫증냄을 보고
생사의 고통과 번뇌의 험난한 길을 벗어나지 못함을 보고

그래서 방편의 힘으로 휴식을 주기 위해 열반을 설하니
말하길 "너희들이 고통을 다 멸하면 모든 것을 다 이룬 것이다."
그리고 이미 열반에 도달하여 모두 아라한이 되었으면
이내 대중을 모으고 그제야 진실한 법을 말하느니라.
"모든 부처님들께서는 방편으로 삼승을 나누어 설하시나
오로지 일불승만 있을 뿐이고, 이승은 다만 휴식처일 따름이니라.
이제 너희들에게 말하니 너희들이 얻은 멸도는 진짜 멸도가 아니니라.
부처님의 일체 지혜를 얻기 위해 마땅히 크게 정진하는 마음을 낼지니라.

너희들이 일체지를 증득하여서 부처님과 같은 십력(10가지 힘)과
32상을 갖춘다면 그제야 진실로 멸도에 이른 것이니라.'"

[제8/오백제자수기품] 32일차
제자들이 점차 일불승을 이해하게 되다.

1. 미다라니의 아들 부루나가 부처님의 방편을 찬탄하다.

爾時 富樓那 彌多羅尼子	이시 부루나 미다라니자
從佛聞是 智慧方便	종불문시 지혜방편
隨宜說法 又聞授諸大弟子	수의설법 우문수제대제자
阿耨多羅三藐三菩提記	아뇩다라삼먁삼보리기
復聞宿世 因緣之事	부문숙세 인연지사
復聞諸佛 有大自在神通之力	부문제불 유대자재신통지력
得未曾有 心淨踊躍	득미증유 심정용약

世尊甚奇特 所爲希有	세존심기특 소위희유
隨順世間 若干種性	수순세간 약간종성
以方便知見 而爲說法	이방편지견 이위설법
拔出衆生 處處貪着	발출중생 처처탐착

2. 부루나가 석가모니불께 수기를 받다.

諸比丘 富樓那	제비구 부루나
亦於七佛 說法人中 而得第一	역어칠불 설법인중 이득제일
今於我所 說法人中 亦爲第一	금어아소 설법인중 역위제일

爲淨佛土故	위정불토고
常勤精進 敎化衆生	상근정진 교화중생
漸漸具足 菩薩之道	점점구족 보살지도
過無量阿僧祇劫 當於此土	과무량아승기겁 당어차토
得阿耨多羅三藐三菩提	득아뇩다라삼먁삼보리
號曰法明	호왈법명

그 때에 미다라니의 아들 부루나가
부처님께서 지혜롭게 방편을 따라
설법하심을 듣고, 또 대제자들에게 다
아뇩다라삼먁삼보리 수기 주심을 보고,
또 과거 숙세의 인연에 관한 일을 듣고,
모든 부처님께 큰 자재의 능력과 신통의 능력이 있음을 듣고,
일찍이 없던 희유함을 느끼며 청정한 마음으로 뛸 듯이 기뻐하였다.

"세존께서는 심히 기이하시며 특별하시며 희유하시나이다.
세간을 따라 그 종자와 성품에 맞추어
방편의 지혜와 견해로 설법하시니
곳곳에 탐착한 중생을 빼내 건지시나이다."

(석가모니불께서 이르시었다)
"모든 비구들아, 부루나는
과거 칠불 시절에도 설법하는 이 가운데 제일이었으며
지금 나의 처소에서 설법하는 이 가운데서도 제일이니라.

부처님의 국토를 깨끗하게 만들기 위해
항상 부지런히 정진하며 중생을 교화하나니
점차 보살의 도를 갖추어 나가
무량한 아승기겁이 지난 후에 저 국토에서 마땅히
아뇩다라삼먁삼보리를 얻을 것이니,
그 호를 법명이라 하리라.

3. 부루나가 성불할 때 인간계가 거의 천상계처럼 된다.

其佛 以恒河沙等　　　　　　기불 이항하사등
三千大千世界 爲一佛土　　　삼천대천세계 위일불토

諸天宮殿 近處虛空 人天交接　　제천궁전 근처허공 인천교접
兩得相見 無諸惡道 亦無女人　　양득상견 무제악도 역무여인
一切衆生 皆以化生 無有淫欲　　일체중생 개이화생 무유음욕
得大神通 身出光明 飛行自在　　득대신통 신출광명 비행자재

그 부처님께서 출현하실 때에는 항하의 모래와 같이 많은
삼천대천세계가 하나의 불국토가 되리라.

모든 하늘 궁전이 근처 허공에 있어 사람과 하늘이 가까워
서로 볼 수 있을 것이니 모든 악도가 없고 여인도 없으리라.
일체 중생이 다 화생하며 음욕이 없을 것이니
큰 신통을 얻어 몸에서 빛이 나며 자유로이 날아다니리라.

[제8/오백제자수기품] 33일차
부처님의 수기 - 너희도 나처럼 방편으로 중생을 구제하리라.

1. 부처님의 제자들도 방편으로 중생들을 구제한다.

諸比丘諦聽 佛子所行道　　제비구제청 불자소행도
善學方便故 不可得思議　　선학방편고 불가득사의
知衆樂小法 而畏於大智　　지중락소법 이외어대지
是故諸菩薩 作聲聞緣覺　　시고제보살 작성문연각
以無數方便 化諸衆生類　　이무수방편 화제중생류
自說是聲聞 去佛道甚遠　　자설시성문 거불도심원
度脫無量衆 皆悉得成就　　도탈무량중 개실득성취

2. 윤회에서 벗어나도 보살은 중생 구제를 위해 다시 태어난다.

雖小欲懈怠 漸當令作佛　　수소욕해태 점당령작불
內祕菩薩行 外現是聲聞　　내비보살행 외현시성문
少欲厭生死 實自淨佛土　　소욕염생사 실자정불토
示衆有三毒 又現邪見相　　시중유삼독 우현사견상
我弟子如是 方便度衆生　　아제자여시 방편도중생

모든 비구들은 들어라, 불자가 행하는 바를 보면
선한 방편을 잘 배웠기에 그 생각하는 바를 짐작할 수 없으니
중생이 작은 소승 법을 좋아함을 알고 또 큰 지혜를 두려워함을 알기에
그래서 보살들은 스스로 성문이나 연각으로 나타나되
무수한 방편으로 모든 중생의 무리들을 교화하느니라.
스스로는 성문이라 이르면서 불도를 이루려면 한참 멀었다고 하나
무한히 많은 중생을 구제하여 해탈케 하고 전부 다 성취시키느니라.

비록 소승들이 게으르고 나태해도 점차 성장시켜 응당 부처를 이루게 하나니
안으로는 비밀히 보살행을 행하나 밖으로는 성문처럼 보이는도다.
생사를 꺼리지 않는 듯 하나 실제로는 불국토를 청정히 만드는 것이니
중생들에게 삼독을 지닌 범부 또는 사견의 모양으로 나타나기도 하지만
나의 제자들이 방편으로 중생을 구제하는 것이 이와 같노라.

3. 중생 구제를 실천하여 대승으로 최후에 성불한다.

今此富樓那 於昔千億佛　　금차부루나 어석천억불
勤修所行道 宣護諸佛法　　근수소행도 선호제불법
爲求無上慧　　　　　　　　위구무상혜

常以諸方便 說法無所畏　　상이제방편 설법무소외
度不可計衆 成就一切智　　도불가계중 성취일체지
供養諸如來 護持法寶藏　　공양제여래 호지법보장
其後得成佛 號名曰法明　　기후득성불 호명왈법명

지금의 내 제자 부루나는 과거 천억의 부처님 처소에서
부지런히 도를 닦고 모든 부처님의 법을 수호하고 펼치었나니
위없이 높은 지혜를 구하기 위해서였느니라.

항상 모든 방편으로 두려움 없이 설법하였나니
가히 셀 수 없는 중생을 건네게 하고 일체지를 성취하며
모든 여래께 공양하고 법보를 수호할 것이니
그 후에 성불하여 그 호를 법명이라 하리라."

[제8/오백제자수기품] 34일차
석가모니불께서 천이백 아라한 모두에게 수기를 주시다.

1. 천이백 아라한이 다 수기를 받다.

爾時 千二百阿羅漢	이시 천이백아라한
心自在者 作是念	심자재자 작시념
我等歡喜 得未曾有	아등환희 득미증유
若世尊 各見授記	약세존 각견수기
如餘大弟子者 不亦快乎	여여대제자자 불역쾌호

佛知此等 心之所念	불지차등 심지소념
告摩訶迦葉 是千二百	고마하가섭 시천이백
阿羅漢 我今當現前	아라한 아금당현전
次第與授 阿耨多羅三藐三菩提記	차제여수 아뇩다라삼먁삼보리기
於此衆中 我大弟子	어차중중 아대제자
憍陳如比丘 當供養	교진여비구 당공양
六萬二千億佛 然後	육만이천억불 연후
得成爲佛 號曰普明如來	득성위불 호왈보명여래

2. 500 아라한의 수기

其五百比丘 次第當作佛	기오백비구 차제당작불
同號曰普明 轉次而授記	동호왈보명 전차이수기
我滅度之後 某甲當作佛	아멸도지후 모갑당작불
其所化世間 亦如我今日	기소화세간 역여아금일

그 때에 천이백 아라한의
마음이 자재한 이들이 생각하기를
'일찍이 없던 일들을 우리가 보니 기쁘기 그지없구나.
만약 세존께서 우리 각자에게
저 대제자들처럼 수기를 주신다면 얼마나 좋을까!'

부처님께서는 무리들이 생각하는 바를 아시고는
마하가섭에게 이르시길, "이 천이백
아라한들에게도 지금 앞에서 마땅히
차례로 아뇩다라삼먁삼보리의 수기를 주리라.
무리 중에 나의 큰 제자
교진여비구는 마땅히
육만 이천 억의 부처님께 공양을 드린 연후에
성불하리니 이름을 보명여래라 하리라.

오백 아라한이 응당 차례로 성불하리니
그 호를 모두 보명이라 하리니 돌아가며 차례로 수기를 주되
'내가 멸도한 뒤에 아무개가 성불할 것이니
그 부처님이 교화하는 세상 역시 나와 같으리라'(고 말하리라)

3. 가섭 존자에게 다른 제자 수기 내리는 일을 맡기시다.

迦葉汝已知 五百自在者	가섭여이지 오백자재자
餘諸聲聞衆 亦當復如是	여제성문중 역당부여시
其不在此會 汝當爲宣說	기부재차회 여당위선설

가섭아 네가 알다시피 오백 아라한과
나머지 성문들도 또한 마찬가지이니라.
이 자리에 없는 이들에게는 네가 마땅히 설해주도록 하여라."

[제8/오백제자수기품] 35일차
옷 속에 숨겨진 보물의 비유 (의주衣珠의 비유)

1. 500 아라한들이 허물을 뉘우치다.

爾時 五百阿羅漢	이시 오백아라한
於佛前 得受記已	어불전 득수기이
歡喜踊躍 卽從座起	환희용약 즉종좌기
到於佛前 頭面禮足	도어불전 두면예족
悔過自責	회과자책

世尊 我等 常作是念	세존 아등 상작시념
自謂已得 究竟滅度	자위이득 구경멸도
今乃知之 如無智者	금내지지 여무지자
所以者何 我等	소이자하 아등
應得如來智慧	응득여래지혜
而便自以小智爲足	이변자이소지위족

2. 부처님께서는 옛날 우리 안에 지극한 보물을 넣어주셨다.

世尊 譬如有人 至親友家	세존 비여유인 지친우가
醉酒而臥 是時親友	취주이와 시시친우
官事當行 以無價寶珠	관사당행 이무가보주
繫其衣裏 與之而去	계기의리 여지이거
其人醉臥 都不覺知	기인취와 도불각지

그 때에 오백 아라한들이
부처님 앞에서 수기를 받자마자
뛸 듯이 기뻐하며 곧 자리에서 일어나
부처님 앞에 머리 숙여 절하며
자신들의 허물을 뉘우치며 아뢰었다.

"세존이시여, 저희들은 항상 생각하길
스스로 이미 궁극의 열반을 얻어 멸도에 이르렀다 하였습니다.
그러나 이제 보니 저희가 정말 무지했었습니다.
왜냐하면 우리들은
응당히 여래의 지혜를 얻을 수 있었음에도
스스로 돌이켜 작은 지혜에 만족해버렸기 때문입니다.

세존이시여, 비유하자면 어떤 사람이 친한 친구의 집에 갔는데
술 취해서 누워 있을 때에 그의 친구가
관청에 볼 일이 있어 값을 매길 수 없는 보물을
그의 옷 속에 꿰어 놓고 갔습니다.
그 사람은 취해서 그 일을 깨닫지 못하였습니다.

3. 우리는 일승의 진리가 있는데도 알지 못하고 살아왔다.

起已遊行 到於他國	기이유행 도어타국
爲衣食故 勤力求索	위의식고 근력구색
甚大艱難 若少有所得	심대간난 약소유소득
便以爲足 於後親友	변이위족 어후친우
會遇見之 而作是言	회우견지 이작시언
咄哉丈夫 何爲衣食 乃至如是	돌재장부 하위의식 내지여시
我昔欲令汝得安樂 五欲自恣	아석욕령여득안락 오욕자자
於某年日月 以無價寶珠	어모년일월 이무가보주
繫汝衣裏 今故現在	계여의리 금고현재
而汝不知 勤苦憂惱	이여부지 근고우뇌
以求自活 甚爲癡也	이구자활 심위치야
汝今可以此寶 貿易所須	여금가이차보 무역소수
常可如意 無所乏短	상가여의 무소핍단

깨어 일어나서 그 사람은 돌아다니다가 다른 나라에 이르렀는데
의식을 해결하기 위해 부지런히 애를 쓰느라
심히 고생을 하여 적은 소득만 얻어도
만족한 것이라 여겼습니다. 뒷날 다시 친한 친구를
만나게 되었는데 친구가 말하길
"이 사람아, 옷과 음식을 구하려다 이 지경이 되었단 말인가?
내가 옛날 네가 안락하게 오욕을 누리며 살게끔 하고자
모년 모월 모일에 값을 매길 수 없는 보물을
옷 속에 매어주었거늘! 예나 지금이나 그대로 있겠구만.
네가 알지도 못하고 근심과 고통과 걱정과 고뇌 속에 있으면서
혼자 힘으로만 살려 했으니 얼마나 어리석단 말인가.
이제 그 보물을 팔아서 필요한 것으로 바꾸고
항상 부족한 것이 없도록 하게나!" 하였습니다.

삽화 다섯. 옷 속에 숨겨진 보물의 비유.

의주衣珠의 비유.
우리는 기억하지 못해도, 우리에게는 일체지에 대한 서원이 숨겨져 있다.
소승으로 만족될 수 없는 대승에 대한 서원이 숨겨져 있다.
부처님께서 과거 전생에 수없이 보살행을 해오시며
우리에게 대승을 가르쳐 주셨음을 우리는 잊고 있지만,
그 잊어버린 대승의 가르침이 우리가 가진 진정한 보물이다.

[제8/오백제자수기품] 36일차
우리에겐 '일체지에 대한 서원'이 숨겨져 있다.

1. 부처님께서 오래 전 일체지를 서원하는 마음을 심어주셨다.

佛亦如是 爲菩薩時	불역여시 위보살시
敎化我等 令發一切智心	교화아등 영발일체지심
而尋廢亡 不知不覺	이심폐망 부지불각
旣得阿羅漢道 自謂滅度	기득아라한도 자위멸도
資生艱難 得少爲足	자생간난 득소위족
一切智願 猶在不失	일체지원 유재불실

2. 소승이 진짜라고 착각한 나머지 일체지의 서원을 잊어버리다.

今者世尊	금자세존
覺悟我等 作如是言	각오아등 작여시언
諸比丘	제비구
汝等所得 非究竟滅	여등소득 비구경멸
我久令汝等 種佛善根	아구령여등 종불선근
以方便故 示涅槃相	이방편고 시열반상
而汝謂爲 實得滅度	이여위위 실득멸도

3. 석가모니불께서 수기를 주신 후에야 우리의 보물을 자각하다.

世尊 我今乃知 實是菩薩	세존 아금내지 실시보살
得受阿耨多羅三藐三菩提記	득수아뇩다라삼먁삼보리기
以是因緣 甚大歡喜	이시인연 심대환희
得未曾有	득미증유

부처님께서도 이와 같으시니, 보살이실 때부터
저희들을 교화하여 일체지에 대한 마음을 내게 하셨습니다.
그러나 곧 잊어버려 알지도 깨닫지도 못하였으니
이미 아라한도를 얻어 스스로 멸도라 하였으니
간신히 스스로 벌다가 작은 것만 얻어도 만족한 것과 같습니다.
그러나 일체지에 대한 서원은 오히려 아직 있어 잊어버리지 않았습니다.

이제 세존께서
저희들을 깨우치시며 말씀하시기를
"모든 비구들아
너희들이 얻은 것은 진정한 멸도가 아니니라.
내가 오래 전부터 너희에게 부처님의 종자와 선한 뿌리를 심으려
방편으로 열반의 모양을 보여준 것 뿐이니
너희들이 이를 보고 진짜 멸도를 얻었다고 말하는 것일 따름이니라."

세존이시여, 저희들이 이제야 진실로 보살 되었음을 알게 되었으니
아뇩다라삼먁삼보리의 수기를 얻었기 때문입니다.
이러한 인연으로 심히 크게 환희하오니
이는 일찍이 없던 일입니다."

[제9/수학무학인기품] 37일차
부처님의 시자 아난이 수기를 받다.

1. 석가모니불께서 아난에게 수기를 주시다.

爾時 阿難 羅睺羅	이시아난라훌라
俱白佛言 世尊	구백불언 세존
我等於此 亦應有分	아등어차 역응유분
唯有如來 我等所歸	유유여래 아등소귀
又我等 爲一切世間	우아등 위일체세간
天人阿修羅 所見知識	천인아수라 소견지식
阿難 常爲侍者 護持法藏	아난 상위시자 호지법장
羅睺羅 是佛之子	라훌라 시불지자

爾時 佛告阿難	이시 불고아난
汝於來世 當得作佛	여어내세 당득작불
號山海慧自在通王如來	호산해혜자재통왕여래

當供養 六十二億諸佛	당공양 육십이억제불
護持法藏然後	호지법장연후
得阿耨多羅三藐三菩提	득아뇩다라삼먁삼보리
敎化二十千萬億 恒河沙 諸菩薩等	교화이십천만억항하사 제보살등
令成阿耨多羅三藐三菩提	영성아뇩다라삼먁삼보리

그 때에 아난과 라홀라가 부처님께 아뢰기를 "세존이시여
저희들도 저들처럼 마땅히 받을 몫이 있지 않습니까.
오직 여래만이 저희들이 귀의할 곳이며
또 저희들은 일체 세간과
천인, 아수라들이 잘 아는 바입니다.
아난은 항상 부처님의 시자로
법의 보물 창고를 보호하였고
라훌라는 곧 부처님의 친아들이옵니다."

그 때에 부처님께서 아난에게 이르시었다.
"너는 오는 세상에 마땅히 성불하리니
그 호를 산해혜자재통왕불이라 하리라.

응당히 육십 이억의 모든 부처님께 공양을 드리고
법장을 보호하여 지킨 연후에
아뇩다라삼먁삼보리를 얻으리니
이십 천만 억의 모래수와 같은 모든 보살의 무리들을 교화하여
아뇩다라삼먁삼보리를 성취케 하리라."

2. 보살들이 아난의 수기를 듣고 의혹을 품다.

爾時會中 新發意菩薩　　이시회중 신발의보살
八千人 咸作是念　　　　팔천인 함작시념
我等尙不聞 諸大菩薩　　아등상불문 제대보살
得如是記 有何因緣　　　득여시기 유하인연
而諸聲聞 得如是決　　　이제성문 득여시결

3. 석가모니불께서 아난의 과거 생애 인연을 설하시다.

爾時世尊 知諸菩薩　　　이시세존 지제보살
心之所念 而告之曰　　　심지소념 이고지왈
諸善男子 我與阿難等　　제선남자 아여아난등
於空王佛所 同時　　　　어공왕불소 동시
發阿耨多羅三藐三菩提心　발아뇩다라삼먁삼보리심

而阿難 護持我法　　　　이아난 호지아법
亦護將來 諸佛法藏　　　역호장래 제불법장
敎化成就 諸菩薩衆　　　교화성취 제보살중
其本願如是 故獲斯記　　기본원여시 고획사기

그 때 회중 가운데에 새로이 뜻을 발한 보살
팔천 명이 다 같이 생각하기를
'우리들은 모든 대보살들도
저렇게 수기 받음을 듣지 못하였다. 어떤 인연으로
저 성문들이 다 성불을 보장받는 것일까?'

그 때 세존께서 모든 보살들이
마음으로 생각하는 바를 아시고 말씀하셨다.
"모든 선남자들아, 나와 아난은
과거 공왕부처님의 처소에서 동시에
아뇩다라삼먁삼보리심을 발하였느니라.

아난은 나의 법을 보호하여 지니고자 하였으니
장래에도 모든 부처님의 법장을 보호하여
모든 보살의 무리들을 교화하여 성취시킬 것이다.
그 본래 서원이 이와 같으므로 이처럼 수기를 얻게 되었노라."

[제9/수학무학인기품] 38일차
학인學人, 무학인無學人 2000명 모두 성불하리라.

1. 부처님의 친아들 라훌라가 수기를 받다.

爾時 佛告羅睺羅　　　　　이시 불고라후라
汝於來世 當得作佛　　　　여어내세 당득작불
號蹈七寶華如來　　　　　호도칠보화여래

當供養 十世界　　　　　　당공양 십세계
微塵等數 諸佛如來　　　　미진등수 제불여래
常爲諸佛 而作長子　　　　상위제불 이작장자
猶如今也　　　　　　　　　유여금야

2. 2000명의 성문, 학인學人과 무학인無學人이 다 수기를 받다.

爾時 世尊　　　　　　　　이시 세존
見學無學二千人　　　　　견학무학이천인
其意柔軟 寂然淸淨　　　　기의유연 적연청정
一心觀佛　　　　　　　　일심관불

佛告阿難　　　　　　　　불고아난
汝見是學無學 二千人不　　여견시학무학 이천인부
唯然已見　　　　　　　　유연이견
阿難 是諸人等　　　　　　아난 시제인등
當供養 五十世界微塵數　　당공양 오십세계미진수
諸佛如來 恭敬尊重　　　　제불여래 공경존중
護持法藏 末後同時　　　　호지법장 말후동시
於十方國 各得成佛　　　　어시방국 각득성불
皆同一號 名曰寶相如來　　개동일호 명왈보상여래

그 때에 부처님께서 라홀라에게 이르시었다.
"너는 오는 세상에 마땅히 성불하리니
그 호를 도칠보화여래라 하리라.

마땅히 10세계의
티끌 수처럼 많은 모든 부처님을 공양하고
항상 모든 부처님의 장자가 될 것이니
지금 내 아들이 된 것과 같으리라."

그 때에 세존께서
학인과 무학인 이천 명이
그 뜻이 유연하고 고요하고 청정하여
일심으로 부처님 올려봄을 보시었다.

부처님께서 아난에게 이르시되
"너는 이 학인, 무학인 이천 명을 보느냐."
"아까부터 보고 있었습니다."
"아난아, 이들은
응당히 오십 세계의 티끌 수처럼 많은
모든 여래를 공양하고 공경하고 존중하며
법장을 보호하여 지킨 후에 최후의 몸으로 동시에
시방 나라들에서 각자 다 성불하리라.
그 모두가 같은 하나의 호를 가지리니 보상여래라 하리라."

3. 수기를 받은 제자들이 기뻐하다.

爾時 學無學二千人　　이시 학무학이천인
聞佛受記 歡喜踊躍　　문불수기 환희용약
而說偈言　　　　　　　이설게언
世尊慧燈明 我聞授記音　세존혜등명 아문수기음
心歡喜充滿 如甘露見灌　심환희충만 여감로견관

그 때에 학인, 무학인 2000 명이
부처님께서 수기 주심을 듣고는 환희하여 뛸 듯이 좋아하며
게송으로 말하였다.
"지혜의 등불이신 세존께서 우리에게 수기 주시는 음성을 들으니
마음이 환희로 충만하여 감로수가 내린 것과 같습니다."

[제10/법사품] 39일차
법화경의 위신력은 이루 말할 수 없다.

1. 법화경은 우주 모든 존재에게 통하는 보편적, 최상의 진리이다.

爾時世尊	이시세존
因藥王菩薩 告八萬大士	인약왕보살 고팔만대사
藥王 汝見是大衆中	약왕 여견시대중중
無量諸天 龍王夜叉	무량제천 용왕야차
乾闥婆阿修羅 迦樓羅緊那羅	건달바아수라 가루라긴나라
摩睺羅伽 人與非人	마후라가 인여비인
及比丘比丘尼 優婆塞優婆夷	급비구비구니 우바새우바이
求聲聞者 求辟支佛者	구성문자 구벽지불자
求佛道者	구불도자
如是等類 咸於佛前	여시등류 함어불전
聞妙法華經 一偈一句	문묘법화경 일게일구
乃至一念隨喜者	내지일념수희자
我皆與授記	아개여수기
當得阿耨多羅三藐三菩提	당득아뇩다라삼먁삼보리

2. 여래 멸도 이후에도 법화경을 믿는 이는 반드시 성불할 것이다.

又如來 滅度之後	우여래 멸도지후
若有人 聞妙法華經	약유인 문묘법화경
乃至一偈一句 一念隨喜者	내지일게일구 일념수희자
我亦與授 阿耨多羅三藐三菩提記	아역여수 아뇩다라삼먁삼보리기

그 때에 세존께서
약왕보살을 비롯한 팔만 명의 대사들에게 말씀하시었다.
"약왕아, 너는 이 대중 가운데 있는
무한한 하늘 사람들과 용왕, 야차,
건달바, 아수라, 가루라, 긴나라,
마후라가 및 사람과 사람 아닌 존재들,
그리고 비구, 비구니와 우바새, 우바이,
성문을 구하는 자와 벽지불을 구하는 자,
불도를 구하는 자를 보느냐.
이와 같은 무리들이 부처님 앞에서
묘법연화경의 단 한 게송이나 한 글귀만이라도 듣고
다만 한 생각에라도 기뻐하며 따른다면
나는 그들 모두에게 수기를 줄 것이니
마땅히 아뇩다라삼먁삼보리를 얻으리라.

또한 여래가 멸도한 이후에
어떤 이가 묘법연화경을 듣고
다만 한 게송이나 한 글귀를 한 생각에라도 기쁘게 받아들인다면
난 그에게도 또한 아뇩다라삼먁삼보리의 수기를 주노라.

3. 법화경을 믿고 설하는 이는 곧 하늘에서 내려온 이이다.

若復有人 受持讀誦　　　약부유인 수지독송
解說書寫 妙法華經　　　해설서사 묘법화경
乃至一偈 於此經卷　　　내지일게 어차경권
敬視如佛 種種供養　　　경시여불 종종공양
華香瓔珞 抹香塗香燒香　화향영락 말향도향소향

是諸人等 已曾供養　　　시제인등 이증공양
十萬億佛 於諸佛所　　　십만억불 어제불소
成就大願 愍衆生故　　　성취대원 민중생고
生此人間　　　　　　　생차인간

만약 어떤 사람이 또 묘법연화경을 받아 지니고 읽고 외우며
남을 위해 설하거나 베껴 쓰기를
한 게송이라도 한다면, 그리고 경을
부처님 공경하는 것처럼 하고, 갖가지로 공양하되
꽃과 향, 구슬과 가루 향, 바르는 향, 사르는 향으로 한다면

그러한 사람들은 이미
모든 부처님들의 처소에서 십만 억의 부처님을 공양하여
대원을 성취하였으면서도 중생들을 불쌍히 여겨
인간으로 태어난 사람들이니라.

[제10/법사품] 40일차
법화경을 전하는 사람은 곧 여래가 보내신 사람이다.

1. 하늘에서 내려온 사람만이 이 법화경을 온전히 설할 수 있다.

若善男子善女人 於法華經　　약선남자선여인 어법화경
乃至一句 受持讀誦　　　　　내지일구 수지독송
解說書寫 種種供養經卷　　　해설서사 종종공양경권

當知此人 是大菩薩　　　　　당지차인 시대보살
成就阿耨多羅三藐三菩提　　　성취아뇩다라삼먁삼보리
哀愍衆生 願生此間　　　　　애민중생 원생차간
廣演分別 妙法華經　　　　　광연분별 묘법화경

2. 법화경을 전하는 것은 곧 여래의 일을 대신 하는 것이다.

若是善男子善女人　　　　약시선남자선여인
我滅度後 能竊爲一人　　 아멸도후 능절위일인
說法華經 乃至一句　　　 설법화경 내지일구
當知是人 則如來使　　　 당지시인 즉여래사
如來所遣 行如來事　　　 여래소견 행여래사
何況於大衆中 廣爲人說　 하황어대중중 광위인설

만약 어떤 선남자 선여인이 이 법화경에서
단지 한 구절이라도 받아 지녀 읽고 외우거나,
해설해주거나 베껴 쓰거나 가지가지 공양으로 경전을 공경한다면

마땅히 알라 그 사람은 곧 대보살로써
아뇩다라삼먁삼보리를 성취하였으면서도
중생들을 불쌍히 여겨 구원코자 하는 원력으로 세간에 태어나
묘법연화경을 분별하여 널리 펼치는 것이니라.

만약 이 선남자 선여인이
내가 멸도한 후에 한 사람한테 만이라도 몰래
이 법화경을 설하되 한 구절만이라도 한다면
마땅히 알라, 그 사람은 곧 여래의 심부름꾼으로써
여래가 보낸 사람이며 여래의 일을 하는 사람이니라.
하물며 대중 가운데 널리 설하는 사람은 두말할 필요가 있겠느냐!

3. 법화경 독송하는 이를 마땅히 공양해야 한다.

藥王 其有讀誦　　　　　　약왕 기유독송
法華經者 當知是人　　　　법화경자 당지시인
以佛莊嚴 而自莊嚴　　　　이불장엄 이자장엄
則爲如來 肩所荷擔　　　　즉위여래 견소하담
其所至方 應隨向禮　　　　기소지방 응수향례
一心合掌 恭敬供養　　　　일심합장 공경공양
尊重讚歎 華香瓔珞　　　　존중찬탄 화향영락

所以者何 是人　　　　　　소이자하 시인
歡喜說法 須臾聞之　　　　환희설법 수유문지
卽得究竟 阿耨多羅三藐三菩提故　즉득구경 아뇩다라삼먁삼보리고

약왕보살아, 누군가가
법화경을 읽고 외운다면 마땅히 알라, 그 사람은
부처님의 장엄함으로 스스로를 장엄하게 하는 사람이며
곧 여래를 어깨에 이고 다니는 것과 같으니라.
그가 이르는 곳마다 응당히 따르면서 예배하고
일심으로 합장하며 공경하고 공양하여야 할지니,
존중하고 찬탄하되 꽃과 향과 보배 구슬 목걸이로 할지니라.

왜냐하면 그 사람이
환희하면서 설법할 때에 잠깐이라도 듣게 된다면
곧 최상의 아뇩다라삼먁삼보리를 얻게 되는 까닭이니라.

[제10/법사품] 41일차
법화경은 제일의 경전이요, 제일 난해한 경전이다.

1. 법화경은 제일의 경전이다.

藥王 今告汝 약왕 금고여
我所說諸經 而於此經中 아소설제경 이어차경중
法華最第一 법화최제일

爾時 佛復告藥王 菩薩摩訶薩 이시 불부고약왕 보살마하살
我所說經典 無量千萬億 아소설경전 무량천만억
已說今說當說 而於其中 이설금설당설 이어기중
此法華經 最爲難信難解 차법화경 최위난신난해

2. 법화경은 함부로 전할 수 없는 경전이다.

藥王 此經 약왕 차경
是諸 佛秘要之藏 시제 불비요지장
不可分布 妄授與人 불가분포 망수여인
諸佛世尊 之所守護 제불세존 지소수호
從昔已來 未曾顯說 종석이래 미증현설
而此經者 如來現在 이차경자 여래현재
猶多怨嫉 況滅度後 유다원질 황멸도후

약왕보살아, 지금 너에게 말하노니
내가 설한 모든 경들 중에서
법화경이 최고로 제일이니라."

그 때에 부처님께서 약왕보살에게 다시 이르시었다.
"내가 한량없는 천만 억의 경전들을 설하였으니
이미 설하였고 지금도 설하고 있고 장차 설하겠지만 그 중에서
이 법화경이 가장 믿기 어렵고 이해하기도 어려우니라.

약왕보살아, 이 경은
모든 부처님의 비밀한 중요 법장이니
함부로 허망하게 사람들에게 유포할 수 없느니라.
모든 세존들께서 지키고 보호하시는 바이니
예로부터 여태껏 드러내놓고 설하지 아니하였으니
이 경이 여래가 지금 있을 때에도
원망과 질시가 많거늘 하물며 여래가 멸도한 후이겠느냐.

3. 법화경은 곧 여래의 몸과 같다.

藥王 在在處處
若說若讀 若誦若書
若經卷所住處 皆應起七寶塔
極令高廣嚴飾 不須復安舍利
所以者何 此中已有
如來全身

약왕 재재처처
약설약독 약송약서
약경권소주처 개응기칠보탑
극령고광엄식 불수부안사리
소이자하 차중이유
여래전신

약왕보살아, 만약 어떤 곳에서
이 경을 설하거나 읽거나 외우거나 쓰거나
또는 경전이 있는 곳이라면 그 모든 곳에 응당히 칠보탑을 세워야 하나니
높고 장엄하게 꾸미되 부처님의 사리를 또 모실 필요가 없느니라.
왜냐하면 그 가운데에는 이미
여래의 몸이 다 있는 것과 마찬가지이기 때문이니라.

삽화 여섯. 우물파기의 비유

우물을 파다가 물이 나오면 거의 다 팠다는 걸 알 수 있듯이,
법화경은 아뇩다라삼먁삼보리에 이르렀는지 알 수 있는 기준이다.

[제10/법사품] 42일차
우물 파기의 비유

1. 법화경은 깨달음에 가까웠는지, 멀었는지의 기준이 된다.

藥王 多有人在家出家 行菩薩道	약왕 다유인재가출가 행보살도
若不能得 見聞讀誦	약불능득 견문독송
書持供養 是法華經者	서지공양 시법화경자
當知是人 未善行菩薩道	당지시인 미선행보살도
若有得聞 是經典者	약유득문 시경전자
乃能善行 菩薩之道	내능선행 보살지도

藥王 譬如有人	약왕 비여유인
渴乏須水 於彼高原	갈핍수수 어피고원
穿鑿求之 猶見乾土	천착구지 유견건토
知水尙遠 施功不已	지수상원 시공불이
轉見濕土 遂漸至泥	전견습토 수점지니
其心決定 知水必近	기심결정 지수필근

2. 법화경에는 아뇩다라삼먁삼보리의 모든 것이 들어 있다.

一切菩薩	일체보살
阿耨多羅三藐三菩提 皆屬此經	아뇩다라삼먁삼보리 개속차경
此經開方便門 示眞實相	차경개방편문 시진실상
是法華經藏	시법화경장
深固幽遠 無人能到	심고유원 무인능도
今佛敎化 成就菩薩	금불교화 성취보살
而爲開示	이위개시

약왕보살아, 많은 재가자나 출가자가 보살도를 행한다 해도
만약 이 법화경을 보거나 듣거나 읽고 외우거나
쓰거나 간직하거나 공양하지 않는다면
마땅히 알라, 그 사람은 보살도를 제대로 행하지 않는 것이니라.
그러나 만약 어떤 이가 이 경을 듣는다면
그 사람이야말로 제대로 보살도를 닦는 자이니라.

약왕 보살아, 비유하자면 어떤 사람이
목이 말라 물을 찾고자 저 높은 언덕에서
물을 찾아 땅을 파는데 오히려 마른 흙만 본다면
물이 멀리 있음을 알 것이니라. 그러나 계속해서 땅을 파서
습한 흙을 찾아내고, 점차 진흙에 이르게 된다면
그는 분명 물에 가까워졌음을 알게 될 것이니라.

모든 보살의
아뇩다라삼먁삼보리의 모든 것이 이 경에 들어 있으니
이 경은 방편의 문을 열고 진실한 실상을 보여주기 때문이니라.
이 법화경의 법장은
심히 깊고 아득하게 멀어서 능히 이를 수 있는 사람이 없지만,
이제 부처님께서 보살들을 성취시키기 위하여
열어서 보여주는 것이니라.

3. 법화경을 설하려는 자는 자비와 인욕의 마음으로 모든 법의 공한 경지 위에서 경을 설해야 한다.

藥王 若有善男子善女人　　　약왕 약유선남자선여인
如來滅後 欲爲四衆　　　　　여래멸후 욕위사중
說是法華經者 云何應說　　　설시법화경자 운하응설

是善男子善女人　　　　　　　시선남자선여인
入如來室 着如來衣 坐如來座　입여래실 착여래의 좌여래좌
爾乃應爲四衆 廣說斯經　　　　이내응위사중 광설사경
如來室者　　　　　　　　　　여래실자
一切衆生中 大慈悲心是　　　　일체중생중 대자비심시
如來衣者 柔和忍辱心是　　　　여래의자 유화인욕심시
如來座者 一切法空是　　　　　여래좌자 일체법공시

약왕보살아, 만약 어떤 선남자나 선여인
여래가 멸도한 후에 사부 대중을 위하여
이 법화경을 설하려 한다면 어떻게 설해야 하겠느냐.

그 선남자 선여인은
여래의 방에 들어가 여래의 옷을 입고 여래의 자리에 앉아
사부 대중을 위해 이 경을 자세히 설해야 하느니라.
여래의 방이란
일체 중생을 위한 대자비의 마음이고
여래의 옷이란 부드러운 인욕의 마음이며
여래의 자리란 일체법이 공空한 경지를 이름이니라."

[제11/견보탑품] 43일차
다보탑이 땅 속에서 솟아오르다.

1. 다보탑이 땅 속에서 공중으로 솟아나오다.

爾時佛前 有七寶塔	이시불전 유칠보탑
高五百由旬 縱廣二百五十由旬	고오백유순 종광이백오십유순
從地涌出 住在空中	종지용출 주재공중
種種寶物 而莊校之	종종보물 이장교지
五千欄楯 龕室千萬	오천난순 감실천만
無數幢幡 以爲嚴飾	무수당번 이위엄식

2. 다보탑에서 음성이 울리다 - "석가모니 세존께서 설하신 묘법연화경은 다 진실입니다."

爾時寶塔中 出大音聲歎言	이시보탑중 출대음성탄언
善哉善哉 釋迦牟尼世尊	선재선재 석가모니세존
能以平等大慧	능이평등대혜
教菩薩法 佛所護念	교보살법 불소호념
妙法華經 爲大衆說	묘법화경 위대중설
如是如是 釋迦牟尼世尊	여시여시 석가모니세존
如所說者 皆是眞實	여소설자 개시진실

그 때에 부처님 앞에 칠보탑이 있어
높이 오백 유순이며 가로와 세로가 이백 오십 유순이 되었는데
땅에서부터 솟아나와 공중에 머물렀다.
갖가지 보물로 장엄하게 꾸며졌고
오천 개의 난간에 감실이 천만 군데인데
무수한 깃대로써 장엄하게 꾸며져 있었다.

그 때에 보탑 가운데에서 큰 음성이 나서 이르되
"거룩하시도다, 거룩하시도다, 석가모니 세존이시여
능히 평등한 큰 지혜로써
보살들을 가르치고 부처님께서 지키고 생각하시는
묘법연화경을 대중을 위하여 설하시나니
그렇습니다, 그렇습니다, 석가모니 세존께서
설하시는 것들은 모두가 다 진실입니다."

3. 다보탑이 솟아오른 것은 다보여래 부처님의 서원 때문이다.

爾時 有菩薩摩訶薩 名大樂說 이시 유보살마하살 명대요설
知一切世間 天人阿修羅等 지일체세간 천인아수라등
心之所疑 而白佛言 심지소의 이백불언
世尊 以何因緣 세존 이하인연
有此寶塔 從地涌出 유차보탑 종지용출
又於其中 發是音聲 우어기중 발시음성

爾時 佛告大樂說菩薩 이시 불고대요설보살
此寶塔中 有如來全身 차보탑중 유여래전신
乃往過去 東方 無量千萬億 내왕과거 동방 무량천만억
阿僧祇世界 國名寶淨 아승기세계 국명보정
彼中有佛 號曰多寶 피중유불 호왈다보
其佛 行菩薩道時 기불 행보살도시
作大誓願 작대서원
若我成佛 滅度之後 약아성불 멸도지후
於十方國土 有說法華經處 어시방국토 유설법화경처
我之塔廟 爲聽是經故 아지탑묘 위청시경고
涌現其前 爲作證明 용현기전 위작증명
讚言善哉 찬언선재

그 때에 대요설이라고 이름하는 보살이 있어서
모든 세간과 하늘 사람과 아수라의 무리들이
마음으로 이를 이상하게 여기는 걸 알고 부처님께 여쭈었다.
"세존이시여, 어떠한 인연으로
이러한 보탑이 땅에서부터 솟아나온 것입니까?
또 그 가운데에서 큰 음성이 울려나오는 것입니까?"

그 때에 부처님께서 대요설 보살에게 이르시었다.
"이 보탑 안에는 여래의 몸 전체가 있느니라.
먼 옛날에 동방에 무량 천만 억
아승기의 수많은 세계를 지나서 보정이라는 국토가 있었는데
그 곳에 호를 다보라고 하는 부처님이 계셨느니라.
그 부처님께서 보살도를 행하실 적에
큰 서원을 세우시기를
'만약 내가 성불한다면 멸도한 후에
시방 국토에서 법화경을 설하는 곳이 있다면
나의 탑묘가 그 경을 듣기 위해
솟아나서 그 경을 증명하리니
거룩하다고 찬탄하리라.'고 하시었느니라."

[제11/견보탑품] 44일차
모든 석가모니의 분신불들께서 다보탑으로 모이시다.

1. 대중들이 다보탑 안의 다보여래 부처님 뵙기를 청하다.

是時 大樂說菩薩	시시 대요설보살
以如來神力故 白佛言	이여래신력고 백불언
世尊 我等 願欲見此佛身	세존 아등 원욕견차불신
佛告大樂說 菩薩摩訶薩	불고대요설 보살마하살
是多寶佛 有深重願	시다보불 유심중원
若我寶塔 爲聽法華經故	약아보탑 위청법화경고
出於諸佛前時	출어제불전시
其有欲以我身 示四衆者	기유욕이아신 시사중자
彼佛分身諸佛 在於十方世界說法	피불분신제불 재어시방세계설법
盡還集一處然後	진환집일처연후
我身 乃出現耳	아신 내출현이

大樂說 白佛言	대요설 백불언
世尊 我等 亦願欲見	세존 아등 역원욕견
世尊分身諸佛 禮拜供養	세존분신제불 예배공양

그 때에 대요설 보살이
여래의 신력을 힘입어 부처님께 아뢰었다.
"세존이시여, 저희들이 다보여래불을 뵙고 싶습니다."
부처님께서 대요설 보살에게 이르시었다.
"이 다보 부처님께서는 깊은 서원 가운데에서 이르시길
'만약 나의 다보탑이 법화경을 듣기 위하여
모든 부처님들 앞에서 솟아날 때
나의 몸을 보고자 한다면, 또 사부대중에게 보이고자 한다면,
그 부처님의 모든 분신 부처님들께서 시방 세계에서 설법하시다가
다 그 한 장소로 모인 연후에야
내 몸이 출현하게 되리라.' 하시었느니라."

대요설 보살이 부처님께 아뢰기를
"세존이시여, 저희들이 또한
세존의 모든 분신 부처님들을 뵙고 예배하고 공양드리기를 원하나이다."

2. 시방 세계 석가모니불의 모든 분신 부처님들께서 모이시다.[4]

爾時 佛放白毫一光 卽見東方	이시 불방백호일광 즉견동방
五百萬億 那由他	오백만억 나유타
恒河沙等 國土諸佛	항하사등 국토제불
彼諸國土 皆以玻瓈爲地	피제국토 개이파려위지
寶樹寶衣 以爲莊嚴	보수보의 이위장엄
彼國諸佛 以大妙音	피국제불 이대묘음
而說諸法 及見無量	이설제법 급견무량
千萬億菩薩 遍滿諸國	천만억보살 변만제국
爲衆說法	위중설법
爾時 十方諸佛	이시 시방제불
各告衆菩薩言	각고중보살언
善男子 我今應往	선남자 아금응왕
娑婆世界 釋迦牟尼佛所	사바세계 석가모니불소
幷供養 多寶如來寶塔	병공양 다보여래보탑

---

4 488 페이지 "3) 삼신불" 참조. 석존께서는 지금도 무한한 화신을 내셔서 온 우주를 교화하고 계신다.

그 때 부처님께서 미간상 백호로부터 한줄기 광명을 놓으시니 곧 동방
오백만억 나유타의
항하강 모래와 같이 많은 국토의 모든 부처님들이 보이시었다.
그 모든 국토는 그 땅이 다 파려보배로 되었고
보배 나무와 보배 옷으로 장엄하게 꾸며져 있었다.

그 국토의 모든 부처님들께서는 크고 미묘한 음성으로
모든 법을 설하고 계셨고 또 무량한
천만 억 보살들도 모든 나라들에 두루 하여
대중을 위하여 법을 설하고 있었다.

그 때에 시방의 모든 부처님들께서
각자 대중과 보살들에게 말씀하시었다.
"선남자들이여, 나는 지금 마땅히
사바세계의 석가모니 부처님의 처소로 가야겠노라.
가서 또한 다보여래 부처님의 보탑에도 공양해야겠다."

3. 사바세계가 분신 부처님들로 가득차 청정하게 변하다.

時娑婆世界 卽變淸淨 시사바세계 즉변청정
琉璃爲地 寶樹莊嚴 유리위지 보수장엄

是時諸佛 各將一大菩薩 시시제불 각장일대보살
以爲侍者 至娑婆世界 이위시자 지사바세계
各到寶樹下 각도보수하

樹高 五百由旬 수고 오백유순
枝葉華果 次第莊嚴 지엽화과 차제장엄
樹下 皆有寶師子座 高五由旬 수하 개유보사자좌 고오유순
亦以大寶 而校飾之 역이대보 이교식지
亦無大海江河 역무대해강하
及目眞鄰陀山 摩訶目眞鄰陀山 급목진린타산 마하목진린타산
鐵圍山 大鐵圍山 철위산 대철위산
須彌山等 諸山王 수미산등 제산왕
通爲一佛國土 통위일불국토

如是次第 十方諸佛 여시차제 시방제불
皆悉來集 坐於八方 개실래집 좌어팔방
爾時一一方 이시일일방
四百萬億 那由他國土 사백만억 나유타국토
諸佛如來 遍滿其中 제불여래 변만기중

그 때에 사바세계가 즉시 청정하게 변하였으니
유리로 땅이 되었고 보배 나무가 장엄하게 되었다.

그 때에 모든 분신 부처님들께서 각기 대보살 한 명씩을
시자로 데리고 사바세계로 오셔서
각기 보배 나무 아래에 이르셨다.

나무의 높이는 오백 유순이요,
그 가지와 잎사귀와 꽃과 열매가 차례로 장엄하게 꾸며졌다.
나무 아래에는 다 사자좌가 있어서 그 높이가 오 유순이었는데,
역시 큰 보배로 화려하게 장식되었다.
또한 큰 바다나 강과 하천,
목진린타산과 마하목진린타산,
철위산과 대철위산,
수미산을 비롯한 모든 산들이 없어져서
하나의 불국토로 통하게 되었다.

이렇게 차례로 시방의 모든 분신 부처님들께서
다 모이셔서 여덟 방위에 앉으시니,
그 때 하나하나의 방위마다 있는
사백만억 나유타의 국토가
모든 분신 부처님들로 가득 차게 되었다.

[제11/견보탑품] 45일차
이불병좌二佛並坐

1. 석가모니불께서 다보탑의 문을 여시다.

爾時 釋迦牟尼佛　　　　　이시 석가모니불
見所分身佛 悉已來集　　　견소분신불 실이래집
各各坐於師子之座　　　　각각좌어사자지좌
皆聞諸佛 與欲同開寶塔　　개문제불 여욕동개보탑
卽從座起 住虛空中　　　　즉종좌기 주허공중

以右指 開七寶塔戶　　　　　이우지 개칠보탑호
出大音聲 如却關鑰 開大城門　출대음성 여각관약 개대성문
卽時 一切衆會 皆見多寶如來　즉시 일체중회 개견다보여래
於寶塔中 坐師子座　　　　　어보탑중 좌사자좌
全身不散 如入禪定　　　　　전신불산 여입선정
又聞其言 善哉善哉　　　　　우문기언 선재선재
釋迦牟尼佛 快說是法華經　　석가모니불 쾌설시법화경
我爲聽是經故 而來之次　　　아위청시경고 이래지차

그 때에 석가모니불께서
모든 분신 부처님들께서 모이신 것과
각각 사자좌에 앉으신 것을 보시고
그 모든 부처님들께서 다 다보탑을 열기를 바라심을 듣고는
즉시 자리에서 일어나 허공 가운데에 이르셨다.

그리고 오른손으로 칠보탑의 문을 여시니
큰 성문을 열 때 자물쇠를 여는 것처럼 웅장한 소리가 났다.
곧 일체 대중 무리들 모두는 다보여래께서
보탑 안의 사자좌에 앉아계심을 보게 되었다.
온 몸이 흐트러지지 않고 선정 가운데에 계셨는데
다시 그 말씀을 들으니 "거룩하시도다, 거룩하시도다,
석가모니불께서 쾌히 이 법화경을 설하시나니
내가 그 경을 듣기 위하여 이처럼 왔습니다."

2. 다보여래께서 석가모니불과 함께 다보탑 안에 좌정하시다.

爾時四衆等 見過去無量	이시사중등 견과거무량
千萬億劫 滅度佛	천만억겁 멸도불
說如是言 歎未曾有	설여시언 탄미증유

爾時 多寶佛 於寶塔中	이시 다보불 어보탑중
分半座 與釋迦牟尼佛	분반좌 여석가모니불
而作是言	이작시언
釋迦牟尼佛 可就此座	석가모니불 가취차좌
卽時 釋迦牟尼佛 入其塔中	즉시 석가모니불 입기탑중
坐其半座 結跏趺坐	좌기반좌 결가부좌

3. 석가모니불께서 법화경을 부촉하시려 하다.

以大音聲 普告四衆	이대음성 보고사중
誰能於此 娑婆國土	수능어차 사바국토
廣說妙法蓮華經	광설묘법연화경
今正是時 如來不久	금정시시 여래불구
當入涅槃 佛欲以此	당입열반 불욕이차
妙法華經 付囑有在	묘법화경 부촉유재

그 때에 사부대중이 과거 무량한
천만억겁 이전에 멸도하신 부처님께서
그와 같이 말씀하심을 듣고는 미증유한 일이라고 찬탄하였다.

그 때에 다보 부처님께서 다보탑 가운데에서
자신의 자리 반을 석가모니 부처님께 내어 드리며
이처럼 말씀하셨다.
"석가모니 부처님, 이 자리에 앉으시지요."
곧 석가모니불께서 탑 중앙에 들어가
그 절반의 자리에 가부좌를 하고 좌정하셨다.

그리고 큰 음성으로 사부 대중에게 이르시었다.
"누가 능히 이 사바 세계에서
묘법연화경을 널리 설하겠는가.
지금이 곧 그 때이니, 여래는 오래지 않아
응당 열반에 들 것이니라. 여래는 이
묘법연화경을 부촉할 곳이 있기를 바라노라."

[제11/견보탑품] 46일차
법화경을 부촉하시는 석가모니 부처님

1. 부처님조차도 법화경의 진리를 듣기 위해 우주에서 모이셨다.

爾時世尊	이시세존
欲重宣此義 而說偈言	욕중선차의 이설게언
聖主世尊 雖久滅度	성주세존 수구멸도
在寶塔中 尙爲法來	재보탑중 상위법래
諸人云何 不勤爲法	제인운하 불근위법
此佛滅度 無央數劫	차불멸도 무앙수겁
處處聽法 以難遇故	처처청법 이난우고

又我分身 無量諸佛	우아분신 무량제불
如恒沙等 來欲聽法	여항사등 내욕청법
及見滅度 多寶如來	급견멸도 다보여래

2. 법화경 수호하기를 서원하라.

告諸大衆 我滅度後	고제대중 아멸도후
誰能護持 讀說斯經	수능호지 독설사경
今於佛前 自說誓言	금어불전 자설서언
其多寶佛 雖久滅度	기다보불 수구멸도
以大誓願 而師子吼	이대서원 이사자후

그 때에 세존께서
그 의미를 거듭 밝히시고자 게송으로 말씀하시었다.
"성자들 중의 세존이신 다보여래께서도 멸도하신지 오래되었는데도
다보탑 가운데 계시어 법을 위해 오셨거늘
어떻게 사람들이 법을 위해 정진하지 않겠느냐!
다보여래께서 멸도하신지는 셀 수 없는 겁 이전이거늘
어디서든 법을 들으려 오심은 이 법을 듣기가 어렵기 때문이로다.

또 나의 분신인 무량한
항하의 모래알처럼 많은 화신불들도 법을 듣기 위하여 모였으니
또한 멸도하신 다보여래를 뵙기 위하여 오셨느니라."

모든 대중에게 고하시기를 "내가 멸도한 후에
누가 능히 이 경을 지키고 보호하며 읽고 설하겠는가!
지금 부처님 앞에서 스스로 맹세하여 말할지니
저 다보여래께서도 되려 멸도하신지 오래되었건만
크나큰 서원의 힘으로 이처럼 사자후하시느니라.

3. 법화경 수호하기는 매우 어려우니 큰 원력이 있어야 한다.

諸善男子 各諦思惟　　　제선남자 각제사유
此爲難事 宜發大願　　　차위난사 의발대원
諸餘經典 數如恒沙　　　제여경전 수여항사
雖說此等 未足爲難　　　수설차등 미족위난
若接須彌 擲置他方　　　약접수미 척치타방
無數佛土 亦未爲難　　　무수불토 역미위난

若佛滅後 於惡世中　　　약불멸후 어악세중
能說此經 是則爲難　　　능설차경 시즉위난

모든 선남자들아 각자 깊이 생각할지니
이 일은 매우 어려워서 마땅히 큰 원을 세워야 하느니라.
다른 모든 경전 그 수 항하의 모래와 같아도
오히려 그 경들을 설하기는 그다지 어렵지 않고
수미산을 잡아서 다른 방향으로 던지되
무수한 불국토에 그리한다 해도 오히려 어렵지 않으나

부처님께서 멸도하신 후에 악한 시대 중에
이 경을 설하는 것, 그것이 정말로 어려운 일이니라."

[제12/제바달다품] 47일차
여래께서는 법화경을 위해 과거 목숨까지 바치셨다.

1. 석가모니불께서는 과거 무한한 시간 동안 정진하셨다.

爾時 佛告諸菩薩 及天人四衆	이시 불고제보살 급천인사중
吾於過去 無量劫中	오어과거 무량겁중
求法華經 無有懈倦	구법화경 무유해권
於多劫中 常作國王	어다겁중 상작국왕
發願求於 無上菩提	발원구어 무상보리
心不退轉 爲欲滿足	심불퇴전 위욕만족
六波羅蜜 勤行布施	육바라밀 근행보시
心無悋惜 象馬七珍	심무린석 상마칠진
國城妻子 奴婢僕從	국성처자 노비복종
頭目髓腦 身肉手足	두목수뇌 신육수족
不惜軀命	불석구명

2. 고통의 멸도뿐만이 아닌, 대승의 진리를 구하셨다.

時世人民 壽命無量	시세인민 수명무량
爲於法故 捐捨國位	위어법고 연사국위
委政太子 擊鼓宣令	위정태자 격고선령
四方求法 誰能爲我	사방구법 수능위아
說大乘者 吾當終身	설대승자 오당종신
供給走使	공급주사

그 때 부처님께서 모든 보살 및 하늘 사람, 사부대중에게 말씀하셨다.
"내가 과거에 무량겁 가운데에
법화경을 구하면서 게으르거나 싫증내지 아니하였으니
오랜 겁 중에 항상 국왕이 되어서도
위없이 높은 깨달음을 얻으려 발원하였고,
그 마음이 물러나지 아니하였으니 꼭 뜻을 이루고자 하였느니라.
6가지 바라밀을 부지런히 행하며 보시하였으니
아깝게 여기는 마음이 전혀 없어서 코끼리나 말, 일곱 가지 보물,
나라와 성, 처자와 노비, 종복들을 비롯해
머리와 눈, 골수와 뇌, 몸과 손발,
심지어 목숨까지 아깝게 여기지 아니하였었느니라.

그 시대에는 사람들의 수명이 무한하였지만
나는 법을 구하기 위하여 국왕의 자리를 버리고
태자에게 정사를 맡긴 후에 북을 치고 영을 내려
사방으로 법을 구하러 다녔으니, '누가 나를 위해
대승을 설해주겠습니까? 내가 종신토록
섬기고 시중들겠습니다.' 하였느니라.

3. 법화경의 진리를 전해준 선인에게 끝없이 보시하시다.

時有仙人 來白王言	시유선인 내백왕언
我有大乘 名妙法華經	아유대승 명묘법화경
若不違我 當爲宣說	약불위아 당위선설
王聞仙言 歡喜踊躍	왕문선언 환희용약
卽隨仙人 供給所須	즉수선인 공급소수
採果汲水 拾薪設食	채과급수 습신설식
乃至以身 以爲床座	내지이신 이위상좌

그 때에 한 선인이 와서 왕에게 말하길
"나에게 대승의 법이 있으니 이름을 묘법화경이라 합니다.
만약 내 뜻을 어기지 않는다면 마땅히 설해주겠습니다."
왕은 선인의 말을 듣고는 뛸 듯이 기뻐
곧 선인을 따르면서 필요한 것을 공급하였으니
과실을 따고 물을 길어주며 땔감을 모으고 음식을 장만해주었느니라.
심지어 자신의 몸을 굽혀 그가 앉는 평상이 되기도 하였었느니라."

[제12/제바달다품] 48일차
석가모니 부처님의 과거 스승이 제바달다였다.

1. 과거 생에 제바달다는 석가모니 부처님의 스승이었다.

佛告諸比丘	불고제비구
爾時王者 則我身是	이시왕자 즉아신시
時仙人者 今提婆達多是	시선인자 금제바달다시
由提婆達多 善知識故	유제바달다 선지식고
令我具足 六波羅蜜	영아구족 육바라밀
慈悲喜捨 三十二相	자비희사 삼십이상
八十種好 紫磨金色	팔십종호 자마금색
十力 四無所畏 四攝法	십력 사무소외 사섭법
十八不共 神通道力	십팔불공 신통도력
成等正覺 廣度衆生	성등정각 광도중생

2. 석가모니 부처님께서 제바달다에게 수기를 주시다.

告諸四衆 提婆達多	고제사중 제바달다
却後 過無量劫	각후 과무량겁
當得成佛 號曰天王如來	당득성불 호왈천왕여래

3. 후세에 제바달다의 이야기를 의심치 않는 자에게 큰 복이 있다.

佛告諸比丘	불고제비구
未來世中 若有善男子善女人	미래세중 약유선남자선여인
聞妙法華經 提婆達多品	문묘법화경 제바달다품
淨心信敬 不生疑惑者	정심신경 불생의혹자
不墮地獄 餓鬼畜生	불타지옥 아귀축생
生十方佛前	생시방불전
所生之處 常聞此經	소생지처 상문차경

부처님께서 비구들에게 이르시었다.
"그 때의 왕이 바로 곧 나의 몸이었으며
당시의 선인이 지금의 제바달다이니라.
제바달다는 선지식이었기에
나로 하여금 육바라밀과
자비와 기쁘게 자신을 희생하는 마음의 사무량심과, 삼십이상과
팔십종호, 자마금색의 몸과
십력과 사무소외, 사섭법,
십팔불공법과 신통력과 도력을 갖추게 하였으며,
정각을 이루게 하여 널리 중생을 구제케 만들어 준 것이니라."

사부대중에게 이르시되 "제바달다는
이후에 한량없는 겁이 지난 뒤에
성불하리니 그 호를 천왕여래라 하리라."

부처님께서 비구들에게 이르시었다.
"미래세 중에 선남자 선여인이 있어
묘법화경의 제바달다품을 듣고서
깨끗한 마음으로 경을 믿고 의혹을 품지 않는다면
지옥이나 아귀, 축생에 떨어지지 않으리니
시방의 부처님 앞에서 태어나되
그 태어난 곳에서 항상 이 경을 들을 수 있으리라."

[제12/제바달다품] 49일차
문수사리보살이 용궁에서 영산회상으로 오다.

1. 문수사리보살이 용궁으로부터 나오다.

爾時 文殊師利	이시 문수사리
坐千葉蓮花 大如車輪	좌천엽연화 대여거륜
俱來菩薩 亦坐寶蓮花	구래보살 역좌보련화
從於大海 娑竭羅龍宮	종어대해 사갈라용궁
自然涌出 住虛空中	자연용출 주허공중
詣靈鷲山 從蓮花下	예영취산 종연화하
至於佛所 頭面敬禮 二世尊足	지어불소 두면경례 이세존족

2. 문수사리로 인해 용궁에서 교화된 수많은 보살들이 등장하다.

智積菩薩 問文殊師利	지적보살 문문수사리
仁往龍宮 所化衆生	인왕용궁 소화중생
其數幾何 文殊師利言	기수기하 문수사리언
其數無量 不可稱計	기수무량 불가칭계

所言未竟 無數菩薩	소언미경 무수보살
坐寶蓮花 從海涌出	좌보련화 종해용출
詣靈鷲山 住在虛空	예영취산 주재허공
此諸菩薩 皆是文殊師利之所化度	차제보살 개시문수사리지소화도

3. 문수보살은 오로지 법화경으로 용궁을 교화하였다.

文殊師利言 我於海中	문수사리언 아어해중
唯常宣說 妙法華經	유상선설 묘법화경

그 때에 문수사리 보살이
잎이 천여 개나 되는 연꽃 위에 앉아있었는데 마치 거대한 바퀴와 같았다.
같이 온 보살들도 역시 보배 연꽃 위에 앉아있었는데,
이들은 대해 속의 사갈라 용궁으로부터
자연히 솟아 나와 허공 중을 지나
영취산에 이르러 연꽃에서 내려왔다.
그리고는 두 세존의 발아래 엎드려 머리를 조아리며 예를 표하였다.

지적보살이 문수사리 보살에게 물었다.
"인자께서는 용궁에 가서 얼마나 많은 중생을
교화하셨습니까?" 문수사리가 대답하길
"그 수가 무량하여 셀 수가 없습니다."

말을 마치기도 전에 무수한 보살들이
보배 연꽃에 앉은 채로 바다로부터 솟아나와
영취산에 이르러 허공에 머물렀다.
그 모든 보살들은 전부 다 문수사리보살이 교화한 이들이었다.

문수사리보살이 말하였다. "내가 바다에 있을 때
오직 항상 묘법연화경만 설하였습니다."

[제12/제바달다품] 50일차
법화경으로 성불에 다가선 용왕의 딸

1. 법화경으로 성불에 거의 다가간 용왕의 딸

智積 問文殊師利言	지적 문문수사리언
此經 甚深微妙	차경 심심미묘
諸經中寶 世所希有	제경중보 세소희유
頗有衆生 勤加精進	파유중생 근가정진
修行此經 速得佛不	수행차경 속득불부

文殊師利言	문수사리언
有娑竭羅龍王女	유사갈라용왕녀
年始八歲 智慧利根	연시팔세 지혜이근
善知衆生 諸根行業	선지중생 제근행업
得陀羅尼 諸佛所說	득다라니 제불소설
甚深祕藏 悉能受持	심심비장 실능수지
深入禪定 了達諸法	심입선정 요달제법

慈念衆生 猶如赤子	자념중생 유여적자
功德具足 心念口演	공덕구족 심념구연
微妙廣大 慈悲仁讓	미묘광대 자비인양
志意和雅 能至菩提	지의화아 능지보리

지적보살이 문수사리보살에게 물었다.
"이 법화경은 매우 깊고 미묘하여
모든 경들 가운데에서도 보물이며, 세간의 희유한 바입니다.
어떤 중생이 부지런히 정진하여
이 경으로 수행하여 속히 부처를 이룰 수 있겠습니까?"

문수사리보살이 말하였다.
"사갈라 용왕의 딸이 있는데
여덟 살이나 지혜와 근기가 총명하여
중생의 모든 행동과 업에 대해 잘 알고
다라니를 얻어 모든 부처님들께서 설하신
깊고 미묘한 비밀한 법장을 능히 다 받아 지녔으며
깊은 선정에 들어 모든 법에 깊이 통달하였습니다.

중생을 갓난아이처럼 사랑하며
공덕을 갖추어서 생각하고 말하는 것이
미묘하고 광대하며 자비롭고 어질며 겸허하니
그 뜻이 온화하고 우아하여 능히 깨달음에 이를만합니다."

2. 지적보살의 의심 - 저 어린 여아가 성불할 수 있단 말입니까?

智積菩薩言	지적보살언
我見釋迦如來 於無量劫	아견석가여래 어무량겁
難行苦行 積功累德	난행고행 적공누덕
求菩提道 未曾止息	구보리도 미증지식
觀三千大天世界 乃至無有	관삼천대천세계 내지무유
如芥子許 非是菩薩	여개자허 비시보살
捨身命處 爲衆生故	사신명처 위중생고
然後 乃得成菩提道	연후 내득성보리도
不信此女 於須臾頃	불신차녀 어수유경
便成正覺	변성정각

3. 용왕의 딸이 나타나 부처님을 찬탄하다.

言論未訖 時龍王女	언론미흘 시용왕녀
忽現於前 頭面禮敬	홀현어전 두면예경
却住一面 以偈讚曰	각주일면 이게찬왈

深達罪福相 遍照於十方	심달죄복상 변조어시방
微妙淨法身 具相三十二	미묘정법신 구상삼십이

一切衆生類 無不宗奉者	일체중생류 무불종봉자
又聞成菩提 唯佛當證知	우문성보리 유불당증지
我闡大乘敎 度脫苦衆生	아천대승교 도탈고중생

지적보살이 말하였다.
"내가 석가여래를 뵈오니 무량겁 동안
난행과 고행을 통해 공덕을 쌓으셨으니
보리도를 구하는 데 잠시도 쉼이 없으셨습니다.
삼천대천세계를 살펴 볼 때,
석가여래께서 보살이실 때 중생을 위해 목숨을 바치지 않았던 곳이
겨자씨만큼도 없을 정도가 아닙니까?
그 후에야 깨달음을 이루셨거늘,
저 어린 여자 아이가 잠깐 사이에
깨달음을 얻을 수 있다는 말을 도저히 믿을 수 없습니다."

말을 마치기도 전에 용왕의 딸이
홀연히 앞에 나타나더니 부처님께 머리 숙여 예를 표하고
한쪽으로 물러나 게송으로 찬탄하였다.

"죄와 복의 모양을 깊이 통달하시어 시방을 밝게 비추시나니
미묘하고 청정한 법신에 삼십이상을 갖추셨나이다.

일체 중생 무리들 (부처님을) 높이 받들지 않는 자 없고
말씀 듣고서 깨닫지 못할 자 없으니 오직 부처님만이 증득해 아시나이다.
저 역시 대승의 가르침을 얻어 고통에 빠진 중생을 제도하오리다."

[제12/제바달다품] 51일차
용녀가 세존께 보배를 바치고 성불하다 (용녀헌주龍女獻珠)

1. 사리불이 여성의 성불을 의심하다.

時舍利弗 語龍女言	시사리불 어용녀언
汝謂不久 得無上道	여위불구 득무상도
是事難信 所以者何	시사난신 소이자하
女身垢穢 非是法器	여신구예 비시법기
云何能得 無上菩提	운하능득 무상보리

又女人身 猶有五障	우여인신 유유오장
一者 不得作梵天王	일자 부득작범천왕
二者帝釋 三者魔王	이자제석 삼자마왕
四者轉輪聖王 五者佛身	사자전륜성왕 오자불신
云何女身 速得成佛	운하여신 속득성불

2. 용왕의 딸이 석가모니 부처님께 보배 구슬을 바치다.

爾時龍女 有一寶珠	이시용녀 유일보주
價值三千大天世界	가치삼천대천세계
持以上佛 佛卽受之	지이상불 불즉수지
龍女 謂智積菩薩	용녀 위지적보살
尊者舍利弗言 我獻寶珠	존자사리불언 아헌보주
世尊納受 是事疾不	세존납수 시사질부
答言 甚疾	답언 심질
女言 以汝神力	여언 이여신력
觀我成佛 復速於此	관아성불 부속어차

그 때 사리불이 용왕의 딸에게 말하였다.
"네가 오래지 않아 위없는 깨달음을 얻으리란 것은
믿기 어려운 일이다. 왜냐하면
여인의 몸은 때 끼고 더러워서 법의 그릇이 아니므로
위없는 깨달음을 얻을 수 없기 때문이다.

또 여인의 몸에는 다섯 가지 장애가 있으니,
하나는 범천왕이 될 수 없는 것이고,
둘은 제석, 셋은 마왕이 될 수 없는 것이고,
넷은 전륜성왕, 다섯은 부처님의 몸이 될 수 없는 것이다.
어떻게 여자의 몸으로 속히 성불할 수 있단 말이냐?"

그 때에 용왕의 딸에게 보배 구슬 하나가 있었는데
그 가치가 삼천대천세계에 버금가는 것이었다.
그것을 부처님께 바치니 부처님께서 곧 받으셨다.
용왕의 딸이 지적보살과
사리불 존자에게 말하였다. "제가 드린 보배 구슬을
세존께서 받으셨는데 이 일이 빠르옵니까?"
(지적보살과 사리불이) 답하길 "빠르구나."
용녀가 말하길 "여러분의 신통력으로
제가 성불하는 걸 보십시오. 이보다 더 빠를 것입니다."

3. 용왕의 딸이 공양을 마치자마자 성불하다.

當時衆會 皆見龍女　　당시중회 개견용녀
忽然之間 變成男子　　홀연지간 변성남자
具菩薩行 卽往南方　　구보살행 즉왕남방
無垢世界 坐寶蓮華　　무구세계 좌보연화
成等正覺 三十二相　　성등정각 삼십이상
八十種好 普爲十方　　팔십종호 보위시방
一切衆生 演說妙法　　일체중생 연설묘법

그 당시 회상의 무리들이 다 용왕의 딸을 보니
잠깐 사이에 남자로 변하여
보살행을 구족하더니 남방의
무구세계로 가서 보배 연꽃 위에 앉아
바른 깨달음을 이루었다. 삼십이상에
팔십종호를 갖추어 시방의
일체 중생에게 널리 묘법을 설하였다.

[제13/권지품] 52일차
보살들이 법화경 수호하기를 서원하다.

1. 보살들이 법화경 지키기를 맹세하다.

爾時 若王菩薩摩訶薩	이시 약왕보살마하살
及大樂說菩薩摩訶薩	급대요설보살마하살
與二萬菩薩眷屬俱	여이만보살권속구
皆於佛前 作是誓言	개어불전 작시서언
唯願世尊 不以爲慮	유원세존 불이위려
我等 於佛滅後	아등 어불멸후
當奉持讀誦 說此經典	당봉지독송 설차경전
後惡世衆生 善根轉少	후악세중생 선근전소
多增上慢 貪利供養	다증상만 탐리공양
增不善根 遠離解脫	증불선근 원리해탈
雖難可敎化	수난가교화
我等 當起大忍力	아등 당기대인력
讀誦此經 持說書寫	독송차경 지설서사

그 때에 약왕보살마하살과
대요설마하살 및
이만 명의 보살 권속들이
부처님 앞에서 모두 다 같이 맹세하며 말하였다.
"오직 원컨대, 세존이시여, 염려하지 마옵소서.
저희들이 부처님께서 멸도하신 후에
마땅히 이 경전을 받아 지녀 읽고 외우며 설하겠나이다.
후세의 악세 중생들은 선한 뿌리가 줄어들어
증상만이 많아 이익과 공양을 탐내고,
나쁜 뿌리가 늘어나 해탈에서 멀어져서
교화하기 어려울 것이오나,
저희들은 마땅히 큰 인욕의 힘을 일으켜서
이 경을 읽고 외우고 지니어 설하며 베껴 쓰게 하겠나이다."

2. 나한과 유학, 무학인들은 다른 세계에서 법화경 지키길 서원하다.

爾時衆中 五百阿羅漢	이시중중 오백아라한
得受記者 白佛言	득수기자 백불언
世尊 我等 亦自誓願	세존 아등 역자서원
於異國土 廣說此經	어이국토 광설차경

復有學無學 八千人	부유학무학 팔천인
得受記者 從座而起	득수기자 종좌이기
合掌向佛 作是誓言	합장향불 작시서언
世尊 我等 亦當於他國土	세존 아등 역당어타국토
廣說此經 所以者何	광설차경 소이자하
是娑婆國中 人多弊惡	시사바국중 인다폐악
懷增上慢 功德淺薄	회증상만 공덕천박

그 때에 무리 가운데 수기를 받았던
오백 아라한들이 부처님께 아뢰었다.
"세존이시여, 저희들도 서원하되
다른 국토에서 이 경을 널리 설하겠나이다."

또한 수기를 받았던 유학인, 무학인 팔천 명이
자리에서 일어나
부처님을 향해 합장하며 맹세하며 말하였다.
"세존이시여, 저희들도 또한 다른 국토에서
이 경을 널리 설하겠나이다. 왜냐하면
이 사바세계에는 타락하여 악한 이가 많으며,
사람들이 깨닫지도 못하면서 깨달은 채 하며 공덕이 얇기 때문입니다."

3. 말법 중생들의 멸시에도 보살들이 법화경을 지키길 서원하다.

爾時世尊 視八十萬億	이시세존 시팔십만억
那由他 諸菩薩摩訶薩	나유타 제보살마하살
是諸菩薩 皆是阿惟越致	시제보살 개시아유월치
轉不退法輪 得諸陀羅尼	전불퇴법륜 득제다라니

是諸菩薩 敬順佛意	시제보살 경순불의
幷欲自滿本願 便於佛前	병욕자만본원 변어불전
作師子吼 而發誓言	작사자후 이발서언
世尊我等 於如來滅後	세존아등 어여래멸후
周旋往返 十方世界	주선왕반 시방세계
能令衆生 書寫此經	능령중생 서사차경
受持讀誦 解說其義	수지독송 해설기의
如法修行 正憶念	여법수행 정억념
皆是佛之威力 唯願世尊	개시불지위력 유원세존
在於他方 遙見守護	재어타방 요견수호

그 때에 세존께서 팔십 만억
나유타의 모든 보살마하살들을 바라보시었다.
그 모든 보살들은 다 아유월치 보살로써
불퇴전의 법륜을 굴리면서 모든 다라니를 얻은 이들이었다.

그 때 모든 보살들이 부처님의 뜻을 따라 공경하는 뜻으로,
아울러 자신들에게 가득한 근본 서원을 위하여 부처님 앞에서 문득
사자후하면서 맹세하며 말하였다.
"세존이시여, 저희들은 여래께서 멸도하신 후에
시방 세계를 두루 돌아다니면서
능히 중생으로 하여금 이 경을 쓰고 베끼고
받들어 지녀 독송하며 그 뜻을 해설토록 하겠습니다.
이처럼 법을 수행하되 바르게 기억하게 할지니,
이는 모두 부처님의 위신력으로 하는 것이니, 다만 세존이시여,
다른 국토에 계시면서도 멀리서 보시며 수호하여 주시옵소서."

[제13/권지품] 53일차
법화경의 진리를 거부하는 말법 악세 시대의 중생들

1. 성불하지 못했는데도 성불하였다고 착각하는 사람

惡世中比丘 邪智心諂曲　　악세중비구 사지심첨곡
未得謂爲得 我慢心充滿　　미득위위득 아만심충만
或有阿練若 衲衣在空閑　　혹유아련야 납의재공한
自謂行眞道 輕賤人間者　　자위행진도 경천인간자

2. 이익에 탐착하고 세간의 공경을 바라는 사람

貪着利養故 與白衣說法　　탐착이양고 여백의설법
爲世所恭敬 如六通羅漢　　위세소공경 여육통나한
是人懷惡心 常念世俗事　　시인회악심 상념세속사
假名阿練若 好出我等過　　가명아련야 호출아등과

3. 부처님의 말씀 중 방편이 무엇인지 모르는 사람

濁世惡比丘 不知佛方便　　탁세악비구 부지불방편
隨宜所說法 惡口而嚬蹙　　수의소설법 악구이빈축
數數見頻出 遠離於塔寺　　삭삭견빈출 원리어탑사
如是等衆惡 念佛告勅故　　여시등중악 염불고칙고
皆當忍是事　　　　　　　　개당인시사

(보살들이 게송으로 말하였다)
"악한 시대의 비구들은 잘못된 지식으로 생각이 삐뚤어져
얻지 못한 것을 얻었다 하며 아만심으로 충만할 것입니다.
혹은 산 속 암자에 있으면서 허름한 옷을 입고 한적한 곳에 있는 것을
진정한 도를 행하는 것으로 착각하면서 속세를 천하다 여길 것입니다.

이익을 키우는 일에 탐내고 집착하여 백의를 입고 설법하되
세간의 공경 받기를 육통이 열린 나한처럼 받거니와
그런 이들은 속으로는 악심을 품고 또 항상 세속의 일을 생각하면서도
거짓으로 암자에 사는 척 하리니, 우리의 잘못 들춰내길 좋아할 것입니다.

탁한 시대의 악한 비구들은 부처님께서 방편으로
근기 따라 설하신 걸 알지 못하고 욕하고 빈축거리며
툭하며 우리들을 쫓아낼 것이니, 저희가 사리탑이나 절에서 멀어져도,
그래도 그런 나쁜 일들 중에도, 부처님께서 분부하신 것을 생각하며
이를 모두 다 응당 참겠습니다."

[제14/안락행품] 54일차
법화경 수호자는 인욕에 머물며, 일체법의 공함을 관하라.

爾時 文殊師利法王子　　　이시 문수사리법왕자
菩薩摩訶薩 白佛言　　　　보살마하살 백불언
世尊 是諸菩薩　　　　　　세존 시제보살
甚爲難有 敬順佛故　　　　심위난유 경순불고
發大誓願 於後惡世　　　　발대서원 어후악세
護持讀說 是法華經　　　　호지독설 시법화경
世尊 菩薩摩訶薩　　　　　세존 보살마하살
於後惡世 云何能說是經　　어후악세 운하능설시경

佛告文殊師利　　　　　　　불고문수사리
若菩薩摩訶薩 於後惡世　　약보살마하살 어후악세
欲說是經 當安住四法　　　욕설시경 당안주사법

1. 법화경을 설하려는 보살은 인욕의 경지에 머물러야 한다.

一者　　　　　　　　　　　일자
安住菩薩行處 及親近處　　안주보살행처 급친근처
能爲衆生 演說是經　　　　능위중생 연설시경

若菩薩摩訶薩 住忍辱地　　약보살마하살 주인욕지
柔和善順 而不卒暴　　　　유화선순 이부졸폭
心亦不驚 又復於法　　　　심역불경 우부어법
無所行 而觀諸法如實相　　무소행 이관제법여실상
亦不行 不分別　　　　　　역불행 불분별
是名 菩薩摩訶薩行處　　　시명 보살마하살행처

그 때에 문수사리 법왕자
보살마하살이 부처님께 사뢰었다.
"세존이시여, 이 보살들은
심히 어려운 일을 맡았으니 부처님을 공경하고 따르기 때문에
이처럼 큰 서원을 발하였나이다. 훗날 악세에
이 법화경을 받들어 수호하며 읽고 설하리니,
세존이시여, 보살마하살이
어떻게 훗날 악세에 이 경을 설해야 하겠습니까?"

부처님께서 문수사리보살에게 말씀하셨다.
"만약 보살마하살이 훗날 악세에
이 경을 설하고자 한다면 마땅히 네 가지 법에 머물러야만 한다.

첫째,
보살이 행하여야 할 바에 머무르고, 또 친근해야 할 곳에 머물러야 하니
그래야 능히 중생을 위해 이 경을 연설할 수 있느니라.

만약 보살마하살이 인욕의 경지에 머물러
부드럽고 온화하며 선하며 순한 자세로 갑작스레 화내지 않고
마음이 갑작스레 흔들리지도 않는다면, 그리고 법에 있어서
행하는 바 없이 모든 법을 실상 그대로 관하여
행하지도 않고 분별하지도 않는다면
이를 보살마하살이 행해야 할 바라고 하느니라.

2. 보살은 권력자나 외도들, 광대나 살생하는 자, 소승이나 여자를 가까이 해서는 안 된다.

菩薩摩訶薩 不親近　　　　보살마하살 불친근
國王王子 大臣官長　　　　국왕왕자 대신관장
不親近 諸外道梵志　　　　불친근 제외도범지

亦不親近 諸有兇戲　　　　역불친근 제유흉희
相扠相撲 及那羅等　　　　상차상박 급나라등
種種變現之戲　　　　　　　종종변현지희
又不親近 栴陀羅　　　　　우불친근 전다라
及畜猪羊鷄狗 畋獵漁捕　　급축저양계구 전렵어포

又不親近 求聲聞 比丘比丘尼　우불친근 구성문 비구비구니
優婆塞 優婆夷　　　　　　　　우바새 우바이

不應於女人身 取能生欲想相　불응어여인신 취능생욕상상
而爲說法 亦不樂見　　　　　이위설법 역불락견

不樂畜年少弟子 沙彌小兒　　불락축연소제자 사미소아

常好坐禪 在於閑處　　　　상호좌선 재어한처
修攝其心 文殊師利　　　　수섭기심 문수사리
是名初親近處　　　　　　　시명초친근처

보살마하살은
국왕이나 왕자, 대신이나 최고 관리들과 친하지 말아야 하며
모든 외도 수행자들과도 친하지 말아야 하느니라.

또한 모든 흉한 유희도 피하여야 할지니
서로 찌르고 때리거나
가지가지로 변신하며 희롱하는 광대도 가까이 하지 말며,
또한 최하위 계급 및
돼지나 양, 닭, 개들을 기르거나 사냥하는 이들도 가까이 하지 말라.

또한 성문을 구하는 비구나 비구니,
우바새, 우바이들도 가까이 하지 말라.

여자에게 육체적 욕망을 불러일으킬만한 태도로
설법해선 물론 안 되고, 여자를 보는 것조차 즐기지 말아야 하느니라.

나이 어린 제자나 사미, 어린이들 양육하는 것도 즐기진 말아야 하니

항상 좌선하길 즐기고 한적한 곳에 처하며
그 마음을 다스려야 하나니, 문수사리여
이것이 보살이 친근해야 할 첫째 태도이니라.

3. 보살은 일체법이 공하여, 다만 인연만이 존재함을 관하여야 한다.

復次菩薩摩訶薩	부차보살마하살
觀一切法空 如實相	관일체법공 여실상
不顚倒 不動不退不轉	부전도 부동불퇴부전
如虛空無所有性	여허공무소유성
一切語言道斷 不生不出不起	일체어언도단 불생불출불기
無名無相 實無所有	무명무상 실무소유
無量無邊 無礙無障	무량무변 무애무장
但以因緣有 從顚倒生故	단이인연유 종전도생고
說常樂觀 如是法相	설상락관 여시법상
是名菩薩摩訶薩 第二親近處	시명보살마하살 제이친근처

또한 보살마하살은
일체 법이 공하여 실상 그대로임을 관할지니
뒤바뀐 적도 없고 움직인 적도 없고 물러난 적도 없고 굴러간 적도 없으니
허공이 가지고 있는 성품이 없는 것과 같이
일체 모든 언어가 끊어져 생긴 적도, 난 적도, 일어난 적도 없으니
이름도 없고 상도 없어 실제 있는 것이 없으니
한량없고 끝도 없어 걸리고 막히는 것도 없느니라.
다만 인연만이 있어 뒤바뀐 생각을 따라 일어난 것이니
이와 같은 법의 모양 관하기를 항상 즐겨하라고 설하는 것이니라.
이를 보살마하살이 친근해야 할 두 번째 태도이니라.

[제14/안락행품] 55일차
법화경 설법자는 오직 청중이 성불하길 발원해야 한다.

1. 법화경 수지자는 다른 이의 허물 말하기를 좋아해서는 안 된다.

又文殊師利	우문수사리
如來滅後 於末法中	여래멸후 어말법중
欲說是經 應住安樂行	욕설시경 응주안락행
若口宣說 若讀經時	약구선설 약독경시
不樂說人 及經典過	불락설인 급경전과
亦不輕慢 諸餘法師	역불경만 제여법사
不說他人 好惡長短	불설타인 호악장단

2. 법화경 설법자는 각종 비유와 방편으로 청중들을 이끌어야 한다.

若有難問 隨義而答	약유난문 수의이답
因緣譬喻 敷演分別	인연비유 부연분별
以是方便 皆使發心	이시방편 개사발심
漸漸增益 入於佛道	점점증익 입어불도

3. 법화경 설법자는 오로지 청중들 성불하기를 원해야 한다.

以諸因緣 無量譬喻	이제인연 무량비유
開示衆生 咸令歡喜	개시중생 함령환희
衣服臥具 飲食醫藥	의복와구 음식의약
而於其中 無所希望	이어기중 무소희망
但一心念 說法因緣	단일심념 설법인연
願成佛道 令衆亦爾	원성불도 영중역이
是則大利 安樂供養	시즉대리 안락공양

또 문수사리보살이여,
여래가 멸한 후 말법 세상에서
이 경을 설하려는 자는 마땅히 안락한 행에 머물러야 한다.
이 경을 설하려거나 읽으려고 할 때에는
다른 이나 경전의 허물 말하기를 좋아해서는 아니 되느니라.
또한 다른 법사들을 가벼이 여겨서도 안 되고,
다른 이의 장점과 단점을 말하지도 말아야 하느니라.

만약 어려운 질문을 묻더라도 뜻에 맞게 대답하되
인연과 비유를 통해 자세히 분별하여
방편을 따라 듣는 이 모두가 발심케 하여
점차 성장하여 불도에 들게끔 하라.

이 모든 인연과 무한한 비유로
중생들에게 깨달음을 열어 보여주어 전부 환희케 하되
의복이나 침구, 음식이나 의약을
그 중에 바라지 말고
다만 오직 한 마음으로 설법의 인연으로
청중들이 성불하기를 바랄지니
이것이야말로 큰 이익이며 안락한 공양이로다.

[제14/안락행품] 56일차
법화경 수호자는 지나친 논쟁을 삼가야 한다.

1. 법화경 수호자는 감정적인 논쟁을 삼가야 한다.

又文殊師利 菩薩摩訶薩	우문수사리 보살마하살
於後末世 法欲滅時	어후말세 법욕멸시
受持讀誦 斯經典者	수지독송 사경전자
無懷嫉妬 諂誑之心	무회질투 첨광지심
亦勿輕罵 學佛道者	역물경매 학불도자
求其長短	구기장단

若比丘比丘尼	약비구비구니
優婆塞 優婆夷	우바새 우바이
求聲聞者 求辟支佛者	구성문자 구벽지불자
求菩薩道者 無得惱之	구보살도자 무득뇌지
令其疑悔 語其人言	영기의회 어기인언
汝等 去道甚遠	여등 거도심원
終不能得 一切種智	종불능득 일체종지

又亦不應 戲論諸法	우역불응 희론제법
有所諍競	유소쟁경

또 문수사리 보살마하살이여,
훗날 말세에 법이 멸하려고 할 때에
이 경전을 받아 지녀 읽고 외우는 이는
질투하거나 아첨하거나 속이는 마음을 품어서는 아니 되느니라.
또한 불도를 배우고 있는 자를 업신여기거나
그 장점과 단점을 찾아내려 해서는 안 되느니라.

만약 어떤 비구나 비구니,
우바새나 우바이가 있어
성문을 구하거나 벽지불을 구하거나
또는 보살도를 구하되 번뇌함을 얻지 못한 상태인데,
그들에게 이렇게 말해 의혹케 해서는 안 되느니라.
"너희는 진리에서 너무 멀어져버려서
끝내 일체종지를 얻을 수 없을 것이다!"

또한 모든 법을 희롱하며 논의해
다투는 일이 있어서도 아니 되느니라.

2. 법화경 수호자는 모든 부처님을 아버지같이, 모든 보살들을 스승같이 생각해야 한다.

當於一切眾生 起大悲想　　　당어일체중생 기대비상
於諸如來 起慈父想　　　　　어제여래 기자부상
於諸菩薩 起大師想　　　　　어제보살 기대사상
於十方諸大菩薩　　　　　　 어시방제대보살
常應深心 恭敬禮拜　　　　　상응심심 공경예배

3. 법화경 수호자는 지나치게 많이, 또는 적게 설하지 말아야 한다.

於一切眾生 平等說法　　　　어일체중생 평등설법
以順法故 不多不少　　　　　이순법고 부다불소
乃至深愛法者 亦不爲多說　　내지심애법자 역불위다설

마땅히 일체중생에 대해 대비심을 일으킬 것이며,
모든 여래에 대해 아버지라는 생각을 일으키고,
모든 보살에 대해 큰 스승이라는 생각을 일으켜서
시방의 모든 대보살들을
항상 마음 깊이 공경하고 예배해야 하느니라.

일체중생에게 평등하게 설법하되
법에 수순하여 많게도, 적게도 설하지 말고
심지어 법을 깊이 사랑하는 자에게도 보태어 많이 설해선 안되느니라.

[제14/안락행품] 57일차
법화경 멸시하는 이들을 위해서 오히려 발원하라

1. 법화경 알지 못하는 이를 위해 대자비심을 내어라.

又文殊師利 菩薩摩訶薩	우문수사리 보살마하살
於後末世 法欲滅時	어후말세 법욕멸시
有持是法華經者	유지시법화경자
於在家出家人中 生大慈心	어재가출가인중 생대자심
於非菩薩人中 生大悲心	어비보살인중 생대비심
應作是念	응작시념
如是之人 則爲大失	여시지인 즉위대실
如來方便 隨宜說法	여래방편 수의설법
不聞不知 不覺不問	불문부지 불각불문

2. 훗날 깨달음을 이룰 때, 이들이 법화경 깨닫기를 서원하라.

我得阿耨多羅三藐三菩提時	아득아뇩다라삼먁삼보리시
隨在何地 以神通力智慧力	수재하지 이신통력지혜력
引之 令得住是法中	인지 영득주시법중

또 문수사리 보살마하살이여,
훗날 말세에 법이 멸하려 할 때에
이 법화경을 수지하는 자가 있다면
재가자나 출가자에게 크게 사랑하는 마음을 내어야 하며,
보살 아닌 사람들에게 크게 불쌍히 여기는 마음을 내어야 하나니,
마땅히 이와 같이 생각하라.
'이 사람들이 크게 잃어버린바 되었으니
여래께서 방편으로 사람들의 근기 따라 법을 설하셨음을
듣지도 알지도 깨닫지도 묻지도 못하는구나.'

'내가 아뇩다라삼먁삼보리를 얻을 때에는
어느 곳에 있든지 신통력과 지혜의 힘으로
이들을 이끌어서 그 법 가운데에 머무르게 하리라.'

삽화 일곱. 왕의 상투 속 구슬의 비유

계주髻珠의 비유.
왕이 최후의 순간이 되어야 상투 속 보물을 내어주듯이,
법화경도 여래가 마지막에 내어주는 최고의 법보이다.
그래서 여래께선 법화경에서 수기를 주시는 것이다.

[제14/안락행품] 58일차
왕의 상투 속 구슬의 비유 (계주髻珠의 비유)

1. 왕이 가신에게 상을 내려도 최후까지 상투속 구슬은 주지 않는다.

文殊師利 譬如强力	문수사리 비여강력
轉輪聖王 欲以威勢	전륜성왕 욕이위세
降伏諸國 而諸小王	항복제국 이제소왕
不順其命 時轉輪王	불순기명 시전륜왕
起種種兵 而往討伐	기종종병 이왕토벌
王見兵衆 戰有功者	왕견병중 전유공자
卽大歡喜 隨功賞賜	즉대환희 수공상사
或與田宅 聚落城邑	혹여전택 취락성읍
或與衣服 嚴身之具	혹여의복 엄신지구
或與種種珍寶	혹여종종진보
唯髻中明珠 不以與之	유계중명주 불이여지
所以者何 獨王頂上	소이자하 독왕정상
有此一珠 若以與之	유차일주 약이여지
王諸眷屬 必大驚怪	왕제권속 필대경괴

문수사리 보살이여, 비유하자면 저 강력한
전륜성왕이 있어 위세를 떨치고자
모든 나라들을 굴복시킬 때에, 소국의 왕이
그 명에 불순종하면 그 때 왕이
갖가지 병사들을 데리고 토벌에 나서는 법이니라.
그 때 왕이 병사들 중에 전투에서 공을 세운 자를 보면
곧 크게 환희하여 그 공에 따라 상을 주느니라.
밭과 집이나 취락, 성읍까지 주거나
아니면 의복이나 몸을 꾸밀 수 있는
가지가지 보물들을 주기도 하느니라.

그러나 오직 상투 안의 보배 구슬은 주지 않는 법이니
왜냐하면 이는 왕의 머리 위에 오직 하나만 있기 때문이니라.
이 하나밖에 없는 보물을 만약 왕이 준다면
왕의 모든 권속들은 필시 크게 놀라 괴이하게 여길 것이니라.

2. 여래 또한 마의 무리와 싸우면서 공로를 세운 자에게 법의 보물을 주지만, 이 법화경만은 쉬이 주지 않는다.

文殊師利 如來亦復如是	문수사리 여래역부여시
以禪定智慧力 得法國土	이선정지혜력 득법국토
王於三界 而諸魔王	왕어삼계 이제마왕
不肯順伏 如來賢聖諸將	불긍순복 여래현성제장
與之共戰 其有功者	여지공전 기유공자
心亦歡喜 於四衆中	심역환희 어사중중
爲說諸經 令其心悅	위설제경 영기심열

而不爲說 是法華經	이불위설 시법화경

3. 법화경은 여래가 감히 주지 않는 최후의, 최고의 법이다.

此法華經	차법화경
能令衆生 至一切智	능령중생 지일체지
一切世間 多怨難信	일체세간 다원난신
先所未說 而今說之	선소미설 이금설지

此法華經 是諸如來	차법화경 시제여래
第一之說 於諸說中	제일지설 어제설중
最爲甚深 末後賜與	최위심심 말후사여
如彼强力之王 久護明珠	여피강력지왕 구호명주
今乃與之	금내여지

문수사리 보살이여, 여래 또한 마찬가지니라.
선정과 지혜의 힘으로 법의 국토를 얻어
삼계의 왕이 되었으니, 모든 마왕이
순복하지 않는다면 여래는 현인과 성인과 모든 장수들과
더불어 같이 싸우느니라. 그 중에 공로가 있는 자를 보면
또한 심히 기뻐하며 사부대중 가운데
모든 경들을 설하여 그 마음을 기쁘게 하느니라.

그러나 이 법화경만은 쉬이 설하지 않느니라.

이 법화경은
능히 중생으로 하여금 일체지에 이르게 하지만
일체 세간이 믿기 어려워 원망이 많으므로
일찍이 설하지 않다가 이제야 설하는 것이니라.

이 법화경은 모든 부처님들의
제일가는 설법이니 모든 설법들 가운데에서
가장 깊고 심오하여 맨 나중에 주는 것이니라.
마치 저 강한 왕이 오랫동안 보물 구슬을 갖고 있다가
이제야 주는 것과 같으니라."

[제15/종지용출품] 59일차
땅 아래에서 법화경을 수호하는 수많은 보살들이 올라오다

1. 타방에서 온 보살들이 법화경 수호하기를 청하다.

爾時 他方國土 諸來菩薩摩訶薩	이시 타방국토 제래보살마하살
過八恒河沙數 於大衆中起立	과팔항하사수 어대중중기립
合掌作禮 而白佛言	합장작례 이백불언
世尊 若聽我等	세존 약청아등
於佛滅後 在此娑婆世界	어불멸후 재차사바세계
勤加精進 護持讀誦	근가정진 호지독송
書寫供養 是經典者	서사공양 시경전자

2. 석가모니불께는 예부터 법화경을 수호하던 보살들이 육만 항하강의 모래 수만큼 있다.

爾時 佛告諸菩薩摩訶薩衆	이시 불고제보살마하살중
止善男子 不須汝等	지선남자 불수여등
護持此經 所以者何	호지차경 소이자하
我娑婆世界 自有六萬恒河沙等	아사바세계 자유육만항하사등
菩薩摩訶薩 一一菩薩	보살마하살 일일보살
各有六萬 恒河沙眷屬	각유육만 항하사권속
是諸人等 能於我滅後	시제인등 능어아멸후
護持讀誦 廣說此經	호지독송 광설차경

佛說是時 娑婆世界	불설시시 사바세계
三千大千國土 地皆震裂	삼천대천국토 지개진열
而於其中 有無量千萬億	이어기중 유무량천만억
菩薩摩訶薩 同時湧出	보살마하살 동시용출

그 때에 다른 방위의 국토에서 온 모든 보살마하살들이
여덟 항하강의 모래 수만큼 있었는데, 대중 가운데서 일어나
합장하며 예를 표하며 부처님께 사뢰었다.
"세존이시여! 만약 저희들에게
부처님께서 멸도하신 후에 사바세계에 있으라고 하신다면
저희들이 부지런히 정진하면서 이 경을 받들어 지켜 읽고 외우며
베껴 쓰고 공양하겠습니다."

그 때에 부처님께서 모든 보살마하살의 무리에게 말씀하셨다.
"그만두어라, 선남자들이여. 너희들까지
이 경을 보호할 필요는 없느니라. 왜냐하면
내 사바세계에는 육만 항하강의 모래 수만큼의
보살마하살들이 있고, 그 보살 하나하나는
각기 육만 항하강의 모래 수만큼의 권속들이 있느니라.
이들은 내가 멸도한 후에 능히
이 경을 보호하고 지키고 읽고 외워 널리 설할 수 있느니라."

부처님께서 이 말씀을 하실 때에 사바세계의
삼천대천국토의 땅이 전부 다 흔들리면서 갈라지더니
그 가운데에 무량한 천 만억의
보살마하살들이 동시에 솟아올라왔다.

3. 땅 아래에서 보살들이 솟아나 석가세존과 다보불께 예배드리다.

是諸菩薩 身皆金色　　　　시제보살 신개금색
三十二相 無量光明　　　　삼십이상 무량광명
先盡在此 娑婆世界之下　　선진재차 사바세계지하
此界虛空中住　　　　　　차계허공중주
是諸菩薩 聞釋迦牟尼佛　　시제보살 문석가모니불
所說音聲 從下發來　　　　소설음성 종하발래

是諸菩薩 從地出已　　　　시제보살 종지출이
各詣虛空 七寶妙塔　　　　각예허공 칠보묘탑
多寶如來 釋迦牟尼佛所　　다보여래 석가모니불소
到已 向二世尊　　　　　　도이 향이세존
頭面禮足 及至諸寶樹下　　두면예족 급지제보수하
師子座上佛所 亦皆作禮　　사자좌상불소 역개작례

以諸菩薩 種種讚法　　　　　　이제보살 종종찬법
而讚於佛 如是時間 經五十小劫　이찬어불 여시시간 경오십소겁

五十小劫 佛神力故　　　　오십소겁 불신력고
令諸大衆 謂如半日　　　　영제대중 위여반일

이 모든 보살들은 몸이 다 금빛으로
삼십이상을 갖추어 무량 광명을 내는데
이전에는 사바세계 아래
세계의 허공 가운데에 머무르고 있었다.
이 모든 보살들이 석가모니 부처님께서
설하시는 음성을 듣고 이를 쫓아 올라온 것이었다.

이 모든 보살들은 땅에서부터 솟아난 이후
각기 허공에 이르러 칠보의 묘탑에 계신
다보여래와 석가모니 부처님의 처소에
이르러 두 세존을 향하여
그 발아래 머리와 얼굴을 굽혀 예배하였고, 또한 모든 보배 나무 아래의
사자좌에 앉으신 석가모니 부처님의 분신들께도 예를 표하였다.

이 모든 보살들이 갖가지 찬탄하는 법으로
부처님을 찬탄하였는데 그 시간이 오십 소겁이나 걸렸다.

오십 소겁이나 지났지만 부처님의 위신력으로
대중들에게는 반나절처럼 여겨졌다.

[제15/종지용출품] 60일차
여래는 피곤치 않고 싫증냄 없이 끝없이 중생을 제도한다.

1. 4명의 최상수 보살들이 석가여래께 문안드리다.

爾時 四衆 亦以佛神力故	이시 사중 역이불신력고
見諸菩薩 遍滿無量	견제보살 변만무량
百千萬億 國土虛空	백천만억 국토허공
是菩薩衆中 有四導師	시보살중중 유사도사
一名上行 二名無邊行	일명상행 이명무변행
三名淨行 四名安立行	삼명정행 사명안립행
是四菩薩 於其衆中	시사보살 어기중중
最爲上首 唱導之師	최위상수 창도지사

爾時 四大菩薩 而說偈言	이시 사대보살 이설게언
世尊安樂 少病少惱	세존안락 소병소뇌
敎化衆生 得無疲倦	교화중생 득무피권
又諸衆生 受化易不	우제중생 수화이부
不令世尊 生疲勞耶	불령세존 생피로야

그 때에 사부대중들도 부처님의 위신력으로
그 모든 보살들이 한량없는
백 천 만억 세계 허공에 가득함을 보았다.
그 보살들의 무리 가운데에 네 명의 도사가 있었는데
첫째는 상행이라 이름 하였고 둘째는 무변행,
셋째는 정행, 넷째는 안립행이라 하였다.
그 네 보살들은 그 무리 가운데에서
가장 으뜸가는 최상수 보살로써 무리를 이끄는 자들이었다.

그 때에 네 대보살들이 게송으로 말하였다.
"세존께서는 안락하십니까. 아프거나 걱정되심은 없으십니까.
중생을 교화하는 데에 피곤하시지는 않으십니까.
또 모든 중생들은 쉬이 교화를 받는지요.
혹 세존으로 하여금 피로케 하진 않습니까?"

2. 여래는 중생을 제도하는데 피곤치 않고 싫증냄이 없다.

爾時世尊	이시세존
於菩薩大衆中 而作是言	어보살대중중 이작시언
如是如是 諸善男子	여시여시 제선남자
如來安樂 少病少惱	여래안락 소병소뇌
諸衆生等 易可化度	제중생등 이가화도
無有疲勞 所以者何	무유피로 소이자하
是諸衆生 世世已來	시제중생 세세이래
常受我化 亦於過去諸佛	상수아화 역어과거제불
恭敬尊重 種諸善根	공경존중 종제선근

3. 여래는 소승도 포기하지 않는다.

除先修習 學小乘者	제선수습 학소승자
如是之人 我今亦令	여시지인 아금역령
得聞是經 入於佛慧	득문시경 입어불혜

그 때에 세존께서
보살과 대중 가운데에서 말씀하셨다.
"그렇다, 그렇다, 모든 선남자들이여.
여래는 안락하며 병도 없고 걱정도 없으니
모든 중생들은 교화하고 제도하는 것이 쉬워서
피로치 않느니라. 왜냐하면
이 모든 중생들은 세세토록
항상 나의 교화를 받아왔으며 또한 과거 모든 부처님들을
공경하고 존중해오면서 모든 선근을 심어왔기 때문이니라.

다만 앞서서 소승을 배우고 익혔던 자들은 제외되었으나
그런 이들도 다시 내가 이제
이 법화경을 듣게 하여 부처님의 지혜에 들어가도록 하리라."

[제15/종지용출품] 61일차

미륵보살의 의문 - 이 많은 대보살들은 어디서 왔는가?

1. 땅에서 솟아나온 육만 항하강의 모래 수만큼의 수많은 보살들을 보고 미륵보살이 놀라다.

爾時 彌勒菩薩	이시 미륵보살
及八千恒河沙	급팔천항하사
諸菩薩衆 皆作是念	제보살중 개작시념
我等 從昔已來 不見不聞	아등 종석이래 불견불문
如是 大菩薩摩訶薩衆	여시 대보살마하살중
從地湧出 住世尊前	종지용출 주세존전
合掌供養 問訊如來	합장공양 문신여래

2. 미륵보살이 세존께 이 대보살들이 어디서부터 왔는지를 여쭈다.

時 彌勒菩薩摩訶薩	시 미륵보살마하살
知八千恒河沙 諸菩薩等	지팔천항하사 제보살등
心之所念 幷欲自決所疑	심지소념 병욕자결소의
合掌向佛 以偈問曰	합장향불 이게문왈
無量千萬億 大衆諸菩薩	무량천만억 대중제보살
昔所未曾見 願兩足尊說	석소미증견 원양족존설
是從何所來 以何因緣集	시종하소래 이하인연집
巨身大神通 智慧叵思議	거신대신통 지혜파사의
其志念堅固 有大忍辱力	기지념견고 유대인욕력

그 때에 미륵보살과
팔천 항하강 모래 수만큼의
모든 보살 무리들이 다 이처럼 생각하였다.
'우리들은 일찍이 이와 같은 일을 보지도 듣지도 못하였도다.
이처럼 많은 대보살마하살의 무리들이
땅에서 솟아나 세존 앞에 머물러
합장하고 공양하고 여래께 여쭙는 일을 보지도 듣지도 못하였다.'

그 때에 미륵보살마하살이
팔천 항하강 모래수의 모든 보살들이
그 마음에 생각하는 바를 알고, 또 자기의 의심도 같이 해결하고자
부처님을 향해 합장하고 게송으로 여쭈었다.
"무량한 천만 억의 대보살의 이 모든 무리들은
일찍이 본 적 없는 이들이니, 원컨대 양족존께서
이들이 어디서 왔는지, 어떠한 인연으로 이리 모였는지 설해주시옵소서.
이들은 거대한 몸에 큰 신통을 가지며 생각하기 어려운 지혜를 지녔으니
그 뜻이 견고하여 큰 인욕의 힘이 있는 자들이옵니다.

3. "누가 이러한 대보살들을 제도하여 성취시킨 것입니까?"

一一諸菩薩 所將諸眷屬	일일제보살 소장제권속
其數無有量 如恒河沙等	기수무유량 여항하사등
或有大菩薩 將六萬恒沙	혹유대보살 장육만항사

是諸大威德 精進菩薩衆	시제대위덕 정진보살중
誰爲其說法 敎化而成就	수위기설법 교화이성취
從誰初發心 稱揚何佛法	종수초발심 칭양하불법
受持行誰經 修習何佛道	수지행수경 수습하불도

이 하나하나의 보살은 전부 다 자기의 권속들을 거느리고 있으니
그 수가 한량없으며 항하강의 모래수와 같나이다.
어떤 대보살들은 육만 항하의 모래만큼의 권속들을 거느리고 있습니다.

이 모든 대위덕을 갖추고 정진하는 보살의 무리들을
누가 설법해주고 교화하여 이처럼 성취시켰나이까?
누구를 따라 처음 발심하였고, 어떤 부처님의 법을 일컬었으며
누구의 경전을 받아 지녀, 어떤 부처님의 도를 닦아 익힌 것입니까?"

[제15/종지용출품] 62일차
석가모니불께서 미륵보살에게 답하시다.

1. 석가모니 부처님께서 미륵보살의 질문에 답하시다.

爾時 釋迦牟尼佛 告彌勒菩薩	이시 석가모니불 고미륵보살
善哉善哉 阿逸多	선재선재 아일다
乃能問佛 如是大事	내능문불 여시대사
汝等 當共一心	여등 당공일심
被精進鎧 發堅固意	피정진개 발견고의
如來今欲 顯發宣示	여래금욕 현발선시
諸佛智慧 諸佛自在神通之力	제불지혜 제불자재신통지력
諸佛師子奮迅之力	제불사자분신지력
諸佛威猛大勢之力	제불위맹대세지력

2. 이 6만 항하강의 모래 수만한 대보살들은 다 석가여래께서 깨달음을 이루신 후에 교화한 이들이다.

我今於此大衆 宣告汝等	아금어차대중 선고여등
阿逸多 是諸大菩薩摩訶薩	아일다 시제대보살마하살
無量無數 阿僧祇 從地湧出	무량무수 아승기 종지용출
汝等 昔所未見者	여등 석소미견자
我於是娑婆世界	아어시사바세계
得阿耨多羅三藐三菩提已	득아뇩다라삼먁삼보리이
敎化示導 是諸菩薩	교화시도 시제보살
調伏其心 令發道意	조복기심 영발도의

그 때에 석가모니불께서 미륵보살에게 이르시었다.
"장하고 장하다, 아일다여.
부처님께 능히 이와 같은 큰일에 대해 물으니 훌륭하도다.
너희들은 마땅히 함께 일심으로
정진의 갑옷을 입고 견고한 뜻을 발할지니라.
여래는 이제 모든 부처님의 능력을 나타내 베풀어 보이고자 하니
모든 부처님의 지혜와 모든 부처님의 자재한 신통의 힘과
모든 부처님께서 사자처럼 용맹스럽게 떨쳐 일어나는 힘과
모든 부처님의 위엄과 용맹의 큰 힘을 보여주리라.

내가 이제 이 대중과 너희들에게 고하나니,
아일다여, 이 모든 대보살마하살들 곧
땅에서 솟아난 무량무수의 아승기의 보살들은
너희들이 일찍이 보지 못한 이들로
내가 사바세계에서
아뇩다라삼먁삼보리를 얻은 이후에
이끌고 교화한 이들이니라. 내가 이 모든 보살들이
그 마음을 조복 받아 진리 구하는 뜻을 내도록 하였느니라.

3. 석가여래께서 가야성에서 아뇩다라삼먁삼보리를 이루신 후에 교화하신 이들이 이처럼 많다.

我於伽耶城 菩提樹下坐	아어가야성 보리수하좌
得成最正覺 轉無上法輪	득성최정각 전무상법륜
爾乃敎化之 令初發道心	이내교화지 영초발도심
今皆住不退 悉當得成佛	금개주불퇴 실당득성불
我今說實語 汝等一心信	아금설실어 여등일심신
我從久遠來 敎化是等衆	아종구원래 교화시등중

내가 가야성의 보리수나무 아래에 앉아
가장 높고 바른 깨달음을 성취한 후 위없는 법륜을 굴려
이들을 교화하여 진리에 대한 마음을 처음 내게 하여
이제 이들이 다 불퇴전의 경지에 이르렀으니 마땅히 다 성불할 것이니라.
내가 지금 설하는 것은 진실한 말이니 너희들은 일심으로 믿을지니라.
나는 아득히 먼 옛날부터 이 무리들을 교화하여 왔느니라."

[제15/종지용출품] 63일차
미륵보살이 부처님의 말씀에 의혹을 품다.

1. 미륵보살과 대중이 감히 의심하다

爾時 彌勒菩薩摩訶薩	이시 미륵보살마하살
及無數諸菩薩等	급무수제보살등
心生疑惑 怪未曾有	심생의혹 괴미증유
而作是念 云何世尊	이작시념 운하세존
於少時間 教化如是	어소시간 교화여시
無量無邊 阿僧祇 諸大菩薩	무량무변 아승기 제대보살

2. '어떻게 그 짧은 시간에 이 많은 보살들을 다 교화하셨단 말인가?'

即白佛言	즉백불언
世尊 如來	세존 여래
爲太子時 出於釋宮	위태자시 출어석궁
去伽耶城不遠 坐於道場	거가야성불원 좌어도량
得成阿耨多羅三藐三菩提	득성아뇩다라삼먁삼보리
從是已來 始過四十餘年	종시이래 시과사십여년
世尊 云何於此少時	세존 운하어차소시
大作佛事	대작불사

世尊 此大菩薩衆	세존 차대보살중
假使有人 於千萬億劫	가사유인 어천만억겁
數不能盡 不得其邊	수불능진 부득기변
斯等 久遠已來	사등 구원이래
於無量無邊諸佛所	어무량무변제불소
植諸善根 成就菩薩道	식제선근 성취보살도
常修梵行	상수범행

그 때에 미륵보살마하살과
무수한 보살의 무리들이 전부
그 마음에 의혹을 품으며 일찍이 없던 괴이한 일에
이렇게 생각하였다. '어떻게 세존께서는
그 짧은 시간에 이처럼
무한하고 끝없이 많은 아승기 수의 모든 대보살들을 교화하셨단 말인가?'

이에 곧 (미륵보살이) 부처님께 사뢰었다.
"세존이시여, 여래께서
태자이실 때에 석가족의 궁궐에서 나오셔서
가야성에서 멀지 않은 도량에 앉으셔서
아뇩다라삼먁삼보리를 성취하셨지만
그 때 이후로 40여 년 밖에 지나지 않았습니다.
세존께서는 어떻게 그 짧은 시간에
이런 큰 불사를 이루셨습니까?

세존이시여, 이 대보살의 무리는
가령 어떤 사람이 천만억겁 동안
세도 셀 수 없으며 그 끝도 알 수 없습니다.
게다가 이 무리들은 아주 먼 옛적부터
무량하고 끝없는 모든 부처님의 처소에서
모든 선근을 심고 보살도를 성취하고
항상 범행을 닦은 자들입니다.

3. 미륵보살의 비유 - 거꾸로 된 젊은이와 노인의 비유

世尊 如此之事	세존 여차지사
世所難信 譬如有人	세소난신 비여유인
色美髮黑 年二十五	색미발흑 연이십오
指百歲人 言是我子	지백세인 언시아자
其百歲人 亦指年少	기백세인 역지년소
言是我父 生育我等	언시아부 생육아등
是事難信 佛亦如是	시사난신 불역여시
得道已來 其實未久	득도이래 기실미구
而此大衆 諸菩薩等	이차대중 제보살등
已於無量 千萬億劫	이어무량 천만억겁
爲佛道故 勤行精進	위불도고 근행정진
唯然世尊 願爲解說	유연세존 원위해설
諸我等疑 及未來世	제아등의 급미래세
諸善男子 聞此事已	제선남자 문차사이
亦不生疑	역불생의

세존이시여, 이러한 일은
세간에서 믿기 어렵습니다. 비유하자면 어떤
머릿결이 곱고 검은 25살의 젊은이가
100세의 노인을 가리켜 "이는 나의 아들이다." 하는 것과 같고,
그 100세의 노인이 또한 젊은이를 가리켜
"나의 아버지이며 나를 낳아 길렀다." 하는 것과 같습니다.
이는 믿기 어려운 일입니다. 부처님께서도 이와 같이
성도하신 지 그리 오래되지 않았는데
이 모든 보살의 무리들은
무한한 천만억겁의 시간 동안 벌써
불도를 닦아 부지런히 정진해온 상태입니다.

원컨대 세존이시여, 부디 이를 설명해주십시오.
저희 모두의 의심을 해소해주시고, 또한 미래세에
모든 선남자들이 이 일을 듣고
또 의혹이 생겨나지 않도록 해주시옵소서!"

[제16/여래수량품] 64일차
석가모니불께선 백천만억 나유타겁 이전에 성불하셨다.

1. "너희들은 여래의 진실한 말을 듣고 이해하고 믿어야 하느니라."

爾時 佛告諸菩薩 及一切大衆　　이시 불고제보살 급일체대중
諸善男子 汝等當信解　　　　　　제선남자 여등당신해
如來誠諦之語　　　　　　　　　　여래성체지어
復告大衆 汝等當信解　　　　　　부고대중 여등당신해
如來誠諦之語　　　　　　　　　　여래성체지어
又復告諸大衆 汝等當信解　　　　우부고제대중 여등당신해
如來誠諦之語　　　　　　　　　　여래성체지어

2. 제자들이 법 듣기를 청하다.

是時 菩薩大衆　　　　　　　　　시시 보살대중
彌勒爲首 合掌白佛言　　　　　　미륵위수 합장백불언
世尊 唯願說之　　　　　　　　　세존 유원설지
我等 當信受佛語　　　　　　　　아등 당신수불어
如是三白已 復言　　　　　　　　여시삼백이 부언
唯願說之　　　　　　　　　　　　유원설지
我等 當信受佛語　　　　　　　　아등 당신수불어

그 때에 부처님께서 모든 보살과 일체 대중들에게 말씀하시었다.
"모든 선남자들이여, 너희들은 마땅히
여래의 진실한 말을 정성스레 듣고서 믿고 이해해야 하느니라."
또 다시 대중들에게 이르시었다. "너희들은 마땅히
여래의 진실한 말을 정성스레 듣고서 믿고 이해해야 하느니라."
또 다시 대중들에게 이르시었다. "너희들은 마땅히
여래의 진실한 말을 정성스레 듣고서 믿고 이해해야 하느니라."

그 때에 보살대중이
미륵보살을 대표로 위시하여 합장한 채 부처님께 사뢰었다.
"세존이시여, 오직 원컨대 설하여 주시옵소서.
저희들이 마땅히 부처님의 말씀을 믿고 받아들이겠나이다."
이처럼 세 번을 사뢴 뒤에도 또 다시 사뢰었다.
"오직 원컨대 설하여 주시옵소서.
저희들이 마땅히 부처님의 말씀을 믿고 받아들이겠나이다."

3. 여래께선 무량겁 이전에 이미 아뇩다라삼먁삼보리를 이루셨다.[5]

爾時世尊	이시세존
知諸菩薩 三請不止	지제보살 삼청부지
而告之言 汝等諦聽	이고지언 여등체청
如來祕密 神通之力	여래비밀 신통지력
一切世間天人 及阿修羅	일체세간천인 급아수라
皆謂今 釋迦牟尼佛	개위금 석가모니불
出釋氏宮 去伽耶城不遠	출석씨궁 거가야성불원
坐於道場 得阿耨多羅三藐三菩提	좌어도량 득아뇩다라삼먁삼보리
然 善男子	연 선남자
我實成佛已來 無量無邊	아실성불이래 무량무변
百千萬億 那由他劫	백천만억 나유타겁

---

5 490 페이지 "4) 부처님께서는 스승 없이 스스로 최초불이 되셨습니다"

그 때에 세존께서
모든 보살이 세 번이나 청하고도 그치지 않음을 아시고
고하여 말씀하시었다. "너희들은 주의하여 들으라.
여래의 비밀과 신통의 힘을 들으라.
일체 세간과 하늘 사람 및 아수라들은
전부 다 지금 석가모니불이
석가족의 궁궐에서 나와서 가야성에서 멀지 않은
도량에 앉아 아뇩다라삼먁삼보리를 얻은 것으로 알고 있느니라.
그렇지만 선남자들이여
내가 실제 성불한 지는 벌써 무한하고 끝없는
백 천 만억 나유타 겁 이전이니라."

[제16/여래수량품] 65일차
여래의 수명은 가히 누구도 측량하지 못한다.

1. 오백진점겁五百塵點劫의 비유

譬如五百千萬億 那由他	비여오백천만억 나유타
阿僧祇 三千大天世界	아승기 삼천대천세계
假使有人 抹爲微塵	가사유인 말위미진
過於東方 五百千萬億	과어동방 오백천만억
那由他 阿僧祇國	나유타 아승기국
乃下一塵 如是東行	내하일진 여시동행
盡是微塵 諸善男子	진시미진 제선남자
於意云何 是諸世界	어의운하 시제세계
可得思惟校計 知其數不	가득사유교계 지기수부

(석가모니불께서 말씀하셨다)
"비유컨대, 오백 천 만억 나유타
아승기의 삼천대천세계를
가령 어떤 사람이 다 갈아서 티끌로 만들었다고 하자.
그리고 동쪽으로 오백 천 만억
나유타 아승기의 나라들을 지나가서
티끌 하나를 떨어뜨리되 이처럼 계속 동쪽으로 가면서
그 티끌들을 다 떨어뜨렸다고 하자. 선남자들이여,
어떻게 생각하느냐. 이 모든 세계를
가히 생각으로 헤아리거나 그 수를 알 수 있겠느냐?"

2. 여래의 수명은 누구도 측량할 수 없다.

彌勒菩薩等 俱白佛言	미륵보살등 구백불언
世尊 是諸世界	세존 시제세계
無量無邊 非算數所知	무량무변 비산수소지
亦非心力所及	역비심력소급
一切聲聞 辟支佛	일체성문 벽지불
以無漏智 不能思惟	이무루지 불능사유
知其限數	지기한수

爾時 佛告大菩薩衆	이시 불고대보살중
諸善男子 今當分明	제선남자 금당분명
宣語汝等 是諸世界	선어여등 시제세계
若着微塵 及不着者	약착미진 급불착자
盡以爲塵 一塵一劫	진이위진 일진일겁
我成佛已來 復過於此	아성불이래 부과어차
百千萬億 那由他 阿僧祇劫	백천만억 나유타 아승기겁

3. 여래는 무한한 시간 이전부터 항상 사바세계와 다른 세계에서 중생을 교화해왔다.

自從是來 我常在此	자종시래 아상재차
娑婆世界 說法敎化	사바세계 설법교화
亦於餘處 百千萬億	역어여처 백천만억
那由他 阿僧祇國	나유타 아승기국
導利衆生	도리중생

미륵보살과 무리들이 함께 부처님께 아뢰었다.
"세존이시여, 이 모든 세계는
무한하고 끝이 없어 그 수를 계산하여 알 수가 없습니다.
생각의 힘이 미칠 수도 없습니다.
일체 성문과 벽지불과
무루지가 사유하기 불가능하니
그 수의 한계를 알 수가 없습니다."

그 때에 부처님께서 대보살의 무리들에게 말씀하시었다.
"모든 선남자들이여, 내가 분명히 지금
너희에게 말하노니 이 모든 세계 중
티끌이 떨어진 곳과 티끌이 떨어지지 않은 곳 모두를
다시 티끌로 만들어 티끌 하나를 1겁으로 친다 해도
내가 성불한 지는 그보다 더 오래되어
백 천 만억 나유타 아승기겁 이전이니라.

그 때 이후로 나는 항상
사바세계에 있어 법을 설하며 중생들을 교화해왔고
또한 다른 백 천 만억
나유타 아승기의 국토에서도 역시
중생들을 이롭게 하여왔느니라.

[제16/여래수량품] 66일차
여래는 영원불멸하나 방편으로 열반에 든다고 말한다.

1. 과거에 수기를 받았다는 말, 장차 열반한다는 말은 다 방편이다.

諸善男子 於是中間　　제선남자 어시중간
我說燃燈佛等　　　　　아설연등불등
又復言其 入於涅槃　　우부언기 입어열반
如是 皆以方便分別　　여시 개이방편분별

2. 중생의 근기에 맞춰 여래는 상황에 따라 다르게 말한다.

諸善男子 若有眾生　　제선남자 약유중생
來至我所 我以佛眼　　내지아소 아이불안
觀其信等 諸根利鈍　　관기신등 제근이둔
隨所應度 處處自說　　수소응도 처처자설
名字不同 年紀大小　　명자부동 연기대소
亦復現言 當入涅槃　　역부현언 당입열반

3. 젊은 나이에 출가해 성불했다 하는 것도 방편이다.

諸善男子　　　　　　　　제선남자
如來 見諸眾生　　　　　여래 견제중생
樂於小法 德薄垢重者　　낙어소법 덕박구중자
為是人說 我少出家　　　위시인설 아소출가
得阿耨多羅三藐三菩提　득아뇩다라삼먁삼보리
然我實成佛已來 久遠若斯　연아실성불이래 구원약사
但以方便 教化眾生　　　단이방편 교화중생
令入佛道　　　　　　　　영입불도

모든 선남자들이여, 그 동안에
나는 연등부처님과 다른 부처님에 대해 설하였으며
또한 그 분들이 열반에 드셨다고 말하였으나
이는 모두 다 방편으로 분별한 것이니라.

모든 선남자들이여, 어떤 중생이
나의 처소로 오면 나는 불안으로
그의 믿음과 근기가 날카로운지 둔한지를 살펴서
응할 바를 따라 곳곳에서 스스로 설하되
그 이름을 달리하기도 하며 수명을 많거나 적게 하여 말하느니라.
또한 이제 마땅히 열반에 들리라고 말하기도 하느니라.

모든 선남자들이여,
여래가 모든 중생을 볼 때
작은 법을 즐기고 공덕은 엷으면서 죄는 무거운 것을 보니
이러한 이들을 위하여 내가 젊어서 출가하여
아뇩다라삼먁삼보리를 얻었다고 말하는 것이로되
실제 내가 성불한 지는 이와 같이 오래되었느니라.
다만 방편으로 중생들을 교화하여
불도에 들게 하기 위함이로다.

[제16/여래수량품] 67일차
여래는 삼계三界와 같이 삼계를 인식하지 않는다.

1. 여래의 방편은 헛되지 않다.

諸善男子	제선남자
如來所演經典 皆爲度脫衆生	여래소연경전 개위도탈중생
或說己身 或說他身	혹설기신 혹설타신
或示己身 或示他身	혹시기신 혹시타신
或示己事 或示他事	혹시기사 혹시타사
諸所言說 皆實不虛	제소언설 개실불허

2. 여래는 삼계三界 속 중생처럼 삼계를 보지 않는다.

所以者何 如來	소이자하 여래
如實知見 三界之相	여실지견 삼계지상
無有生死 若退若出	무유생사 약퇴약출
亦無在世 及滅度者	역무재세 급멸도자
非實非虛 非如非異	비실비허 비여비이
不如三界 見於三界	불여삼계 견어삼계
如斯之事 如來明見	여사지사 여래명견
無有錯謬	무유착류

3. 여래는 중생들을 구제하기 위해 각종 비유와 언사를 설한다.

以諸衆生 有種種性 種種欲	이제중생 유종종성 종종욕
種種行 種種憶想分別故	종종행 종종억상분별고
欲令生諸善根 以若干因緣	욕령생제선근 이약간인연
譬喻言辭 種種說法	비유언사 종종설법
所作佛事 未曾暫廢	소작불사 미증잠폐

모든 선남자들이여,
여래가 설하는 경전은 모두 다 중생을 제도하여 해탈시키기 위한 것으로
혹 나의 몸을 설하거나 혹 타인의 몸을 설하기도 하고
혹 나의 몸을 보여주거나 혹 타인의 몸을 보여주기도 하고
혹 나의 일을 보여주거나 혹 타인의 일을 보여주기도 하나니
그 모든 설하는 바가 다 진실하여 헛되지 아니하느니라.

왜냐하면 여래는
삼계의 모양을 진실한 그대로 보나니
나고 죽는 것도 없고 물러나거나 나오는 것도 없고
세간에 있거나 멸도 하는 일도 또한 없으니
참도 아니요 거짓도 아니며 같지도 않고 다르지도 않아
삼계와 같게 삼계를 보지 않느니라.
이러한 일들을 여래는 밝게 보아 아나니
착오가 전혀 없느니라.

모든 중생들이 갖가지 성질과 갖가지 욕망,
갖가지 행동과 갖가지 기억, 생각, 분별을 가진 고로
그들로 하여금 선한 근본을 내게 하고자 다양한 인연과
비유와 언사로 갖가지 설법을 하는 것이니
이렇게 불사를 이어나가되 한순간도 그만둔 적이 없었느니라.

[제16/여래수량품] 68일차
여래가 방편으로 멸도해야 중생들이 갈앙의 맘을 낸다.

1.여래의 수명은 무량 아승기겁이다.

如是 我成佛已來	여시 아성불이래
甚大久遠 壽命	심대구원 수명
無量阿僧祇劫 常住不滅	무량아승기겁 상주불멸
諸善男子	제선남자
我本行菩薩道 所成壽命	아본행보살도 소성수명
今猶未盡 復倍上數	금유미진 부배상수

2. 여래가 계속해서 세간에 있으면 중생에게 유익하지 않다.

然 今非實滅度	연 금비실멸도
而便唱言 當取滅度	이변창언 당취멸도
如來 以是方便	여래 이시방편
敎化衆生	교화중생
所以者何 若佛久住於世	소이자하 약불구주어세
薄德之人 不種善根	박덕지인 부종선근
貧窮下賤 貪着五欲	빈궁하천 탐착오욕
入於憶想 妄見網中	입어억상 망견망중
若見如來 常在不滅	약견여래 상재불멸
便起憍恣 而懷厭怠	변기교자 이회염태
不能生難遭之想 恭敬之心	불능생난조지상 공경지심

이처럼 내가 성불한 지는
심히 오래 먼 옛 적으로 그 수명이
무량한 아승기겁이니라. 항상 있어서 멸하지 아니하니
모든 선남자들이여,
내가 본래 보살도를 행하여 이룬 수명만 해도
아직 다하지 않아 그 갑절보다 많으니라.

그렇게 실제 멸도하지 않으면서도
'응당 멸도하리라' 고 말하는 것은
여래가 방편으로
중생을 교화하는 것이니라.
왜냐하면 만약 부처님이 세간에 오래 머물면
박덕한 사람들이 선한 뿌리를 심지 않고
빈궁하고 하천하여 오욕락에 탐착하게 되어
억측과 망상의 그물에 들어가 잡히느니라.
만약 여래가 항상 있어서 불멸하는 것을 본다면
교만하고 방자한 마음이 문득 일어나서 방일하며 싫증을 내니
만나 뵙기 어렵다는 생각이나 공경하는 맘을 내지 않게 되느니라.

3. 여래가 멸한다고 해야 중생이 갈앙하는 마음을 낸다.

是故如來 以方便說 　　시고여래 이방편설
比丘當知 諸佛出世 　　비구당지 제불출세
難可値遇 　　　　　　　난가치우

諸比丘 如來難可得見 　제비구 여래난가득견
斯衆生等 聞如是語 　　사중생등 문여시어
必當生於 難遭之想 　　필당생어 난조지상
心懷戀慕 渴仰於佛 　　심회연모 갈앙어불
便種善根 是故如來 　　변종선근 시고여래
雖不實滅 而言滅度 　　수불실멸 이언멸도

이런 고로 여래는 방편으로 말하길
"비구들아 마땅히 알라 모든 부처님들께서 세간에 출현키는
어려우니 만나 뵙기 어려우니라."

"모든 비구들아, 여래를 뵙기란 가히 어려우니라."
중생들이 이러한 말을 들으면
필시 만나 뵙기 어렵다는 생각을 내나니
마음으로 연모하며 부처님을 갈앙하게 되느니라.
그래야 선한 근본을 심게 되므로 그래서 여래는
비록 실제로 멸하지 않으나 멸도를 말하느니라.

삽화 여덟. 의사와 아들의 비유

의자醫子의 비유.
의사는 아들들이 스스로 약을 먹도록 만들기 위해서
자신이 죽었다고 방편으로 전한다.
회한 속에서 오히려 아버지의 가르침을 사모함이 더 커지기 때문이다.
여래는 사실 열반할 필요가 없지만 중생들이 스스로 대승을 따르도록 하려고
방편으로 열반을 보인다.

[제16/여래수량품] 69일차
의사와 아들의 비유 (의자醫子 비유)

1. 의사는 아들들의 병을 치료할 수 있는 약이 있다.

譬如良醫 智慧聰達	비여양의 지혜총달
明練方藥 善治衆病	명련방약 선치중병
其人 多諸子息	기인 다제자식

以有事緣 遠至餘國	이유사연 원지여국
諸子於後 飮他毒藥	제자어후 음타독약

是時其父 還來歸家	시시기부 환래귀가
諸子飮毒 或失本心	제자음독 혹실본심
或不失者	혹불실자

父見子等 苦惱如是	부견자등 고뇌여시
依諸經方 求好藥草	의제경방 구호약초

비유하자면 어떤 지혜롭고 총명하여 달통한 양의가 있었는데
각종 처방과 약에 밝고 능하여 온갖 병을 잘 치료하였느니라.
그 사람에게는 자식이 여럿 있었느니라.

근데 어떤 사연이 있어 먼 나라로 갔는데
그 뒤에 아들들이 전부 독약을 마셨느니라.

그 아버지가 집에 돌아왔을 때에 보니
아들들이 독을 마셨는데 어떤 애는 본심을 잃어버린 경우도 있었고
잃지 않은 경우도 있었느니라.

아버지는 아들들이 괴로워하는 걸 보고는
각종 처방에 의거하여 좋은 약초를 구해주었느니라.

2. 약을 주어도 본심을 잃어버린 아들들은 약을 먹지 않는다.

其諸子中 不失心者　　　기제자중 불실심자
見此良藥 色香俱好　　　견차양약 색향구호
卽便服之 病盡除愈　　　즉변복지 병진제유

餘失心者 見其父來　　　여실심자 견기부래
雖亦 歡喜問訊　　　　　수역 환희문신
求索治病 然與其藥　　　구색치병 연여기약
而不肯服 所以者何　　　이불긍복 소이자하
毒氣深入 失本心故　　　독기심입 실본심고
於此好色香藥 而謂不美　어차호색향약 이위불미

그 아들 중에서 본심을 잃지 않은 애들은
좋은 약을 보자 그 색과 향이 좋은 걸 알고
곧 복용하여 그 병이 깨끗이 나았느니라.

그러나 다른 본심을 잃은 아이들은 아버지가 온 것을 보고
비록 같이 기뻐하며
그 병을 치료할 약을 달라고 했으나
그 약을 먹지는 않았으니, 왜냐하면
독기에 깊이 오염되어 본심을 잃은 고로
그 색과 향이 좋은 약을 좋지 않다고 여겼기 때문이니라.

3. 아버지는 아들들의 맘을 바꾸려 타국에서 죽었다고 전한다.

父作是念 此子可愍	부작시념 차자가민
爲毒所中 心皆顚倒	위독소중 심개전도
雖見我喜 求索救療	수견아희 구색구료
如是好藥 而不肯服	여시호약 이불긍복

卽作是言 汝等當知	즉작시언 여등당지
我今衰老 死時已至	아금쇠로 사시이지
是好良藥 今留在此	시호양약 금류재차
汝可取服 勿憂不差	여가취복 물우불차

作是敎已 復至他國	작시교이 부지타국
遣使還告 汝父已死	견사환고 여부이사
是時諸子 聞父背喪	시시제자 문부배상
心大憂惱	심대우뇌

今者捨我 遠喪他國	금자사아 원상타국
自惟孤露 無復恃怙	자유고로 무부시호

常懷悲感 心遂醒悟	상회비감 심수성오
乃知此藥 色味香美	내지차약 색미향미
卽取服之 毒病皆愈	즉취복지 독병개유

아버지는 생각하길, '이 아이들이 참으로 가엾구나,
위독한 중에도 마음이 다 거꾸로 착란 되어
날 보고 기뻐하며 치료해 달라 하면서도
이처럼 좋은 약을 먹지 않는구나.'

그리고는 곧 말하길 "너희들은 마땅히 알아라,
나는 이제 늙어서 곧 죽을 것이니라.
여기 좋은 약이 있어 다시 두노니
먹을 수 있을 때 먹도록 해라. 낫지 못할 것이란 걱정은 말라."

그렇게 가르친 후에 다른 나라로 다시 갔는데,
사람을 돌려보내 "너희 아버지가 돌아가셨다!"고 전하였느니라.
그러자 아들들은 다 아버지께서 돌아가셨다는 소식을 듣고
크게 슬퍼하며 괴로워하였느니라.

(아들들이 생각하길)
'지금 우리들을 버려둔 채 먼 타국에서 돌아가셨으니
우리는 고아가 되었구나! 다시 돌이켜 믿을 수도 없겠구나.'

그렇게 계속 비탄에 젖어 슬퍼하다가 드디어 정신을 차리고는
그 약이 색과 향이 정말로 좋다는 걸 알고서
곧 복용하였으니 병이 다 낫게 되었느니라."

[제16/여래수량품] 70일차
여래는 항상 영취산을 비롯한 정토에 상주한다.

1. 여래는 항상 머물러 있어 법을 설하고 있다.

爾時世尊　　　　　　　　　이시세존
欲重宣此義 而說偈言　　　　욕중선차의 이설게언
自我得佛來 所經諸劫數　　　자아득불래 소경제겁수
無量百千萬 億載阿僧祇　　　무량백천만 억재아승기
常說法敎化　　　　　　　　상설법교화

爲度衆生故 方便現涅槃　　　위도중생고 방편현열반
而實不滅度 常住此說法　　　이실불멸도 상주차설법

2. 여래에 대한 갈앙심이 큰 자만이 여래를 볼 수 있다.

我常住於此 以諸神通力　　　아상주어차 이제신통력
令顚倒衆生 雖近而不見　　　영전도중생 수근이불견
衆見我滅度 廣供養舍利　　　중견아멸도 광공양사리
咸皆懷戀慕 而生渴仰心　　　함개회연모 이생갈앙심
衆生旣信伏 質直意柔軟　　　중생기신복 질직의유연
一心欲見佛 不自惜身命　　　일심욕견불 부자석신명
時我及衆僧 俱出靈鷲山　　　시아급중승 구출영취산

그 때에 세존께서
거듭 뜻을 드러내시고자 게송으로 말씀하셨다.
"내가 성불한 이래 지나간 겁수만
무량 백 천 만 억 아승기이니
항상 법을 설하여 중생들을 교화하였노라.

중생 제도 위해 방편으로 열반 보이나
실제로는 멸도하지 않으니 항상 여기 있어 법을 설하노라.

나는 항상 여기 머무르되 신통력으로써
생각이 전도된 중생들이 비록 가까이 있어도 보지 못하게 하니,
중생들이 나의 멸도를 보고 널리 사리에 공양하고
모두 사모하고 간절히 그리워하는 마음을 낸다면,
또 중생이 믿고 엎드리며 그 바탕이 곧고 뜻이 유연하면서
일심으로 부처님 뵙기를 원하여 목숨도 아끼지 아니한다면,
그 때 나와 비구들이 영취산에 출현하느니라.

3. 여래의 정토는 영원불멸하여 겁화도 태우지 못한다.

神通力如是 於阿僧祇劫　　신통력여시 어아승기겁
常在靈鷲山 及餘諸住處　　상재영취산 급여제주처
衆生見劫盡 大火所燒時　　중생견겁진 대화소소시
我此土安隱 天人常充滿　　아차토안은 천인상충만
園林諸堂閣 種種寶莊嚴　　원림제당각 종종보장엄
寶樹多花果 衆生所遊樂　　보수다화과 중생소유락

신통력이 이와 같아 아승기겁 동안
항상 영취산과 다른 모든 처소에 있으되
중생이 볼 때 겁이 다하여 큰 불이 탈 때에도
나의 정토는 안락하여 하늘 사람들로 충만하고
동산과 수풀 및 모든 집과 누각이 갖가지 보배로 장엄되었나니
보배 나무에 과실이 무성하여 중생이 즐거이 노니는 곳이니라."

[제17/분별공덕품] 71일차
여래의 무한한 수명을 들은 이들이 한없는 깨달음을 얻다.

1. 여래의 수명이 무한하심을 듣고 무한한 중생들이 이익을 얻다.

爾時大會 聞佛說　　　　이시대회 문불설
壽命劫數 長遠如是　　　수명겁수 장원여시
無量無邊 阿僧祇衆生　　무량무변 아승기중생
得大饒益 於時世尊　　　득대요익 어시세존
告彌勒菩薩摩訶薩　　　　고미륵보살마하살

阿逸多 我說是　　　　　아일다 아설시
如來壽命長遠時　　　　여래수명장원시
六百八十萬億 那由他　　육백팔십만억 나유타
恒河沙衆生 得無生法忍　항하사중생 득무생법인

2. 수많은 보살들이 법륜을 굴리게 되다.

復有三千大天世界　　　부유삼천대천세계
微塵數 菩薩摩訶薩　　　미진수 보살마하살
能轉不退法輪　　　　　능전불퇴법륜
復有二千中國土　　　　부유이천중국토
微塵數 菩薩摩訶薩　　　미진수 보살마하살
能轉淸淨法輪　　　　　능전청정법륜

그 때 그 큰 회상에서 부처님께서
여래의 수명이 그처럼 영원한 겁수라 설하심을 듣고서는
한없고 끝없는 아승기 중생들이
크나큰 이익을 얻었다. 그 때 세존께서
미륵보살마하살에게 말씀하시었다.

"아일다야, 내가
여래의 수명이 영원하다 설할 때에
육백 팔 십 만억 나유타
항하사의 중생들이 무생 법인을 얻었느니라.

또 다시 삼천대천세계의
티끌수만한 보살마하살들이
물러나지 않는 법륜을 능히 굴리게 되었고,
또 다시 이천 중中국토의
티끌수만한 보살마하살들이
청정한 법륜을 굴리게 되었느니라.

3. 수많은 보살들이 아뇩다라삼먁삼보리에 거의 근접하다.

復有小千國土 微塵數　　　　부유소천국토 미진수
菩薩摩訶薩 八生當得　　　　보살마하살 팔생당득
阿耨多羅三藐三菩提　　　　　아뇩다라삼먁삼보리

復有四四天下 微塵數　　　　부유사사천하 미진수
菩薩摩訶薩 四生當得　　　　보살마하살 사생당득
阿耨多羅三藐三菩提　　　　　아뇩다라삼먁삼보리

復有三四天下 微塵數　　　　부유삼사천하 미진수
菩薩摩訶薩 三生當得　　　　보살마하살 삼생당득
阿耨多羅三藐三菩提　　　　　아뇩다라삼먁삼보리

復有二四天下 微塵數　　　　부유이사천하 미진수
菩薩摩訶薩 二生當得　　　　보살마하살 이생당득
阿耨多羅三藐三菩提　　　　　아뇩다라삼먁삼보리

復有一四天下 微塵數　　　　부유일사천하 미진수
菩薩摩訶薩 一生當得　　　　보살마하살 일생당득
阿耨多羅三藐三菩提　　　　　아뇩다라삼먁삼보리

또 다시 소천국토의 티끌수만한
보살마하살들이 8생에 뒤에 마땅히
아뇩다라삼먁삼보리를 얻게 되었고,

또 다시 4 사천하의 티끌수만한
보살마하살들이 4생에 뒤에 마땅히
아뇩다라삼먁삼보리를 얻게 되었고,

또 다시 3 사천하의 티끌수만한
보살마하살들이 3생에 뒤에 마땅히
아뇩다라삼먁삼보리를 얻게 되었고,

또 다시 2 사천하의 티끌수만한
보살마하살들이 2생에 뒤에 마땅히
아뇩다라삼먁삼보리를 얻게 되었고,

또 다시 1 사천하의 티끌수만한
보살마하살들이 1생에 뒤에 마땅히
아뇩다라삼먁삼보리를 얻게 되었느니라."

[제17/분별공덕품] 72일차
여래의 수명이 장원함을 듣고서 온 우주가 환희하다.

1. 모든 부처님들 위로 만나라 꽃이 비처럼 내리다.

佛說是 諸菩薩摩訶薩	불설시 제보살마하살
得大法利時 於虛空中	득대법리시 어허공중
雨曼陀羅華 摩訶曼陀羅華	우만다라화 마하만다라화
以散無量 百千萬億	이산무량 백천만억
衆寶樹下 師子座上諸佛	중보수하 사자좌상제불
幷散七寶塔中	병산칠보탑중
師子座上 釋迦牟尼佛	사자좌상 석가모니불
及久滅度 多寶如來	급구멸도 다보여래
亦散一切 諸大菩薩 及四部衆	역산일체 제대보살 급사부중

又雨細抹栴檀 沈水香等 於虛空中	우우세말전단 침수향등 어허공중
天鼓自鳴 妙聲深遠	천고자명 묘성심원
又雨千種天衣	우우천종천의

衆寶香爐 燒無價香	중보향로 소무가향
自然周至 供養大會	자연주지 공양대회

부처님께서 이렇게 모든 보살마하살들이
큰 법의 이익을 얻었다고 설하실 때에 허공 가운데에서
만다라 꽃과 마하만다라 꽃이 비처럼 내렸으며,
백 천 만억의 무한한
보리수 아래 사자좌 위에 앉아계신 모든 분신 부처님들 위로 흩날리었다.
또한 칠보탑(다보탑) 안의
사자좌 위의 석가모니불과
오래 전 열반하신 다보여래께도 뿌려졌으며
모든 대보살과 사부대중 위로도 흩날리었다.

또한 고운 전단향 가루와 침수향 등이 흩날렸고
하늘 북이 저절로 울려서 묘한 소리가 심히 멀리 퍼졌으며
또한 수천 가지의 하늘 옷들이 비처럼 내렸다.

보석으로 만들어진 향로들에서는 값을 매길 수 없는 향들이 사루어지니,
자연스레 그윽한 향취가 퍼져 회상에 공양하였다.

2. 수많은 보살들이 모든 부처님을 찬양하며 공양드리다.

一一佛上	일일불상
有諸菩薩 執持幡蓋	유제보살 집지번개
次第而上 至于梵天	차제이상 지우범천
是諸菩薩 以妙音聲	시제보살 이묘음성
歌無量頌 讚歎諸佛	가무량송 찬탄제불

3. 미륵보살이 부처님을 찬탄하다.

爾時 彌勒菩薩	이시 미륵보살
從座而起 偏袒右肩	종좌이기 편단우견
合掌向佛 而說偈言	합장향불 이설게언
佛說希有法 昔所未曾聞	불설희유법 석소미증문
世尊有大力 壽命不可量	세존유대력 수명불가량
無數諸佛子 聞世尊分別	무수제불자 문세존분별
說得法利者 歡喜充遍身	설득법리자 환희충변신
如是種種事 昔所未曾有	여시종종사 석소미증유
聞佛壽無量 一切皆歡喜	문불수무량 일체개환희
佛名聞十方 廣饒益衆生	불명문시방 광요익중생
一切具善根 以助無上心	일체구선근 이조무상심

하나하나의 모든 분신 부처님 위로
보살들이 전부 다 깃대와 일산을 집어
그 위로 줄지어 올라가며 범천까지 이르니
이 모든 보살들이 묘한 음성으로
무한한 노래로 모든 부처님들을 찬탄하며 노래하였다.

그 때에 미륵보살이
자리에서 일어나 오른 어깨를 드러내고
부처님을 향해 합장하며 게송으로 사뢰었다.
"부처님께서 희유한 법을 설해주시니 일찍이 들어본 적 없던 것입니다.
세존께는 크나큰 힘이 있어 그 수명을 가히 측량치 못하니
무수한 부처님의 아들들이 세존께서 분별해서 설해주심을 듣고
이로운 법을 얻으니 모두가 기쁨으로 충만하게 되었습니다.

(부처님을 찬탄하는) 이 갖가지 일들은 일찍이 본 적 없던 일들이옵니다.
부처님 수명이 무량하심을 듣고 일체 모두가 다 환희하니
부처님의 이름이 온 사방에 들리매 널리 중생들을 이롭게 하시니
일체가 선근을 갖추어 위없이 높은 보리심 내도록 도우시나이다."

[제17/분별공덕품] 73일차
여래 수명의 장원함을 믿는 공덕

1. 여래 수명의 장원함을 믿는 공덕은 이루 말할 수 없다.

爾時佛告 彌勒菩薩摩訶薩　　이시불고 미륵보살마하살
阿逸多 其有衆生　　　　　　아일다 기유중생
聞佛壽命 長遠如是　　　　　문불수명 장원여시
乃至能生 一念信解　　　　　내지능생 일념신해
所得功德 無有限量　　　　　소득공덕 무유한량

2. 여래 수명의 장원함을 믿는 자는 반드시 정등각을 이룬다.

乃至算數譬喩 所不能知　　　내지산수비유 소불능지
若善男子善女人 有如是功德　약선남자선여인 유여시공덕
於阿耨多羅三藐三菩提退者　　어아뇩다라삼먁삼보리퇴자
無有是處　　　　　　　　　　무유시처

그 때에 부처님께서 미륵보살마하살에게 말씀하시었다.
"아일다야, 어떤 중생이
여래 수명이 이처럼 장원하다는 것을 듣고서
단 한 생각만이라도 믿고 이해하는 데에 이른다면
그 얻는 공덕은 이루 헤아릴 수가 없느니라.

어떤 셈이나 비유로도 능히 알 수 없으리니
선남자나 선여인이 이와 같은 공덕이 있는 데도
아뇩다라삼먁삼보리에서 물러나는 일은
어디에서도 있을 수 없노라.

3. 5바라밀을 아무리 닦아도 여래 수명을 믿는 공덕이 더 크다.

若人求佛慧 於八十萬億　　약인구불혜 어팔십만억
那由他劫數 行五波羅蜜　　나유타겁수 행오바라밀
於是諸劫中 布施供養佛　　어시제겁중 보시공양불
及緣覺弟子 幷諸菩薩衆　　급연각제자 병제보살중
珍異之飮食 上服與臥具　　진이지음식 상복여와구
栴檀立精舍 以園林莊嚴　　전단립정사 이원림장엄

若復持禁戒 淸淨無缺漏　　약부지금계 청정무결루
求於無上道 諸佛之所歎　　구어무상도 제불지소탄

若復行忍辱 住於調柔地　　약부행인욕 주어조유지
設衆惡來加 其心不傾動　　설중악래가 기심불경동

若復勤精進 志念常堅固　　약부근정진 지념상견고
於無量億劫 一心不懈息　　어무량억겁 일심불해식

持此一心福 願求無上道　　지차일심복 원구무상도
我得一切智 盡諸禪定際　　아득일체지 진제선정제

有善男女等 聞我說壽命　　유선남녀등 문아설수명
乃至一念信 其福過於彼　　내지일념신 기복과어피

만일 어떤 사람이 부처님의 지혜를 구하여 팔십 만억
나유타 겁 동안 5바라밀을 행하되
그 모든 겁 동안에 부처님께 공양하고
연각승과 보살들에게도
진귀한 갖가지 음식과 좋은 옷, 침구와
전단향으로 집을 세우고 장엄한 동산으로 공양하며

또한 계율을 지켜 청정하여 결함이 전혀 없으며
모든 부처님이 찬탄하시는 위없는 도를 구하며

또한 인욕을 행하여 마음이 고루 부드러운 경지에 머물러
악한 일들이 닥쳐도 그 마음이 흔들리지 않으며

또한 부지런히 정진하여 그 뜻과 생각이 견고하여
무량 억겁동안 한마음이어서 한 순간도 쉬지 않으며

그 일심의 복을 가지고 위없는 도를 구하되
'내가 일체지를 얻어 모든 선정의 끝에 이르리라' 한다고 하여도

어떤 선남자나 선여인이 내가 설하는 여래의 수명을 듣고서
한 생각만이라도 믿는 데에 이른다면 그 복이 저 복보다 더 수승하니라.

[제17/분별공덕품] 74일차
여래의 수명을 이해하는 자, 언젠가 성불하리라.

1. 여래의 수명을 믿는 자, 미래에 여래처럼 사자후하며 중생 구제하는 부처님 되리라.

其有諸菩薩 無量劫行道	기유제보살 무량겁행도
聞我說壽命 是則能信受	문아설수명 시즉능신수
如是諸人等 頂受此經典	여시제인등 정수차경전
願我於未來 長壽度衆生	원아어미래 장수도중생
如今日世尊 諸釋中之王	여금일세존 제석중지왕
道場獅子吼 說法無所畏	도량사자후 설법무소외
我等未來世 一切所尊敬	아등미래세 일체소존경
坐於道場時 說壽亦如是	좌어도량시 설수역여시

2. 여래의 수명을 깊이 이해하는 자, 불국토를 바로 보게 되리라.

阿逸多	아일다
若善男子 善女人	약선남자 선여인
聞我說 壽命長遠	문아설 수명장원
深心信解 則爲見佛	심심신해 즉위견불
常在耆闍崛山 共大菩薩	상재기사굴산 공대보살
諸聲聞衆 圍繞說法	제성문중 위요설법
又見此娑婆世界 其地琉璃	우견차사바세계 기지유리
坦然平正 閻浮檀金	탄연평정 염부단금
以界八道 寶樹行列	이계팔도 보수항렬

저 모든 보살이 무량한 겁 동안 도를 행하였다면
나의 수명 설하는 것을 듣고서 곧 능히 믿고 받아들일 수 있으리라.
그러한 무리들은 이 경전(법화경)을 머리에 이고서 서원하리니
'원컨대 미래에 내가 오랜 세월동안 중생 구제하되
지금 세존께서 석가족의 왕으로
도량에 앉아 두려울 바 없이 사자후하시는 것처럼 나도 그리 되게 하소서.
저희들도 미래세에 일체의 존경을 받으면서
도량에 앉아 그 수명 설하는 것도 여래와 같기 원하나이다.' 하리라.

아일다야,
만약 선남자나 선여인이
나의 수명 장원함을 듣고서
마음 깊이 믿고 이해한다면, 곧 부처님을 보게 될지니
영축산에 여래가 항상 있어서 대보살들과
성문들에게 둘러싸여 설법하고 있는 것을 보게 되리라.
또한 저 사바세계가 그 땅이 유리로 되어
평평하고 고른 가운데 염부단금으로
그 팔도의 경계가 표시되어 보배 나무가 줄지어 늘어서 있는 걸 보리라.

3. 법화경을 전하는 자는 그 공덕이 대작불사에 못지않다.

阿逸多 若我滅後	아일다 약아멸후
聞是經典 有能受持	문시경전 유능수지
若自書 若敎人書	약자서 약교인서
則爲起立僧坊 以赤栴檀	즉위기립승방 이적전단
作諸殿堂 三十有二	작제전당 삼십유이
高八多羅樹 高廣嚴好	고팔다라수 고광엄호
百千比丘 於其中止	백천비구 어기중지

아일다야, 만약 내가 멸도한 이후에
이 경전을 듣고 능히 받아 지녀
자신이 쓰거나 다른 이에게 쓰게 한다면
곧 승방을 세우는 것과 마찬가지이니, 붉은 전단나무로
모든 전당을 32채나 짓되
다라나무의 여덟 배나 되게 높고 넓고 장엄하게 지어
백 천 명의 비구들이 그 가운데 살게 하도록 한 것과 같으니라."

[제18/수희공덕품] 75일차
소승의 공덕은 결코 대승에 미칠 수 없다

1. 법화경을 듣고서 기쁨으로 받아들인다면 그 공덕이 어떠한가?

爾時 彌勒菩薩摩訶薩 白佛言　　이시 미륵보살마하살 백불언
世尊 若有善男子善女人　　　　　세존 약유선남자선여인
聞是法華經 隨喜者 得幾所福　　　문시법화경 수희자 득기소복

爾時 佛告彌勒菩薩摩訶薩　　　　이시 불고미륵보살마하살
阿逸多 如來滅後　　　　　　　　아일다 여래멸후
若比丘比丘尼 優婆塞優婆夷　　　약비구비구니 우바새우바이
及餘智者 若長若幼　　　　　　　급여지자 약장약유
聞是經隨喜已 從法會出　　　　　문시경수희이 종법회출
至於餘處　　　　　　　　　　　지어여처

如其所聞 爲父母宗親　　　　　　여기소문 위부모종친
善友知識 隨力演說　　　　　　　선우지식 수력연설
是諸人等 聞已隨喜　　　　　　　시제인등 문이수희
復行轉敎 餘人聞已　　　　　　　부행전교 여인문이
亦隨喜轉敎 如是展轉　　　　　　역수희전교 여시전전
至第五十　　　　　　　　　　　지제오십

阿逸多 其第五十　　　　　　　　아일다 기제오십
善男子善女人 隨喜功德　　　　　선남자선여인 수희공덕
我今說之 汝當善聽　　　　　　　아금설지 여당선청

그 때에 미륵보살이 부처님께 아뢰었다.
"세존이시여, 만약 선남자 선여인이
이 법화경을 듣고 기뻐한다면 얼마만한 복을 얻겠습니까?"

그 때에 부처님께서 미륵보살마하살에게 말씀하셨다.
"아일다야, 여래가 멸도한 후에
어떤 비구나 비구니, 우바새나 우바이,
아니면 나이가 많든 적든 어떤 지혜 있는 이가
이 경을 듣고 기뻐하여 법회에서 나와
다른 곳에 이르렀다 하자.

그리고 그 들은 바를 부모나 종친,
친구에게 능력이 닿는 만큼 잘 설해주었다 하자.
이렇게 듣고 기뻐한 사람들이
그 가르침을 다시 전하여 다른 사람들이 이를 듣고
또한 기뻐하며 받아들인 이들이 계속해서 전해서
오십 번째에 이르렀다 하자.

아일다여, 그 오십 번째
선남자나 선여인이 (법화경을) 듣고 기뻐한 공덕을
내가 지금부터 말하리니 너희들은 잘 들을지니라.

2. 소승으로 수많은 중생을 제도해 아라한과를 얻게 하였다고 하자.

若四百萬億 阿僧祇世界	약사백만억 아승기세계
六趣 四生衆生	육취사생중생
卵生胎生 濕生化生	난생태생 습생화생

如是等 在衆生數者	여시등 재중생수자
有人求福 隨其所欲	유인구복 수기소욕
娛樂之具 皆給與之	오락지구 개급여지
一一衆生 與滿閻浮提	일일중생 여만염부제
金銀琉璃 磁磲碼瑙	금은유리 자거마노

| 如是布施 滿八十年已 | 여시보시 만팔십년이 |
| 而作是念 | 이작시념 |

然此衆生 皆已衰老	연차중생 개이쇠로
年過八十 髮白面皺	연과팔십 발백면추
將死不久 我當以佛法	장사불구 아당이불법
而訓道之	이훈도지

卽集此衆生 宣布法化	즉집차중생 선포법화
示敎利喜 一時	시교리희 일시
皆得須陀洹道 斯陀含道	개득수다원도 사다함도
阿那含道 阿羅漢道	아나함도 아라한도

어떤 사백만억 아승기 세계에 여섯 갈래의 4생 중생들
곧 알에서 태어난 것들, 태에서 난 것들,
물에서 난 것들, 화하여 태어난 것들이 있어

이러한 무리들의 무수한 중생이 있는데
어떤 사람이 복을 구하여 중생들이 원하는 대로
즐길 만한 것들을 다 공급해주었다고 하자.
중생 하나하나에게 염부제가 가득 찰만큼
금은, 유리, 자거, 마노 등을 주었다 하자.

이처럼 보시하기를 80년 동안 하였는데
그리고서 생각하길

'이 중생들이 다 늙고 쇠하여
80이 넘어서 흰 머리가 나고 얼굴이 추해졌으니
장차 오래지 않아 죽을 것이니, 내가 마땅히 부처님 법을
가르쳐 이끌어야겠구나.'

곧 중생들을 모으고 법을 베풀어서
가르침을 보여주어 이롭고 기쁘게 하여
전부 다 수다원이나 사다함,
아나함이나 아라한의 도를 얻게 하였다 하자.

於汝意云何 是大施主　　　어여의운하 시대시주
所得功德 寧爲多不　　　　소득공덕 영위다부
彌勒白佛言　　　　　　　　미륵백불언
世尊 是人功德　　　　　　세존 시인공덕
甚多無量無邊　　　　　　　심다무량무변

3. 소승의 모든 공덕보다 법화경을 듣고 기뻐하는 공덕이 더 낫다.

佛告彌勒　　　　　　　　　불고미륵
我今 分明語汝　　　　　　아금 분명어여
是人 以一切樂具 施於四百萬億　시인 이일체악구 시어사백만억
阿僧祇世界 六趣衆生　　　아승기세계 육취중생
又令得阿羅漢果 所得功德　우영득아라한과 소득공덕
不如是 第五十人　　　　　불여시 제오십인
聞法華經一偈 隨喜功德　　문법화경일게 수희공덕
百分千分 百千萬億分 不及其一　백분천분 백천만억분 불급기일
乃至算數譬喻 所不能知　　내지산수비유 소불능지

何況最初於會中 聞而隨喜者　하황최초어회중 문이수희자
其福復勝　　　　　　　　　기복부승

너희들은 어떻게 생각하느냐. 이렇게 대시주로
얻은 공덕이 얼마나 많겠느냐?"
미륵보살이 부처님께 아뢰었다.
"세존이시여, 그 사람의 공덕은
심히 많아서 한도 없고 끝도 없습니다."

부처님께서 미륵에게 말씀하셨다.
"내가 이제 너희들에게 분명히 말하노라.
이 사람이 모든 즐길 거리로 사백만억
아승기 세계의 6도 중생들에게 보시하고
또 아라한과를 얻게 하여 얻은 공덕은
저 50번째로
법화경을 듣고서 기뻐한 사람의 공덕만도 못하니,
백 분의 일이나 천 분의 일, 백 천 만억 분의 일에도 미치지 못하느니라.
그 어떤 산수 비유로도 능히 알 수 없느니라.

(50번째로 전해 듣고 기뻐한 사람의 공덕도 그러한데)
하물며 최초로 법회에서 듣고서 기뻐하며 들은 자이겠느냐.
그 사람의 복은 더욱더 수승하니라.

[제18/수희공덕품] 76일차
여래의 진실한 모습을 전하는 공덕은 이루 말할 수 없다.

1. 잠시만이라도 법화경 법문을 들은 자는 천상에 나리라.

又阿逸多 若人 爲是經故	우아일다 약인 위시경고
往詣僧坊 若坐若立	왕예승방 약좌약립
須臾聽受 緣是功德	수유청수 연시공덕
轉身所生 得好上妙	전신소생 득호상묘
象馬車乘 珍寶輦輿	상마거승 진보연여
及乘天宮	급승천궁

2. 법화경 듣는 곳에서 다른 사람에게 자리를 양보해준 사람은 언젠가 왕의 자리에 앉으리라.

若復有人	약부유인
於講法處坐 更有人來	어강법처좌 갱유인래
勸令坐聽 若分座令坐	권령좌청 약분좌령좌
是人功德 轉身	시인공덕 전신
得帝釋坐處 若梵王坐處	득제석좌처 약범왕좌처
若轉輪聖王 所坐之處	약전륜성왕 소좌지처

또 아일다야, 만일 이 경을 위해
승방에 찾아가 앉거나 선 채로
잠시만이라도 듣는다면, 그러한 공덕으로
이후 다시 태어날 때에 훌륭한
코끼리나 말이 끄는 수레, 보배로 꾸민 수레를 타고
하늘 궁전으로 올라갈 것이니라.

또 어떤 사람이 있어
법화경을 강론하는 곳에 앉았는데 어떤 사람이 또 와서
권하여 앉게 하되 자리를 나누어 앉게 해 주었다면
그 사람은 그 공덕으로 이후 윤회하여
제석천왕이나 범천왕,
또는 전륜성왕의 자리에 앉게 되리라.

3. 단 한 사람만이라도 권하여 법화경을 듣게 한다면, 세세토록 원만한 인상을 갖추며 부처님의 교화를 받게 되리라.

阿逸多 若復有人 語餘人言	아일다 약부유인 어여인언
有經名法華 可共往聽	유경명법화 가공왕청
卽受其教 乃至須臾間聞	즉수기교 내지수유간문
是人功德 轉身	시인공덕 전신
得與陀羅尼菩薩 共生一處	득여다라니보살 공생일처
利根智慧 百千萬世	이근지혜 백천만세
終不瘖瘂	종불음아

無有一切 不可喜相	무유일체 불가희상
脣舌牙齒 悉皆嚴好	순설아치 실개엄호

人相具足 世世所生	인상구족 세세소생
見佛聞法 信受教誨	견불문법 신수교회

於一人 令往聽法	어일인 영왕청법
功德如此 何況一心	공덕여차 하황일심
聽說讀誦 而於大衆	청설독송 이어대중
爲人分別 如說修行	위인분별 여설수행

아일다야, 만일 또 어떤 사람이 다른 사람에게 말하길
"법화경이란 경을 설한다는 데 같이 가서 들읍시다!"
라고 하여 곧 들은 이가 따라가서 잠시만이라도 듣는다면
권한 이는 그 공덕으로 언젠가 윤회하여
다라니보살과 같은 곳에서 태어나리라.
그리고 근기가 날카롭고 지혜로우며 백 천 만세 동안
벙어리가 되지 아니하리라.

그 얼굴에 좋지 않은 모양이 하나도 없을 것이며
입술, 혀, 치아가 전부 보기 좋으며

좋은 인상을 갖추면서 또 세세토록
부처님의 가르침을 듣고 믿고 받아들이게 될 것이니라.

단 한 사람에게만 법을 듣게 하여도
공덕이 이러한데 하물며 일심으로
법화경을 듣고 읽고 외우며 대중을 위해서
분별하며 설한대로 수행하는 사람이겠느냐!"

[제19/법사공덕품] 77일차
법화경 법사는 육안만으로 삼천대천세계를 꿰뚫어 보리라.

1. 법화경 법사는 색, 성, 향, 미, 촉, 법을 모두 꿰뚫게 되리라.[6]

爾時 佛告常精進菩薩摩訶薩	이시 불고상정진보살마하살
若善男子善女人 受持是法華經	약선남자선여인 수지시법화경
若讀若誦 若解說若書寫	약독약송 약해설약서사
是人當得 八百眼功德	시인당득 팔백안공덕
千二百耳功德	천이백이공덕
八百鼻功德	팔백비공덕
千二百舌功德	천이백설공덕
八百身功德	팔백신공덕
千二百意功德	천이백의공덕

---

[6] 500 페이지 "1) 마음의 눈으로 보다"

그 때에 부처님께서 상정진보살마하살에게 말씀하시었다.
"만약 선남자나 선여인이 이 법화경을 수지하고
읽거나 외우거나 해설하거나 베껴 쓴다면
그 사람은 마땅히 팔백 가지 눈의 공덕과
천이백 가지 귀의 공덕과
팔백 가지 코의 공덕과
천이백 가지 혀의 공덕과
팔백 가지 몸의 공덕과
천이백 가지 마음의 공덕을 얻으리라.

2. 법화경 법사는 그 감각 기관이 보통 인간의 것을 초월하게 된다.

以是功德 莊嚴六根	이시공덕 장엄육근
皆令淸淨 是善男子善女人	개령청정 시선남자선여인
父母所生 淸淨肉眼	부모소생 청정육안
見於三千大天世界	견어삼천대천세계
內外所有 山林河海	내외소유 산림하해
下至阿鼻地獄	하지아비지옥
上至有頂 亦見其中	상지유정 역견기중
一切衆生 及業因緣	일체중생 급업인연
果報生處 悉見悉知	과보생처 실견실지

以是淸淨耳 聞三千大千世界	이시청정이 문삼천대천세계
下至阿鼻地獄 上至有頂	하지아비지옥 상지유정
其中內外 種種語言音聲	기중내외 종종어언음성

以是淸淨鼻根 聞於三千大天世界	이시청정비근 문어삼천대천세계
上下內外 種種諸香	상하내외 종종제향

若以舌根 於大衆中	약이설근 어대중중
有所演說 出深妙聲	유소연설 출심묘성
能入其心 皆令歡喜快樂	능입기심 개령환희쾌락

이러한 공덕으로 육근이 장엄하게 되어
모두가 다 청정히 되리니 그 선남자나 선여인은
부모로부터 받은 청정한 육안으로도
삼천대천세계를 다 보게 되리라.
그 안과 밖에 있는 산림과 강과 바다,
아래로는 아비지옥에서
위로는 유정천까지, 그 가운데 사는
일체 중생들과 그들의 업보와 인연,
과보와 그로 인해 태어날 곳까지 모두 다 보고 알게 되리라.

그러한 청정한 귀로 삼천대천세계의 소리를 들되
아래로는 아비지옥에서 위로는 유정천까지
그 안과 밖의 모든 종류의 음성들을 다 들을 수 있으리라.

그러한 청정한 코로 삼천대천세계의
위아래, 안과 밖의 모든 종류의 향기를 맡을 수 있으리라.

만일 그 혀로 대중에게
연설한다면 그 깊고 미묘한 음성이
능히 사람들의 마음에 들어가리니 모두를 다 기쁘고 즐겁게 하리라.

得淸淨身 如淨琉璃　　　　　득청정신 여정유리
衆生喜見 其身淨故　　　　　중생희견 기신정고
三千大天世界衆生　　　　　　삼천대천세계중생
生時死時 上下好醜　　　　　생시사시 상하호추
生善處惡處 悉於中現　　　　생선처악처 실어중현

3. 법화경 법사는 모든 법을 통달하여 정확하게 설하리라.

得千二百意功德 以是淸淨意根　　득천이백의공덕 이시청정의근
乃至聞一偈一句　　　　　　　　내지문일게일구
通達無量無邊之義　　　　　　　통달무량무변지의
解是義已 能演說一句一偈　　　　해시의이 능연설일구일게
至於一月四月 乃至一歲　　　　　지어일월사월 내지일세
諸所說法 隨其義趣　　　　　　　제소설법 수기의취
皆如實相 不相違背　　　　　　　개여실상 불상위배

청정한 몸을 얻어 유리처럼 깨끗하리니
중생들이 보기 즐겁고 그 몸이 깨끗한 고로
삼천대천세계의 중생의
태어날 때와 죽는 때, 상하와 하열함의 정도,
좋은 곳에 태어날지 나쁜 곳에 태어날지 다 그 가운데 비치리라.

천이백 가지 뜻의 공덕을 얻으리니 그 의근이 청정하여
한 게송이나 한 구절만 듣더라도
무량무변한 뜻을 통달하리니
그 뜻을 벌써 이해하여 능히 한 구절, 한 게송만으로도 연설하며
한 달이나 넉 달, 아니 일 년을 하여도
그 설하는 법이 전부 뜻에 부합하며
다 실상과 같아서 위배되는 것이 없으리라."

[제20/상불경보살품] 78일차
과거 상불경보살의 이야기

1. 부처님의 정법이 멸하고 증상만이 득세하던 과거

爾時 佛告得大勢菩薩摩訶薩	이시 불고득대세보살마하살

乃往古昔 過無量無邊	내왕고석 과무량무변
不可思議 阿僧祇劫	불가사의 아승기겁
有佛 名威音王如來	유불 명위음왕여래

然後滅度 正法像法	연후멸도 정법상법
滅盡之後 於此國土	멸진지후 어차국토
復有佛出 亦號威音王如來	부유불출 역호위음왕여래

如是次第 有二萬億佛	여시차제 유이만억불
皆同一號 最初威音王如來	개동일호 최초위음왕여래
旣已滅度	기이멸도
正法滅後 於像法中	정법멸후 어상법중
增上慢比丘 有大勢力	증상만비구 유대세력
爾時 有一菩薩比丘	이시 유일보살비구
名常不輕	명상불경

그 때에 부처님께서 득대세보살마하살에게 이르시었다.

"오랜 옛날 한없고 끝없는
불가사의한 아승기 겁 이전에
부처님이 계셨으니 위음왕여래라 이름하셨느니라.

그 분께서 멸도하신 후에 정법과 상법이
지나가고 멸한 이후 그 국토에
다시 부처님께서 출현하셨는데 역시 그 호를 위음왕여래라 하시었느니라.

그렇게 차례로 2만억의 부처님이 계시었는데
전부 같이 그 호를 처음처럼 위음왕여래라 하시었느니라.
그 분들이 멸도하신 이후
정법이 멸한 후 상법 시대가 되어
증상만 비구들이 큰 세력을 형성한 때가 있었는데
그 때에 한 보살이 있어
그 이름을 상불경이라 하였느니라.

2. 상불경보살이 증상만들에게 수기를 주다.

是比丘 凡有所見	시비구 범유소견
若比丘 比丘尼	약비구 비구니
優婆塞 優婆夷	우바새 우바이
皆悉禮拜讚歎	개실예배찬탄
而作是言	이작시언
我深敬汝等 不敢輕慢	아심경여등 불감경만
所以者何	소이자하
汝等皆行菩薩道 當得作佛	여등개행보살도 당득작불

항상 품은 견해가 있어 어떤
비구나 비구니,
우바새나 우바이를 보면
전부에게 다 예배하고 찬탄하며
이렇게 말하였으니
"난 진심으로 여러분들을 공경하여 감히 하찮게 여기지 못하니
왜냐하면
당신들은 전부 보살도를 행하여 응당 부처님이 되실 것이기 때문입니다."

3. 상불경보살이 증상만의 핍박에도 불구하고 계속 수기를 주다.

四衆之中 有生瞋恚	사중지중 유생진에
心不淨者 惡口罵詈言	심부정자 악구매리언
是無智比丘 從何所來	시무지비구 종하소래
自言 我不輕汝	자언 아불경여
而與我等授記 當得作佛	이여아등수기 당득작불
我等 不用如是 虛妄授記	아등 불용여시 허망수기

衆人 或以杖木瓦石 而打擲之	중인 혹이장목와석 이타척지
避走遠住 猶高聲唱言	피주원주 유고성창언
我不敢輕於汝等	아불감경어여등
汝等 皆當作佛	여등 개당작불

以其常作是語故	이기상작시어고
增上慢 比丘比丘尼	증상만 비구비구니
優婆塞 優婆夷	우바새 우바이
號之爲常不輕	호지위상불경

그러자 사부대중 가운데 마음이 부정하여
화를 내며 욕하고 꾸짖으며 이렇게 말하는 이가 있었느니라.
"이 무식한 비구는 어디서 와서
스스로 '난 너희들을 하찮게 여기지 않는다.'고 말하면서
우리에게 반드시 성불하리라 수기까지 주는가?
우리들은 그런 허망한 수기 필요 없다!" 하였느니라.

무리들은 혹 지팡이나 나무, 기와나 돌을 던져 (그 보살을) 치기도 했는데
그걸 피해 멀리 달아나면서도 되려 큰 소리로 외쳐 이르되
"전 여러분들을 감히 가벼이 여길 수 없으니
여러분들은 전부 반드시 부처님이 되실 것입니다!"

그렇게 항상 말하였으므로
증상만 비구 비구니와
우바새 우바이들은
그의 이름을 '상불경(항상 하찮게 여기지 않는 자)'이라 하였느니라.

[제20/상불경보살품] 79일차
상불경보살이 부처님으로부터 법화경을 받아 눈이 열리다.

1. 상불경보살이 임종 직전에 법화경을 듣고서 수명이 연장되다.

是比丘 臨欲終時	시비구 임욕종시
於虛空中 具聞威音王佛	어허공중 구문위음왕불
先所說 法華經	선소설 법화경
二十千萬億偈 悉能受持	이십천만억게 실능수지
卽得如上 眼根淸淨	즉득여상 안근청정
耳鼻舌身意根淸淨	이비설신의근청정
得是六根淸淨已	득시육근청정이
更增壽命	갱증수명

2. 상불경보살의 법화경 설법을 듣고 증상만들이 귀의하다.

廣爲人說 是法華經	광위인설 시법화경
於時 增上慢四衆	어시 증상만사중

見其得大神通力	견기득대신통력
樂說辯力 大善寂力	요설변력 대선적력
聞其所說 皆信伏隨從	문기소설 개신복수종

이 (상불경보살) 비구가 목숨을 마칠 때가 되자,
허공 중에서 위음왕 여래께서
예전에 설하셨던 법화경이 들려와
그 이십 천 만억 게송을 다 능히 받아 지니게 되었으니,
곧 앞에서 말한 대로 눈이 청정해졌고
귀와 코, 혀, 몸, 뜻이 다 청정해져서
곧 6근의 청정함을 갖춰
그 수명이 늘어나게 되었느니라.

그리하여 곧 널리 이 법화경을 설하게 되었으니
그 때에 증상만 사부 대중들이

그 큰 신통력 얻음을 보고
또 설법의 변재 얻은 것과 큰 선정의 힘,
그 설하는 것을 듣고는 믿고 복종하여 따르게 되었느니라.

3. 상불경보살이 법화경 공덕으로 부처님들을 뵙고 성불하다.

命終之後 得值二千億佛	명종지후 득치이천억불
皆號日月燈明	개호일월등명
於其法中 說是法華經	어기법중 설시법화경
以是因緣 復值二千億佛	이시인연 부치이천억불
同號雲自在燈王	동호운자재등왕
於此諸佛法中 受持讀誦	어차제불법중 수지독송
爲諸四衆 說此經典	위제사중 설차경전

得大勢 是常不輕菩薩摩訶薩	득대세 시상불경보살마하살
供養如是 若干諸佛	공양여시 약간제불
恭敬尊重讚歎 種諸善根	공경존중찬탄 종제선근
於後 復值千萬億佛	어후 부치천만억불
亦於諸佛法中 說是經典	역어제불법중 설시경전
功德成就 當得作佛	공덕성취 당득작불

그래서 목숨을 마친 후에 곧 이천 억의 부처님을 뵙게 되었으니
그 호가 다 일월등명불이셨으며
그 법 가운데 또 법화경을 설하였느니라.
이러한 인연으로 다시 또 이천 억의 부처님을 뵙게 되니
그 호가 똑같이 운자재등왕불이셨으며
그 모든 불법들 중에서도
이 법화경을 받아 지녀 독송하며 사부 대중을 위해 설하였느니라.

득대세 보살아, 이 상불경보살마하살은
이와 같이 모든 부처님들께 공양드리며
공경하고 존중하고 찬탄하며 모든 선한 뿌리들을 다 심었기에
그 후에 다시 천만 억의 부처님들을 만나 뵙게 된 것이니,
또한 그 모든 부처님 법 가운데에서도 이 법화경을 설하였기에
그 공덕이 성취되어 마땅히 부처를 이루게 되었느니라.

[제20/상불경보살품] 80일차
여래는 자신을 핍박하던 자들도 교화하여 제자 삼는다.

1. 상불경보살은 바로 석가모니 부처님의 전생이었다.

得大勢 於意云何　　　　　득대세 어의운하
爾時 常不輕菩薩　　　　　이시 상불경보살
豈異人乎 則我身是　　　　기이인호 즉아신시

若我於宿世　　　　　　　　약아어숙세
不受持讀誦此經 爲他人說者　불수지독송차경 위타인설자
不能疾得 阿耨多羅三藐三菩提　불능질득 아뇩다라삼먁삼보리

2. 상불경보살을 핍박하던 이들은 지옥에 갔으나 이후 교화되었다.

得大勢 彼時四衆　　　　　득대세 피시사중
比丘比丘尼 優婆塞優婆夷　비구비구니 우바새우바이
以瞋恚意 輕賤我故　　　　이진에의 경천아고
二百億劫 常不値佛　　　　이백억겁 상불치불
不聞法 不見僧　　　　　　불문법 불견승
千劫於阿鼻地獄　　　　　　천겁어아비지옥
受大苦惱 畢是罪已　　　　수대고뇌 필시죄이
復遇常不輕菩薩 敎化　　　부우상불경보살 교화
阿耨多羅三藐三菩提　　　　아뇩다라삼먁삼보리

득대세 보살아, 어찌 생각하느냐.
그 때에 상불경보살이
누구이겠느냐. 바로 나의 몸이었느니라.

만약 내가 그 과거의 시기에
이 법화경을 받아 지녀 다른 이를 위해 독송치 않았더라면
이렇게 빨리 아뇩다라삼먁삼보리를 이루지 못했을 것이니라.

득대세 보살아, 그 때에 사부대중 곧
비구 비구니, 우바새 우바이 중에
성내면서 날 천시하고 깔보던 이들은
200억겁 동안 부처님을 만나 뵙지 못하였고
법을 듣지 못했으며 승려들도 보지 못하였느니라.
1000겁 동안 아비지옥에서
큰 고통을 받았느니라. 그러나 그 죄보가 다한 이후
다시 상불경보살을 만나 교화를 받았으니
아뇩다라삼먁삼보리에 이르게 되었느니라.

3. 그 교화된 증상만들이 현 석가모니 부처님의 제자들이 되다.

得大勢 於汝意云何	득대세 어여의운하
爾時四衆 常輕是菩薩者	이시사중 상경시보살자
豈異人乎 今此會中	기이인호 금차회중
跋陀婆羅等 五百菩薩	발타바라등 오백보살
師子月等 五百比丘尼	사자월등 오백비구니
思佛等 五百優婆塞	사불등 오백우바새
皆於阿耨多羅三藐三菩提	개어아뇩다라삼먁삼보리
不退轉者是	불퇴전자시

득대세 보살아, 어떻게 생각하느냐.
그 상불경보살을 멸시하던 사부대중이
누구이겠느냐. 여기 이 회중 가운데 있는
발타바라의 500 보살과
사자월의 500 비구니,
사불의 500 우바새들이니
모두 다 아뇩다라삼먁삼보리에서
물러나지 않는 이들이니라."

[제21/여래신력품] 81일차
부처님의 혀가 삼천대천세계를 뒤덮다.

1. 땅에서 솟아나온 무수한 보살들이 법화경 수호를 맹세하다.

爾時 千世界微塵等	이시 천세계미진등
菩薩摩訶薩 從地涌出者	보살마하살 종지용출자
皆於佛前 一心合掌	개어불전 일심합장
瞻仰尊顏 而白佛言	첨앙존안 이백불언
世尊 我等 於佛滅後	세존 아등 어불멸후
世尊分身 所在國土	세존분신 소재국토
滅度之處 當廣說此經	멸도지처 당광설차경
所以者何 我等	소이자하 아등
亦自欲得 是眞淨大法	역자욕득 시진정대법
受持讀誦 解說書寫 而供養之	수지독송 해설서사 이공양지

그 때에 천세계 티끌 수와 같이 많은
땅에서 솟아나왔던 보살마하살들이
모두 부처님 앞에서 한마음으로 합장하며
거룩하신 부처님의 얼굴을 우러러보며 부처님께 사뢰었다.
"세존이시여, 저희들이 부처님께서 멸도하신 후에
세존의 분신 부처님이 계시는 모든 국토,
곧 멸도하신 곳에서 이 법화경을 널리 설하겠나이다.
왜냐하면 저희들도
또한 이 깨끗하고 진실한 큰 법을 얻고 싶기 때문입니다.
그러니 이 경을 수지하고 독송하며 해설하고 베껴 쓰며 공양하겠나이다."

2. 부처님께서 무량광을 발하시다.[7]

(爾時世尊)	(이시세존)
一切衆前 現大神力	일체중전 현대신력
出廣長舌 上至梵世	출광장설 상지범세
一切毛孔 放於無量無數色光	일체모공 방어무량무수색광
皆悉遍照 十方世界	개실변조 시방세계
衆寶樹下 師子座上諸佛	중보수하 사자좌상제불
亦復如是 出廣長舌	역부여시 출광장설
放無量光	방무량광

現神力時 滿百千歲	현신력시 만백천세
然後 還攝舌相	연후 환섭설상
一時謦欬 俱共彈指	일시경해 구공탄지
是二音聲 遍至十方	시이음성 변지시방
諸佛世界 地皆六種震動	제불세계 지개육종진동

---

[7] 493 페이지 "5) 붓다님들은 무아 속 절대계에 32상 빛의 몸으로 계신다"

(그 때에 세존께서)
모든 무리들 앞에서 크나큰 신통의 힘을 보이셨다.
넓고 긴 혀를 내시니 그 혀가 위로 범천 하늘에까지 이르렀으며
모든 털구멍에서 한량없는 무수한 빛깔의 광명을 발하셨으니
시방세계 전체를 다 밝게 비추었다.
무수한 보배 나무 아래의 사자좌 위에 계신 모든 분신 부처님들께서도
이와 같이 넓고 긴 혀를 내어
무한한 빛을 발하시었다.

이처럼 신통력을 보이시고 만 백 천세가
지난 후에야 혀를 도로 거두시었다.
그리고 일시에 기침 소리를 내시면서 손가락을 튕기시니,
그 두 소리가 시방에 울려 퍼졌다.
그러자 모든 부처님 세계의 땅이 여섯 가지로 진동하였다.

3. 온 우주의 중생들이 이 사바세계의 영산회상을 목격하게 되다.

其中衆生 天龍夜叉	기중중생 천룡야차
乾達婆 阿修羅	건달바 아수라
迦樓羅 緊那羅	가루라 긴나라
摩睺羅伽 人非人等	마후라가 인비인등
以佛神力故 皆見此娑婆世界	이불신력고 개견차사바세계
無量無邊 百千萬億	무량무변 백천만억
衆寶樹下 師子座上諸佛	중보수하 사자좌상제불
及見釋迦牟尼佛 共多寶如來	급견석가모니불 공다보여래
在寶塔中 坐師子座	재보탑중 좌사자좌
又見無量無邊 百千萬億	우견무량무변 백천만억
菩薩摩訶薩 及諸四衆	보살마하살 급제사중
恭敬圍繞 釋迦牟尼佛	공경위요 석가모니불

그 모든 세계 중의 중생들 곧 하늘신, 용, 야차,
건달바, 아수라,
가루라, 긴나라,
마후라가, 사람도 아니고 사람 아닌 것도 아닌 존재들이
부처님의 위신력으로 인해 전부 다 이 사바세계를 보게 되었다.
한없고 끝없는 백 천 만억
보배 나무 아래에 사자좌 위에 앉아계신 모든 분신부처님들을 보았고,
또한 석가모니 부처님과 다보여래께서 함께 계셔서
다보탑 안의 사자좌에 앉아 계심을 보게 되었다.
또한 한없고 끝없는 백 천 만억의
보살마하살들과 사부대중이
석가모니 부처님을 공경하며 둘러싸고 있음을 보게 되었다.

[제21/여래신력품] 82일차
온 우주의 중생들이 석가모니 부처님을 염불하며 귀의하다.

1. 석가모니불께서 법화경을 설하심이 전 우주에 선포되다.

卽時諸天	즉시제천
於虛空中 高聲唱言	어허공중 고성창언
過此無量無邊 百千萬億	과차무량무변 백천만억
阿僧祇世界 有國名娑婆	아승기세계 유국명사바
是中有佛 名釋迦牟尼	시중유불 명석가모니
今爲諸菩薩摩訶薩	금위제보살마하살
說大乘經 名妙法蓮花	설대승경 명묘법연화
敎菩薩法 佛所護念	교보살법 불소호념
汝等 當深心隨喜	여등 당심심수희
亦當禮拜供養 釋迦牟尼佛	역당예배공양 석가모니불

2. 온 우주의 중생들이 석가모니 부처님의 이름을 염불하다.

彼諸衆生 聞虛空中聲已	피제중생 문허공중성이
合掌向 娑婆世界 作如是言	합장향 사바세계 작여시언
南無釋迦牟尼佛 南無釋迦牟尼佛	나무석가모니불 나무석가모니불

(시방의 부처님 세계에서 사는 중생들이 영산회상을 목격하는 순간)
그 즉시 모든 하늘
허공 가운데에서 큰 소리가 나서 이르되
"여기서 한없고 끝없는 백 천 만억
아승기 세계를 지나 사바세계가 있어
그 가운데 부처님이 계시니 이름이 석가모니이시니라.
이제 모든 보살마하살들을 위하여
대승경을 설하시나니 이름이 묘법연화경이라.
보살들을 가르치는 법이요 부처님께서 보호하시고 생각하시는 경이라,
너희는 마땅히 마음 깊이 따라 기뻐할지니
또한 석가모니 부처님께 응당 예배하며 공양드릴지어다."

그 모든 중생이 허공에서 나는 소리를 듣고서
사바세계를 향하여 합장한 채 이렇게 말하기 시작하였다.
"나무석가모니불, 나무석가모니불…"

3. 석가모니 부처님을 중심으로 시방세계가 한 불국토가 되다.

以種種華香 瓔珞幡蓋	이종종화향 영락번개
及諸嚴身之具 珍寶妙物	급제엄신지구 진보묘물
皆共遙散 娑婆世界	개공요산 사바세계
所散諸物 從十方來	소산제물 종시방래
譬如雲集 變成寶帳	비여운집 변성보장
遍覆此間 諸佛之上	편부차간 제불지상

于時 十方世界	우시 시방세계
通達無礙 如一佛土	통달무애 여일불토

그리고서 갖가지 꽃과 향과 구슬과 깃발
및 모든 장엄한 장신구의 묘한 보물들로
다 같이 멀리서부터 사바세계에 흩뿌리니
흩날린 모든 보물들이 사방에서부터 와서
구름처럼 운집하여 보배의 휘장을 이루더니
모든 부처님 위를 두루 덮었다.

그러자 온 시방 세계가
걸림 없이 통달케 되었으니 마치 하나의 불국토와 같았다.

[제21/여래신력품] 83일차
여래의 신통력으로도 이 법화경의 공덕을 다 말할 수 없다.

1. 여래의 신통력으로도 법화경의 공덕을 다 말할 수 없다.

爾時 佛告上行等 菩薩大衆	이시 불고상행등 보살대중
諸佛神力 如是無量無邊	제불신력 여시무량무변
不可思議	불가사의
若我以是神力 於無量無邊	약아이시신력 어무량무변
百千萬億 阿僧祇劫	백천만억 아승기겁
爲囑累故 說此經功德	위촉루고 설차경공덕
猶不能盡	유불능진

2. 여래의 모든 비밀과 진리가 이 법화경 안에 다 있다.

以要言之	이요언지
如來一切 所有之法	여래일체 소유지법
如來一切 自在神力	여래일체 자재신력
如來一切 祕要之藏	여래일체 비요지장
如來一切 甚深之事	여래일체 심심지사
皆於此經 宣示顯說	개어차경 선시현설

그 때에 부처님께서 상행보살을 비롯한 대중들에게 이르시었다.
"모든 부처님의 신통력이 이처럼 무한하여 끝이 없어
불가사의 하노라.
그러나 만일 내가 이 신통력으로 무한한
백 천 만억 아승기겁 동안
이 법화경을 부촉하기 위해 경의 공덕을 설한다 할지라도
오히려 다 말하지 못하리라.

요약하여 말하자면
여래의 모든 소유한 법과
여래의 모든 자재한 신통력과
여래의 모든 비밀하고 중요한 법장과
여래의 모든 깊고 심오한 일들을
이 경이 전부 베풀어서 보여주어 나타내고 있느니라.

3. 법화경 수지자는 중생들의 어둠을 없애고 일불승을 얻게 하리라.

諸佛坐道場 所得祕要法　　제불좌도량 소득비요법
能持是經者 不久亦當得　　능지시경자 불구역당득

能持是經者 於諸法之義　　능지시경자 어제법지의
名字及言辭 樂說無窮盡　　명자급언사 요설무궁진
如風於空中 一切無障礙　　여풍어공중 일체무장애
於如來滅後 知佛所說經　　어여래멸후 지불소설경
因緣及次第 隨義如實說　　인연급차제 수의여실설

如日月光明 能除諸幽冥　　여일월광명 능제제유명
斯人行世間 能滅衆生闇　　사인행세간 능멸중생암
教無量菩薩 畢竟住一乘　　교무량보살 필경주일승

모든 부처님들께서 도량에 앉으셔서 얻으신 비밀하고 중요한 법을
이 법화경을 능히 수지하는 자라면 역시 오래지 않아 마땅히 얻으리라.

이 법화경을 능히 수지하는 자는 모든 법의 곳간의
이름과 문자 및 언사를 즐거이 설하되 막힘없이 무궁하리니
마치 바람이 허공 가운데에서 일체 장애가 없듯이 하리라.
여래가 멸도한 후에 부처님이 설하신
경전들의 인연 및 차례를 다 알아 그 뜻에 따라 진실하게 설하리니

마치 해와 달의 광명이 능히 모든 어둠을 몰아내듯이
세간에서 그와 같이 행하는 자는 능히 중생의 어둠을 멸하리니
무량한 보살들을 가르쳐서 마침내 일승에 머물게 하리라."

[제22/촉루품] 84일차
여래께서 보살들에게 법화경을 부촉하시다.

1. 석가모니불께서 법화경을 보살들에게 부촉하시다.

爾時 釋迦牟尼佛	이시 석가모니불
從法座起 現大神力	종법좌기 현대신력
以右手 摩無量菩薩摩訶薩頂	이우수 마무량보살마하살정
而作是言	이작시언
我於無量百千萬億 阿僧祇劫	아어무량백천만억 아승기겁
修習是難得 阿耨多羅三藐三菩提法	수습시난득 아뇩다라삼먁삼보리법
今以付囑汝等	금이부촉여등
汝等 應當一心	여등 응당일심
流布此法 廣令增益	유포차법 광령증익

如是三摩 諸菩薩摩訶薩頂	여시삼마 제보살마하살정
而作是言	이작시언
我於無量百千萬億 阿僧祇劫	아어무량백천만억 아승기겁
修習是難得 阿耨多羅三藐三菩提法	수습시난득 아뇩다라삼먁삼보리법
今以付囑汝等	금이부촉여등
汝等 當受持讀誦 廣宣此法	여등 당수지독송 광선차법
令一切衆生 普得聞知	영일체중생 보득문지

그 때에 석가모니불께서
법좌에서 일어나시면서 큰 신통력을 보이셨으니
오른손으로 한량없는 보살마하살들의 정수리를 한꺼번에 어루만지시며
말씀하셨다.
"내가 한량없는 백 천 만억 아승기겁 동안
닦아 익힌 이 얻기 어려운 아뇩다라삼먁삼보리의 법을
이제 너희들에게 부촉하노라.
너희들은 응당 일심으로
이 법을 펴서 널리 이롭게 하라."

이렇게 세 번이나 모든 보살마하살들의 정수리를 어루만지시면서
말씀하셨다.
"내가 한량없는 백 천 만억 아승기겁 동안
닦아 익힌 이 얻기 어려운 아뇩다라삼먁삼보리의 법을
이제 너희들에게 부촉하노라.
너희들은 마땅히 이 법화경을 수지하고 독송하며 널리 펴서
모든 중생으로 하여금 널리 듣고 알게 하라."

2. 여래는 중생들에게 부처님의 지혜를 나누어 주는데 인색치 않으니, 너희도 인색치 말라.

所以者何 如來 有大慈悲	소이자하 여래 유대자비
無諸慳悋 亦無所畏	무제간린 역무소외
能與衆生 佛之智慧	능여중생 불지지혜
如來智慧 自然智慧	여래지혜 자연지혜
如來 是一切衆生 之大施主	여래 시일체중생 지대시주
汝等 亦應隨學	여등 역응수학
如來之法 勿生慳悋	여래지법 물생간린

3. 부처님의 법을 전하는 것이 곧 부처님의 은혜를 갚는 일이다.

於未來世 若有善男子善女人	어미래세 약유선남자선여인
信如來智慧者 當爲演說	신여래지혜자 당위연설
此法華經 使得聞知	차법화경 사득문지
爲令其人 得佛慧故	위령기인 득불혜고

若有衆生 不信受者	약유중생 불신수자
當於如來 餘深法中	당어여래 여심법중
示敎利喜	시교리희
汝等 若能如是	여등 약능여시
則爲已報 諸佛之恩	즉위이보 제불지은

"어떤 까닭인가 하면, 여래는 대자대비하여
인색함이 전혀 없으며 또한 두려울 바 없이
능히 중생들에게 부처님의 지혜,
여래의 지혜, 스스로 이뤄지는 지혜를 주기 때문이니라.
여래는 곧 모든 중생의 대시주자이니,
너희들도 역시 이를 따라 배워
여래의 법을 베푸는 데 인색하지 말지니라.

미래세에 어떤 선남자나 선여인이 있어
여래의 지혜를 믿는다면 마땅히
이 법화경을 설하여 듣고 알게 할지니
이는 그 사람으로 하여금 부처님의 지혜를 얻게 하려는 연고이니라.

만약 어떤 믿지 않는 중생이 있다면
마땅히 여래의 다른 깊은 법 가운데에서
가르치고 보여주어 이롭게 하고 기쁘게 할지니
너희들이 만일 이와 같이 할 수 있다면
그것이 곧 모든 부처님의 은혜에 보답하는 것이니라."

[제22/촉루품] 85일차
보살들이 법화경 수호를 서원하다

1. 보살마하살들이 법화경을 사바세계에 유포하기로 서원하다.

時 諸菩薩摩訶薩　　　　시 제보살마하살
聞佛作是說已　　　　　　문불작시설이
皆大歡喜 遍滿其身　　　 개대환희 변만기신
益加恭敬 曲躬低頭　　　 익가공경 곡궁저두
合掌向佛 俱發聲言　　　 합장향불 구발성언
如世尊勅 當具奉行　　　 여세존칙 당구봉행
唯然世尊 願不有慮　　　 유연세존 원불유려

諸菩薩摩訶薩衆　　　　　제보살마하살중
如是三反 俱發聲言　　　 여시삼반 구발성언
如世尊勅 當具奉行　　　 여세존칙 당구봉행
唯然世尊 願不有慮　　　 유연세존 원불유려

2. 분신 부처님들과 다보여래께서 본래 처소로 돌아가시다.

爾時 釋迦牟尼佛　　　　이시 석가모니불
令十方來 諸分身佛　　　영시방래 제분신불
各還本土 而作是言　　　각환본토 이작시언
諸佛 各隨所安　　　　　 제불 각수소안
多寶佛塔 還可如故　　　다보불탑 환가여고

그 때 모든 보살마하살들이
부처님께서 말씀하시는 바를 듣고서
모두 다 큰 환희심이 온몸에 충만하게 되었다.
그래서 더욱 공경하는 맘으로 몸을 굽혀 머리를 숙여
부처님을 향해 합장한 채 소리 내어 다함께 말하였다.
"세존께서 분부하신 바와 같이 마땅히 받들어 행하겠나이다.
원컨대 세존께서는 염려하지 마시옵소서."

모든 보살마하살의 무리가
이처럼 세 번을 반복하면서 소리 내어 다함께 말하였다.
"세존께서 분부하신 바와 같이 마땅히 받들어 행하겠나이다.
원컨대 세존께서는 염려치 마시옵소서."

그러자 석가모니불께서
시방에서 오신 모든 분신 부처님들로 하여금
각기 본토로 돌아가게 하시면서 말씀하셨다.
"모든 부처님들께서는 각각 원래 계셨던 곳으로 돌아가시고,
다보 부처님과 탑도 돌아가시지요."

3. 영취산 허공에서 있었던 법회가 마무리되다.

說是語時	설시어시
十方無量 分身諸佛	시방무량 분신제불
坐寶樹下 師子座上者	좌보수하 사자좌상자
及多寶佛 幷上行等	급다보불 병상행등
無邊阿僧祇 菩薩大衆	무변아승기 보살대중
舍利弗等 聲聞四衆	사리불등 성문사중
及一切世間 天人阿修羅等	급일체세간 천인아수라등
聞佛所說 皆大歡喜	문불소설 개대환희

이렇게 말씀하시자
시방에서 오셔서
보배 나무 아래 사자좌 위에 앉아 계신 무량한 분신 부처님들과
다보부처님과 상행보살 및
한없는 아승기의 보살 대중,
사리불을 비롯한 성문 사부대중들,
일체 세간 및 하늘 사람과 아수라의 무리들이
부처님께서 말씀하신 바를 듣고 전부 다 크게 환희하였다.

[제24/묘음보살품] 86일차
석가모니 부처님의 백호상광이 묘음보살을 비추다

1. 석가모니 부처님의 백호상광이 정광장엄국(깨끗한 빛으로 장엄된 국토)을 비추시다.

爾時 釋迦牟尼佛	이시 석가모니불
放大人相 肉髻光明	방대인상 육계광명
及放眉間 白毫相光	급방미간 백호상광
遍照東方 百八萬億	변조동방 백팔만억
那由他 恒河沙等	나유타 항하사등
諸佛世界 過是數已	제불세계 과시수이
有世界 名淨光莊嚴	유세계 명정광장엄
其國有佛 號淨華宿王智如來	기국유불 호정화수왕지여래

釋迦牟尼佛 白毫光明 遍照其國   석가모니불 백호광명 변조기국

그 때에 석가모니 부처님께서
대인의 상, 곧 육계에서 광명을 발하시고
또한 미간으로부터 백호상의 빛을 발하시니
동방의 백팔만억
나유타 항하사의
모든 불세계를 비추셨는데 이를 다 지나서
정광장엄이란 이름의 세계가 있었으니
그 국토에 부처님이 계셔서 그 호를 정화수왕지여래라 하시었다.

석가모니 부처님의 백호광명이 그 나라를 비추었다.

2. 갖가지 삼매를 성취한 묘음보살

爾時 一切淨光莊嚴國中	이시 일체정광장엄국중
有一菩薩 名曰妙音	유일보살 명왈묘음
久已植衆德本 供養親近	구이식중덕본 공양친근
無量百千萬億諸佛	무량백천만억제불
而悉成就 甚深智慧	이실성취 심심지혜

得妙幢相三昧 法華三昧	득묘당상삼매 법화삼매
淨德三昧 宿王戱三昧	정덕삼매 수왕희삼매
無緣三昧 智印三昧	무연삼매 지인삼매
解一切衆生語言三昧	해일체중생어언삼매
集一切功德三昧	집일체공덕삼매
淸淨三昧 神通遊戱三昧	청정삼매 신통유희삼매
慧炬三昧 莊嚴王三昧	혜거삼매 장엄왕삼매
淨光明三昧 淨藏三昧	정광명삼매 정장삼매
不共三昧 日旋三昧	불공삼매 일선삼매
得如是等 百千萬億	득여시등 백천만억
恒河沙等 諸大三昧	항하사등 제대삼매

그 때에 전체 정광장엄국 가운데
한 보살이 있어 묘음이라 이름 하였는데
옛적부터 갖가지 덕의 근본을 심었고
무량한 백 천 만억 모든 부처님들을 가까이 하여 공양하여
깊고 미묘한 지혜를 성취하였었다.

(그리하여 갖가지 삼매를 얻었으니)
묘당상삼매(미묘한 깃발상의 삼매), 법화삼매,
정덕삼매(깨끗한 덕의 삼매), 수왕희삼매(별자리들을 다루는 삼매),
무연삼매(연이 없는 삼매), 지인삼매(보살의 지혜 인을 다루는 삼매),
해일체중생어언삼매(모든 중생의 말을 이해하는 삼매),
집일체공덕삼매(모든 공덕을 모으는 삼매),
청정삼매, 신통유희삼매,
혜거삼매(횃불 같은 지혜의 삼매), 장엄왕삼매(장엄한 왕의 삼매),
정광명삼매, 정장삼매(깨끗함을 간직한 삼매),
불공삼매(공유될 수 없는 삼매), 일선삼매(해를 돌리는 삼매)
이와 같은 백 천 만억
항하사 무리의 모든 큰 삼매를 얻었었다.

3. 묘음보살이 부처님의 빛을 받고 사바세계로 오기로 하다.

釋迦牟尼佛 光照其身	석가모니불 광조기신
卽白淨華宿王智佛言	즉백정화수왕지불언
世尊 我當往詣	세존 아당왕예
娑婆世界 禮拜親近供養	사바세계 예배친근공양
釋迦牟尼佛	석가모니불
及見文殊師利 法王子菩薩	급견문수사리 법왕자보살
藥王菩薩 勇施菩薩	약왕보살 용시보살
宿王華菩薩 上行意菩薩	수왕화보살 상행의보살
莊嚴王菩薩 藥上菩薩	장엄왕보살 약상보살

석가모니 부처님의 빛이 그 (묘음보살의) 몸을 비추니
곧 정화수왕지 부처님께 (묘음보살이) 사뢰었다.
"세존이시여, 저는 지금 마땅히
사바세계에 가서
석가모니 부처님께 가까이 가 기꺼이 예배하고 공양드려야 하겠습니다.
또한 법왕자 문수사리보살님도 뵙고
약왕보살, 용시보살,
수왕화보살, 상행의보살,
장엄왕보살, 약상보살들도 만나 뵙겠습니다."

[제24/묘음보살품] 87일차
사바세계가 더럽지만 묘음보살이 더럽다 여기지 아니하다

1. "사바세계를 업신여기지 말라."

爾時 淨華宿王智佛	이시 정화수왕지불
告妙音菩薩	고묘음보살
汝莫輕彼國 生下劣想	여막경피국 생하열상
善男子 彼娑婆世界	선남자 피사바세계
高下不平 土石諸山	고하불평 토석제산
穢惡充滿 佛身卑小	예악충만 불신비소
諸菩薩衆 其形亦小	제보살중 기형역소
而汝身 四萬二千由旬	이여신 사만이천유순
我身 六百八十萬由旬	아신 육백팔십만유순
是故汝往 莫輕彼國	시고여왕 막경피국
若佛菩薩 及國土	약불보살 급국토
生下劣想	생하열상

그 때에 정화수왕지부처님께서
묘음보살에게 말씀하시었다.
"너는 저 국토를 가벼이 여기거나 하열하다는 생각을 내지 말라.
선남자여, 저 사바세계는
높고 낮음이 있어 평평하지 아니하고 모든 산이 흙과 돌로 되어 있으며
더러움과 악함이 가득하며 부처님의 몸도 작고
모든 보살들도 역시 그 형상이 왜소하니라.
반면 너의 몸은 사만 이천 유순이요
나의 몸도 육백 팔십 만억 유순이니라.

그러니 네가 그 곳에 가더라도
그곳의 불보살님들과 저 국토를 가벼이 여기지 말고
하열하다는 생각을 내지 말라."

2. 묘음보살이 영산회상에 삼매의 힘으로 보배 연꽃들을 꽃피우다.

妙音菩薩 白其佛言　　　　묘음보살 백기불언
世尊 我今詣 娑婆世界　　　세존 아금예 사바세계
皆是如來之力 如來神通遊戲　개시여래지력 여래신통유희
如來功德 智慧莊嚴　　　　　여래공덕 지혜장엄

於是 妙音菩薩　　　　　　어시 묘음보살
不起于座 身不動搖　　　　불기우좌 신부동요
而入三昧 以三昧力　　　　이입삼매 이삼매력
於耆闍崛山 去法座不遠　　어기사굴산 거법좌불원
化作八萬四千 衆寶蓮華　　화작팔만사천 중보련화

3. 세존께서 묘음보살이 법화경을 들으러 오는 것을 설명해주시다.

爾時 文殊師利法王子　　　이시 문수사리법왕자
見是蓮華 而白佛言　　　　견시연화 이백불언
世尊 是何因緣 先現此瑞　　세존 시하인연 선현차서

爾時 釋迦牟尼佛 告文殊師利　이시 석가모니불 고문수사리
是妙音菩薩摩訶薩　　　　　　시묘음보살마하살
欲從淨華宿王智佛國　　　　　욕종정화수왕지불국
與八萬四千 菩薩圍繞　　　　여팔만사천 보살위요
而來至此 娑婆世界　　　　　이래지차 사바세계
供養親近 禮拜於我　　　　　공양친근 예배어아
亦欲供養 聽法華經　　　　　역욕공양 청법화경

묘음보살이 부처님께 사뢰었다.
"세존이시여, 제가 지금 사바세계에 가는 것은
모두 여래의 힘과 여래의 신통유희,
여래의 공덕과 지혜 장엄 덕택이옵니다."

그 때에 묘음보살이
자리에서 일어나지 않고 그 몸이 동요하지 않은 채로
삼매에 들어가 삼매의 힘으로
기사굴산의 법좌에서 멀지 않은 곳에
팔만 사천 보배 연꽃의 무리가 피도록 하였다.

그 때에 문수사리 법왕자가
이 연꽃들을 보고서는 부처님께 사뢰었다.
"세존이시여, 어떤 인연으로 이런 상서가 앞서 나타나는 것입니까?"

그 때에 석가모니불께서 문수사리에게 말씀하셨다.
"이는 묘음보살마하살이
정화수왕지부처님의 나라로부터
팔만 사천의 보살들과 함께
이 곳 사바세계에 와서
내게 공양하고 가까이 섬기며 예배하기 위한 것이며,
또한 법화경을 듣고 공양하기 위한 것이니라."

[제24/묘음보살품] 88일차
묘음보살은 갖가지 악기로 부처님께 공양해 보살이 되었다.

1. 묘음보살은 음악으로 부처님께 공양한 공덕으로 보살이 되었다.

爾時 華德菩薩 白佛言	이시 화덕보살 백불언
世尊 是妙音菩薩	세존 시묘음보살
種何善根 修何功德	종하선근 수하공덕
有是神力	유시신력

佛告華德菩薩	불고화덕보살
過去有佛 名雲雷音王	과거유불 명운뢰음왕
多陀阿伽度 阿羅訶 三藐三佛陀	다타아가도 아라하 삼먁삼불타
國名現一切世間 劫名喜見	국명현일체세간 겁명희견
妙音菩薩 於萬二千歲	묘음보살 어만이천세
以十萬種伎樂 供養雲雷音王佛	이십만종기악 공양운뢰음왕불
幷奉上 八萬四千	병봉상 팔만사천
七寶鉢 以是因緣果報	칠보발 이시인연과보
今生淨華宿王智佛國 有是神力	금생정화수왕지불국 유시신력

2. 묘음보살은 무수히 많은 부처님께 공양해 온 분이다.

華德 是妙音菩薩	화덕 시묘음보살
已曾供養親近 無量諸佛	이증공양친근 무량제불
久植德本 又値恒河沙等	구식덕본 우치항하사등
百千萬億 那由他佛	백천만억 나유타불

그 때에 화덕보살이 석가모니 부처님께 사뢰었다.
"세존이시여, 이 묘음보살은
어떤 선근을 심고 어떤 공덕을 닦았기에
이와 같은 신통력을 갖추게 된 것입니까?"

석가모니 부처님께서 화덕보살에게 말씀하셨다.
"과거에 부처님이 계셨으니 그 이름을 운뢰음왕불,
다타아가도(여래), 아라하(응공), 삼먁삼불타(정변지)라 하셨느니라.
나라의 이름은 현일체세간이었으며 시대의 이름은 희견이었느니라.
그 때에 묘음보살은 만 이천세 동안
십만 가지의 악기로 운뢰음왕부처님을 공양하였으며
또한 팔만사천 가지의
칠보 발우로 공양하였으니 그러한 인연과 과보로
지금 정화수왕지 부처님 나라에 나서 이같은 신통력을 갖게 된 것이니라.

화덕이여, 이 묘음보살은
일찍이 한량없이 많은 모든 부처님들을 가까이 모시면서 공양하였고
오랫동안 덕의 뿌리를 심었으며 또한 항하의 모래알처럼 많은
백 천 만억 나유타 수의 부처님들을 모셔왔느니라."

[제24/묘음보살품] 89일차
묘음보살이 석가모니 부처님과 다보여래께 문안드리다.

1. 문수보살이 묘음보살의 삼매에 대해 석가모니불께 여쭈다.

文殊師利 白佛言	문수사리 백불언
世尊 是菩薩	세존 시보살
種何善本 修何功德	종하선본 수하공덕
而能有是 大神通力	이능유시 대신통력
行何三昧 願爲我等	행하삼매 원위아등
說是三昧名字	설시삼매명자
我等 亦欲勤修行之	아등 역욕근수행지
行此三昧 乃能見是菩薩	행차삼매 내능견시보살
色相大小 威儀進止	색상대소 위의진지

唯願世尊 以神通力	유원세존 이신통력
彼菩薩來 令我得見	피보살래 영아득견

문수사리 보살이 부처님께 사뢰었다.
"세존이시여, 이 보살은
어떤 선한 근본을 심고 수행하여 공덕을 쌓았기에
이러한 큰 신통력을 능히 보일 수 있는 것입니까?
어떤 삼매를 행하는 것입니까? 원컨대 저희에게
그 삼매의 이름을 말씀해주시옵소서.
저희 또한 부지런히
그 삼매를 수행하여 그 보살의
형상과 모습, 크기, 위의와 행하심을 보고 싶습니다.

원컨대 세존이시여 신통력으로
저 보살을 이리 오게 하셔서 저희들이 보게 하소서."

2. 묘음보살이 사바세계로 오다.

時 多寶佛 告彼菩薩	시 다보불 고피보살
善男子來	선남자래
文殊師利法王子 欲見汝身	문수사리법왕자 욕견여신

于時 妙音菩薩 於彼國沒	우시 묘음보살 어피국몰
與八萬四千菩薩 俱共發來	여팔만사천보살 구공발래
所經諸國 六種震動	소경제국 육종진동
皆悉雨於七寶蓮花	개실우어칠보연화
百千天樂 不鼓自鳴	백천천악 불고자명

而來詣此	이래예차
娑婆世界 耆闍崛山	사바세계 기사굴산
到已 下七寶臺	도이 하칠보대
以價値百千瓔珞	이가치백천영락
持至 釋迦牟尼佛所	지지 석가모니불소
頭面禮足 奉上瓔珞	두면예족 봉상영락

그 때 다보 부처님께서 저 (묘음) 보살에게 말씀하셨다.
"선남자여, 오너라.
문수사리 법왕자가 너를 보고자 하는구나."

그러자 묘음보살이 그 나라를 떠나
팔만 사천 명의 보살들과 같이 이리 오는데
지나치는 모든 국토가 여섯 방향으로 진동하였다.
그 모든 세계에 칠보로 된 연꽃들이 비처럼 내렸으며
백 천 가지 하늘 음악이 연주하지 않아도 저절로 울리었다.

그리하여 이곳으로 와
사바세계의 기사굴산에 이르러
도착해서 칠보대에서 내리니
백 천의 가치를 가진 보배 영락을
가지고서 석가모니 부처님의 처소에 이르렀다.
그리고 그 (부처님) 발아래 머리를 조아려 예를 표하고 그 영락을 바쳤다.

3. 묘음보살이 남섬부주 교주 석가모니 부처님께 문안드리다.

而白佛言 世尊　　　　　　이백불언 세존
淨華宿王智佛 問訊世尊　　정화수왕지불 문신세존
少病少惱 起居輕利　　　　소병소뇌 기거경리
安樂行不 四大調和不　　　안락행부 사대조화부
世事可忍不 衆生易度不　　세사가인부 중생이도부
無多貪欲 瞋恚愚癡　　　　무다탐욕 진에우치
嫉妬慳慢不 無不孝父母　　질투간만부 무불효부모
不敬沙門 邪見不善心不　　불경사문 사견불선심부
攝五情不　　　　　　　　섭오정부

久滅度 多寶如來　　　　　구멸도 다보여래
在七寶塔中 來聽法不　　　재칠보탑중 내청법부

그리고 부처님께 사뢰었다. "세존이시여,
정화수왕지불께서 세존께 문안드리시길
'병은 적으시고 걱정도 적으신지요? 기거하심은 편안하고
안락하게 지내십니까? 사대(지地, 수水, 화火, 풍風)는 조화로우십니까?
세간의 일이 참을만하신지요? 중생은 쉬이 제도되는지요?
중생들에게 탐욕이 많거나 성냄과 어리석음,
질투나 교만함이 많지는 않습니까? 부모에게 불효하는 자나
승려를 공경치 않는 자, 잘못된 견해로 불선한 자가 많진 않습니까?
중생들이 다섯 가지 욕정은 잘 다스리는지요?

오래 전 멸도하신 다보여래께서는
칠보탑 가운데 계시면서 법을 듣기 위해 오셨는지요?'
라고 여쭈셨습니다."

[제24/묘음보살품] 90일차
묘음보살은 갖가지 몸으로 근기에 맞게 중생을 제도한다.

1. 묘음보살은 갖가지 변화신으로 나타나 모든 중생을 구제한다.

華德 汝但見妙音菩薩 其身在此	화덕 여단견묘음보살 기신재차
而是菩薩 現種種身	이시보살 현종종신
處處 爲諸衆生 說是經典	처처 위제중생 설시경전
或現梵王身 或現帝釋身	혹현범왕신 혹현제석신
或現自在天身	혹현자재천신

或現轉輪聖王身 或現諸小王身	혹현전륜성왕신 혹현제소왕신
或現長者身 或現居士身	혹현장자신 혹현거사신

或現比丘比丘尼 優婆塞優婆夷身	혹현비구비구니 우바새우바이신
或現長者居士婦女身	혹현장자거사부녀신

或現天龍夜叉 乾達婆阿修羅	혹현천룡야차 건달바아수라
迦樓羅緊那羅 摩睺羅伽	가루라긴나라 마후라가
人非人等身 而說是經	인비인등신 이설시경
諸有地獄 餓鬼畜生	제유지옥 아귀축생
及衆難處 皆能救濟	급중난처 개능구제

(석가모니 부처님께서 말씀하셨다)
"화덕이여, 너는 단지 여기 있는 묘음보살의 몸만 보고 있지만
이 보살은 가지가지 몸을 나타내느니라.
곳곳에서 모든 중생을 위하여 이 경전을 설하나니
혹은 범왕의 몸을 보이기도 하고 혹은 제석의 몸을 보이기도 하고
혹은 자재천의 몸을 보이기도 하고

혹은 전륜성왕의 몸을 보이기도 하고 혹은 소왕의 몸을 보이기도 하고
혹은 장자의 몸을 보이기도 하고 혹은 거사의 몸을 보이기도 하나니

혹은 비구나 비구니, 우바새나 우바이의 몸을 보이기도 하고
혹은 장자나 거사의 부인의 몸을 보이기도 하니

혹은 천룡과 야차, 건달바나 아수라,
가루라나 긴나라, 마후라가,
사람인 듯 사람 아닌 이들의 몸으로 나타나기도 하여 이 경을 설하나니
모든 지옥과 아귀, 축생과
법 듣기 어려운 곳에 있는 중생들까지도 모두 다 능히 구제하느니라.

2. 묘음보살은 중생의 근기에 맞게 변화신을 나타낸다.

是菩薩 以若干智慧 明照娑婆世界　시보살 이약간지혜 명조사바세계
令一切衆生 各得所知　　　　　　영일체중생 각득소지
於十方恒河沙世界中 亦復如是　　어시방항하사세계중 역부여시
若應以聲聞形 得度者　　　　　　약응이성문형 득도자
現聲聞形 以爲說法　　　　　　　현성문형 이위설법
應以辟支佛形 得度者　　　　　　응이벽지불형 득도자
現辟支佛形 以爲說法　　　　　　현벽지불형 이위설법
應以菩薩形 得度者　　　　　　　응이보살형 득도자
現菩薩形 以爲說法　　　　　　　현보살형 이위설법
應以佛形 得度者　　　　　　　　응이불형 득도자
卽現佛形 以爲說法　　　　　　　즉현불형 이위설법

如是種種 隨所應度　　　　　　　여시종종 수소응도
而爲現形　　　　　　　　　　　이위현형
乃至應以滅度 而得度者　　　　　내지응이멸도 이득도자
示現滅度　　　　　　　　　　　시현멸도

이 보살은 그 지혜로 사바세계를 밝게 비추나니
모든 중생으로 하여금 각기 알아야 할 바를 얻게 하노라.
시방의 항하사 세계 가운데에서도 마찬가지니라.
성문의 몸을 보여야 깨달을 자에게는
성문의 몸을 보여 설법하고
벽지불의 몸을 보여야 깨달을 자에게는
벽지불의 몸을 보여 설법하고
보살의 몸을 보여야 깨달을 자에게는
보살의 몸을 보여 설법하고
부처님의 몸을 보여야 깨달을 자에게는
부처님의 몸을 보여 설법하느니라.

이와 같이 가지가지 그 응할 바에 따라서
몸을 나타내 보이나니
심지어 열반함을 보여야 깨달을 자에게는
기꺼이 열반하는 모습도 보여주느니라."

3. 묘음보살의 신통은 일체색신삼매에서 나오는 것이다.

爾時 華德菩薩 白佛言 　　　이시 화덕보살 백불언
世尊 是妙音菩薩 深種善根 　세존 시묘음보살 심종선근
世尊 是菩薩 　　　　　　　　세존 시보살
住何三昧 而能如是 　　　　　주하삼매 이능여시
在所變現 度脫衆生 　　　　　재소변현 도탈중생

佛告華德菩薩 　　　　　　　　불고화덕보살
善男子 其三昧名 　　　　　　선남자 기삼매명
現一切色身 　　　　　　　　　현일체색신
妙音菩薩 住是三昧中 　　　　묘음보살 주시삼매중
能如是饒益 無量衆生 　　　　능여시요익 무량중생

그 때에 화덕보살이 부처님께 사뢰었다.
"세존이시여, 이 묘음보살이 가지가지 심은 선한 뿌리가 깊습니다.
세존이시여, 이 보살은
어떠한 삼매에 머물기에 이처럼 능히
변화신을 나타내어 중생을 건질 수 있는 것입니까?"

부처님께서 화덕보살에게 말씀하셨다.
"선남자여, 이 삼매의 이름은
현일체색신삼매이니라.
묘음보살이 이 삼매 가운데에 머물기에
능히 한없이 많은 중생을 크게 이롭게 하는 것이니라."

[제25/관세음보살보문품] 91일차
관세음보살의 이름을 부르는 자, 불과 물이 해하지 못한다.

1. 중생이 관세음보살의 이름을 부르면 반드시 들으신다.[8]

爾時 無盡意菩薩	이시 무진의보살
卽從座起 偏袒右肩	즉종좌기 편단우견
合掌向佛 而作是言	합장향불 이작시언
世尊 觀世音菩薩	세존 관세음보살
以何因緣 名觀世音	이하인연 명관세음

佛告無盡意菩薩　　　　　　불고무진의보살
善男子 若有無量　　　　　　선남자 약유무량
百千萬億衆生 受諸苦惱　　　백천만억중생 수제고뇌
聞是觀世音菩薩 一心稱名　　문시관세음보살 일심칭명
觀世音菩薩 卽時　　　　　　관세음보살 즉시
觀其音聲 皆得解脫　　　　　관기음성 개득해탈

2. 관세음보살을 부르는 자는 불과 물도 해하지 못한다.[9]

若有持是 觀世音菩薩名者　　약유지시 관세음보살명자
設入大火 火不能燒　　　　　설입대화 화불능소
由是菩薩威神力故　　　　　　유시보살위신력고
若爲大水所漂 稱其名號　　　약위대수소표 칭기명호
卽得淺處　　　　　　　　　　즉득천처

8　494 페이지 "6) 관세음보살"
9　500 페이지 "2) 불속에서도 살아나다"

그 때에 무진의보살이
자리에서 일어나 오른 어깨를 드러낸 채
부처님을 향해 합장하며 여쭈었다.
"세존이시여, 관세음보살께서는
어떠한 인연으로 그 이름을 관세음이라 하시게 되었습니까?"

부처님께서 무진의보살에게 말씀하셨다.
"선남자여, 만약 한없는
백 천 만억 중생이 온갖 고통을 받을 때에
관세음보살의 이름을 듣고 일심으로 그 이름을 부른다면
관세음보살은 즉시로
그 음성을 듣고서 그들을 다 고통에서 벗어나게 하느니라.

관세음보살을 계속 염불하는 이는
설령 큰 불에 들어가게 되더라도 불이 능히 태우지 못하니
이 보살의 위신력 때문이니라.
만약 큰물에 떠내려가더라도 그 이름을 부르면
곧 얕은 곳으로 흘러가게 될 것이니라.

3. 관세음을 부르는 자가 한 명만 있어도 그 무리는 구제받는다.[10]

若有百千萬億衆生　　　　약유백천만억중생
爲求金銀琉璃 硨磲瑪瑙　　위구금은유리 자거마노
珊瑚琥珀 眞珠等寶　　　　산호호박 진주등보
入於大海 假使黑風　　　　입어대해 가사흑풍
吹其船舫 飄墮羅刹鬼國　　취기선방 표타나찰귀국
其中 若有乃至一人　　　　기중 약유내지일인
稱觀世音 菩薩名者　　　　칭관세음 보살명자
是諸人等 皆得解脫 羅刹之難　시제인등 개득해탈 나찰지난
以是因緣 名觀世音　　　　이시인연 명관세음

만약 백 천 만억의 중생들이
금은, 유리, 자거, 마노,
산호, 호박, 진주 등의 보물을 구하러
큰 바다에 들어갔다가 거센 바람을 만나
배가 표류하여 나찰귀의 땅에 닿더라도
그 중에 한 명이라도
관세음보살의 이름을 부르는 자가 있다면
그 무리들은 모두 나찰의 환난에서 벗어나게 되리라.
이러한 인연으로 관세음이라 이름 하느니라.

그림 아홉. 푸른 광배의 수월관음도(부분도)

관세음보살을 공경하고 예배하면
그 복이 헛되지 아니하다는
관음신앙을 표현한 불화.
고려불화 기법 재현에 창작이 가미된 작품.

푸른 광배의 수월관음도(부분도), 125×54cm, 비단 바탕에 석채, 2020, 조이락

[제25/관세음보살보문품] 92일차
죄가 있든 없든 관세음보살을 부르면 형틀에서 풀려난다.

1. 관세음보살을 부르는 자는 칼도 해하지 못한다.[11]

若復有人 臨當被害　　　약부유인 임당피해
稱觀世音 菩薩名者　　　칭관세음 보살명자
彼所執刀杖 尋段段壞　　피소집도장 심단단괴
而得解脫　　　　　　　이득해탈

若三千大千國土　　　　　약삼천대천국토
滿中夜叉羅刹 欲來惱人　　만중야차나찰 욕래뇌인
聞其稱觀世音 菩薩名者　　문기칭관세음 보살명자
是諸惡鬼 尙不能以　　　　시제악귀 상불능이
惡眼視之 況復加害　　　　악안시지 황부가해

2. 관세음보살을 부르면 죄가 있든 없든 형틀에서 풀려난다.

設復有人　　　　　　　설부유인
若有罪 若無罪　　　　　약유죄 약무죄
杻械枷鎖 檢繫其身　　　추계가쇄 검계기신
稱觀世音 菩薩名者　　　칭관세음 보살명자
皆悉斷壞 卽得解脫　　　개실단괴 즉득해탈

11　501 페이지 "4) 나찰로부터 풀려나다"

또 만일 어떤 사람이 응당 해를 입을 상황에 처하였을 때에
관세음보살의 이름을 부른다면
상대방이 갖고 있던 칼이나 몽둥이가 곧 산산조각나리니
괴로움에서 벗어나게 되느니라.

만일 삼천대천국토에
야차나 나찰이 가득하여 어떤 이를 괴롭히고자 하는데
그 사람이 관세음보살의 이름을 부르는 걸 듣는다면
그 모든 악귀들이 감히
악하게 쳐다보지도 못하거늘 어찌 해할 수 있겠는가!

또 어떤 이가
죄가 있든지 없든지 간에
수갑이나 형틀에 그 몸이 묶여 있다고 한다면
관세음보살의 이름을 부름으로
그 결박이 다 끊어지리니 즉시 풀려나게 되느니라.

3. 도적떼가 들끓더라도 관세음을 부르면 무사히 지나갈 수 있다.[12]

若三千大千國土 滿中怨賊	약삼천대천국토 만중원적
有一商主 將諸商人	유일상주 장제상인
齎持重寶 經過嶮路	재지중보 경과험로
其中一人 作是唱言	기중일인 작시창언
諸善男子 勿得恐怖	제선남자 물득공포
汝等 應當一心	여등 응당일심
稱觀世音 菩薩名號	칭관세음 보살명호
是菩薩 能以無畏 施於衆生	시보살 능이무외 시어중생
汝等 若稱名者	여등 약칭명자
於此怨賊 當得解脫	어차원적 당득해탈

衆商人聞 俱發聲言	중상인문 구발성언
南無觀世音菩薩 稱其名故	나무관세음보살 칭기명고
卽得解脫	즉득해탈

12　502 페이지 "5) 도적도 헤치지 못하다"

만일 삼천대천국토에 원수와 도적이 가득한데
한 우두머리 상인이 여러 상인들을 거느리고
중한 보물을 가지고서 험난한 길을 지날 때에
그 중 한 명이 말하기를
"선남자들이여, 두려워하지 말고
너희들은 응당 일심으로
관세음보살님의 명호를 부르라!
이 보살께서는 능히 중생의 두려움을 없애주시나니
너희들이 그 이름을 부르면
저 원수와 도적들로부터 마땅히 벗어나리라!"

상인들이 이를 듣고 소리 높여
나무관세음보살! 하며 그 이름을 부른다면
그로 인해 즉시 환난에서 벗어나리라.

[제25/관세음보살보문품] 93일차

관세음보살을 생각하면 음욕, 분노, 어리석음에서 벗어난다.

1. 음욕이 많아도 관세음보살을 항상 생각하고 공경하면 벗어난다.

無盡意 觀世音菩薩摩訶薩	무진의 관세음보살마하살
威神之力 巍巍如是	위신지력 외외여시

若有衆生 多於淫欲	약유중생 다어음욕
常念恭敬 觀世音菩薩	상념공경 관세음보살
便得離欲	변득이욕

2. 성내는 마음이 많아도 관음불을 생각하고 공경하면 벗어난다.

若多瞋恚 常念恭敬	약다진에 상념공경
觀世音菩薩 便得離瞋	관세음보살 변득이진

3. 어리석음이 많아도 관음불을 항상 생각하고 공경하면 벗어난다.

若多愚癡 常念恭敬	약다우치 상념공경
觀世音菩薩 便得離癡	관세음보살 변득이치

無盡意 觀世音菩薩	무진의 관세음보살
有如是等 大威神力	유여시등 대위신력
多所饒益 是故衆生	다소요익 시고중생
常應心念	상응심념

무진의보살아, 관세음보살마하살의
위신력이 이처럼 어마어마하니라.

만일 어떤 중생이 음욕이 많을지라도
항상 관세음보살을 생각하고 공경한다면
그 음욕에서 떠날 수 있느니라.

만일 분노가 많더라도 항상
관세음보살을 생각하고 공경한다면 분노에서 떠날 수 있으며,

만일 어리석음이 많더라도 항상
관세음보살을 생각하고 공경한다면 그 어리석음에서 떠날 수 있느니라.

무진의보살이여, 관세음보살에게는
이처럼 큰 위신력이 있으니
많은 이로움을 더하느니라. 그러하니 중생들은
응당 항상 (관세음보살을) 생각해야 할지니라.

[제25/관세음보살보문품] 94일차
관세음불께서는 최적의 영혼을 인도해주신다 - 관음태교[13]

1. 아들을 원하는 여인이 관세음을 부르면 지혜로운 아들을 낳는다.

若有女人 說欲求男	약유여인 설욕구남
禮拜供養 觀世音菩薩	예배공양 관세음보살
便生福德 智慧之男	변생복덕 지혜지남

2. 딸을 낳고자하는 여인이 관세음을 부르면 단정한 딸을 낳는다.

說欲求女 便生端正	설욕구녀 변생단정
有相之女 宿植德本	유상지녀 숙식덕본
衆人愛敬	중인애경

---

[13] 494 페이지 "7) 왜 관음태교인가?"

만일 여인이 아들을 얻고자 하는데
관세음보살에게 예배하고 공양한다면
복덕을 갖춰 지혜로운 남자 아이를 얻게 되리라.

딸을 얻고자 한다면 단정하고
예쁜 딸을 낳으리니 덕의 근본을 심은 것이 많아서
뭇 사람들의 사랑과 공경을 받으리라.

그림 열. 모자관음도

관세음보살님이 부촉한 관음태교를 하면 지혜롭고 총명하며,
뭇 사람들의 사랑과 공경을 받는 아이를 얻는다는 내용을 그린 작품.
붉은 연꽃은 딸을, 푸른 연꽃은 아들을 상징한다

모자관음도 158×97cm, 비단에 석채, 2021, 조이락

[제25/관세음보살보문품] 95일차
관음 염불은 다른 수십억의 보살들을 염불하는 것과 같다.

1. 모든 중생은 마땅히 관세음보살의 명호를 불러야 한다.

無盡意 觀世音菩薩	무진의 관세음보살
有如是力 若有衆生	유여시력 약유중생
恭敬禮拜 觀世音菩薩	공경예배 관세음보살
福不唐捐 是故衆生	복불당연 시고중생
皆應受持 觀世音菩薩名號	개응수지 관세음보살명호

2. 62억 항하강의 모래수만한 보살의 이름을 부르는 것과 관음염불은 같은 공덕을 지닌다.

無盡意 若有人	무진의 약유인
受持六十二億 恒河沙	수지육십이억 항하사
菩薩名字 復盡形	보살명자 부진형
供養飮食衣服 臥具醫藥	공양음식의복 와구의약
於汝意云何	어여의운하
是善男子 善女人 功德多不	시선남자 선여인 공덕다부
無盡意言 甚多世尊	무진의언 심다세존

佛言 若復有人	불언 약부유인
受持觀世音 菩薩名號	수지관세음 보살명호
乃至一時 禮拜供養	내지일시 예배공양
是二人福 正等無異	시이인복 정등무이
於百千萬億劫 不可窮盡	어백천만억겁 불가궁진

無盡意 受持觀世音	무진의 수지관세음
菩薩名號 得如是	보살명호 득여시
無量無邊 福德之利	무량무변 복덕지리

무진의야, 관세음보살의
힘이 이와 같으니 만일 중생들이
관세음보살을 공경하고 예배하면
그 복이 절대 헛되지 않으리라. 그러니 모든 중생은
마땅히 다 관세음보살의 명호를 받아 지닐지어다.

무진의야, 만일
62억 항하강의 모래만한
보살들의 이름을 모두 받아 지녀 염불하고, 또 목숨이 다할 때까지
음식과 의복과 침구와 약품으로 공양한다면
어떻게 생각하느냐,
이 선남자나 선여인의 공덕이 많겠느냐?"
무진의보살이 대답하였다. "심히 많습니다, 세존이시여."

부처님께서 말씀하셨다. "어떤 이가
관세음보살의 이름을 받아 지녀 염불하되
잠시만이라도 예배하고 공양한다면
이 사람의 복이 저 사람의 복과 같아 다르지 아니하리니
백 천만억겁이 지나도 (그 복덕이) 다하지 않으리라.

무진의야, 관세음보살의
명호를 받아 지녀 염불한다면 이처럼
한량없고 끝없는 복덕의 이익이 있느니라."

[제25/관세음보살보문품] 96일차
관세음불은 중생 근기에 맞춰 다양한 모습으로 나타나신다.

1. "관세음보살께서는 어떤 방편으로 중생을 제도합니까?"

無盡意菩薩 白佛言	무진의보살 백불언
世尊 觀世音菩薩	세존 관세음보살
云何遊此 娑婆世界	운하유차 사바세계
云何而爲 衆生說法	운하이위 중생설법
方便之力 其事云何	방편지력 기사운하

2. 관세음보살은 갖가지 형상으로 몸을 나투어 중생을 제도한다.

佛告 無盡意菩薩	불고 무진의보살
善男子 若有國土衆生	선남자 약유국토중생
應以佛身 得度者	응이불신 득도자
觀世音菩薩	관세음보살
卽現佛身 而爲說法	즉현불신 이위설법
應以辟支佛身 得度者	응이벽지불신 득도자
卽現辟支佛身 以爲說法	즉현벽지불신 이위설법
應以聲聞身 得度者	응이성문신 득도자
卽現聲聞身 以爲說法	즉현성문신 이위설법

무진의보살이 부처님께 사뢰었다.
"세존이시여, 관세음보살은
어떻게 사바세계를 다니면서
어떻게 중생에게 설법합니까?
그 때 행하는 방편의 힘은 어떠합니까?"

부처님께서 무진의보살에게 말씀하시었다.
"선남자여, 만일 사바세계의 어떤 중생이
부처님의 모습으로 제도해야 깨닫는다면
관세음보살은
곧 부처님의 모습으로 나타나 설법하며,
벽지불의 모습으로 제도해야 깨닫는다면
곧 벽지불의 모습으로 나타나 설법하며,
성문의 모습으로 제도해야 깨닫는다면
곧 성문의 모습으로 나타나 설법하느니라.

應以梵王身 得度者　　　　　응이범왕신 득도자
卽現梵王身 以爲說法　　　　즉현범왕신 이위설법
應以帝釋身 得度者　　　　　응이제석신 득도자
卽現帝釋身 以爲說法　　　　즉현제석신 이위설법
應以自在天身 得度者　　　　응이자재천신 득도자
卽現自在天身 以爲說法　　　즉현자재천신 이위설법
應以大自在天身 得度者　　　응이대자재천신 득도자
卽現大自在天身 以爲說法　　즉현대자재천신 이위설법
應以天大將軍身 得度者　　　응이천대장군신 득도자
卽現天大將軍身 以爲說法　　즉현천대장군신 이위설법
應以毘沙門身 得度者　　　　응이비사문신 득도자
卽現毘沙門身 以爲說法　　　즉현비사문신 이위설법

應以小王身 得度者　　　　　응이소왕신 득도자
卽現小王身 以爲說法　　　　즉현소왕신 이위설법
應以長者身 得度者　　　　　응이장자신 득도자
卽現長者身 以爲說法　　　　즉현장자신 이위설법
應以居士身 得度者　　　　　응이거사신 득도자
卽現居士身 以爲說法　　　　즉현거사신 이위설법
應以宰官身 得度者　　　　　응이재관신 득도자
卽現宰官身 以爲說法　　　　즉현재관신 이위설법
應以婆羅門身 得度者　　　　응이바라문신 득도자
卽現婆羅門身 以爲說法　　　즉현바라문신 이위설법

범왕의 모습으로 제도해야 깨닫는다면
곧 범왕의 모습으로 나타나 설법하며
제석의 모습으로 제도해야 깨닫는다면
곧 제석의 모습으로 나타나 설법하며
자재천의 모습으로 제도해야 깨닫는다면
곧 자재천의 모습으로 나타나 설법하며
대자재천의 모습으로 제도해야 깨닫는다면
곧 대자재천의 모습으로 나타나 설법하며
천대장군의 모습으로 제도해야 깨닫는다면
곧 천대장군의 모습으로 나타나 설법하며
비사문의 모습으로 제도해야 깨닫는다면
곧 비사문의 모습으로 나타나 설법하느니라.

소왕의 모습으로 제도해야 깨닫는다면
곧 소왕의 모습으로 나타나 설법하며
장자의 모습으로 제도해야 깨닫는다면
곧 장자의 모습으로 나타나 설법하며
거사의 모습으로 제도해야 깨닫는다면
곧 거사의 모습으로 나타나 설법하며
재상이나 관리의 모습으로 제도해야 깨닫는다면
곧 재상이나 관리의 모습으로 나타나 설법하며
브라만의 모습으로 제도해야 깨닫는다면
곧 브라만의 모습으로 나타나 설법하느니라.

應以比丘比丘尼	응이비구비구니
優婆塞優婆夷身 得度者	우바새우바이신 득도자
卽現比丘比丘尼	즉현비구비구니
優婆塞優婆夷身 以爲說法	우바새우바이신 이위설법
應以長者居士	응이장자거사
宰官婆羅門婦女身 得度者	재관바라문부녀신 득도자
卽現婦女身 以爲說法	즉현부녀신 이위설법
應以童男童女身 得度者	응이동남동녀신 득도자
卽現童男童女身 以爲說法	즉현동남동녀신 이위설법
應以天龍夜叉 乾達婆阿修羅	응이천룡야차 건달바아수라
迦樓羅緊那羅	가루라긴나라 마후라가
摩睺羅伽 人非人等身 得度者	인비인등신 득도자
卽皆現之 以爲說法	즉개현지 이위설법
應以執金剛神 得度者	응이집금강신 득도자
卽現執金剛神 以爲說法	즉현집금강신 이위설법

비구나 비구니,
우바새나 우바이의 모습으로 제도해야 깨닫는다면
곧 비구나 비구니,
우바새나 우바이의 모습으로 설법하며
장자나 거사,
개상이나 브라만의 부인의 모습으로 제도해야 깨닫는다면
곧 그 사람들, 부인의 모습으로까지 나타나 설법하며
어린 동자나 동녀의 모습으로 제도해야 깨닫는다면
곧 동자나 동녀의 모습으로 나타나 설법하며
천룡이나 야차, 건달바, 아수라,
가루라, 긴나라, 마후라가,
인비인과 같은 모습으로 제도해야 할 자에게는
곧 그들의 모습으로 다 나타나서 설법하느니라.
심지어 집금강신의 모습으로 제도해야 깨달을 자에게는
집금강신의 모습으로 나타나 설법하느니라.

3. 관세음보살께서는 중생의 두려움을 없애주시는 분이시다.

無盡意	무진의
是觀世音菩薩 成就如是功德	시관세음보살 성취여시공덕
以種種形 遊諸國土	이종종형 유제국토
度脫衆生	도탈중생

是故汝等 應當一心	시고여등 응당일심
供養觀世音菩薩	공양관세음보살

是觀世音菩薩摩訶薩	시관세음보살마하살
於怖畏急難之中 能施無畏	어포외급난지중 능시무외
是故 此娑婆世界	시고 차사바세계
皆號之爲 施無畏者	개호지위 시무외자

무진의보살이여,
이 관세음보살이 성취한 공덕이 이와 같으니
가지가지 형상으로 사바세계를 다니면서
중생들을 구제하느니라.

그러니 너희들은 마땅히 일심으로
관세음보살을 공양하도록 하라.

이 관세음보살마하살은
위급한 환난의 공포에서도 능히 두려움을 없애주나니,
고로 사바세계에서
모두가 관세음보살을 '두려움을 없애주시는 이'라 부르느니라."

[제25/관세음보살보문품] 97일차

무진의보살이 보배영락을 관세음보살께 바치다.

1. 무진의보살이 관세음보살께 보배 영락을 바치다.

無盡意菩薩 白佛言	무진의보살 백불언
世尊我今當供養 觀世音菩薩	세존아금당공양 관세음보살
卽解頸 眾寶珠瓔珞	즉해경 중보주영락
價值百千兩金	가치백천냥금
而以與之 作是言	이이여지 작시언
仁者 受此法施 珍寶瓔珞	인자 수차법시 진보영락

2. 세존의 권유로 관세음보살이 보배 영락을 받으시다.

時 觀世音菩薩	시 관세음보살
不肯受之	불긍수지
無盡意 復白觀世音菩薩言	무진의 부백관세음보살언
仁者 愍我等故 受此瓔珞	인자 민아등고 수차영락

爾時 佛告觀世音菩薩	이시 불고관세음보살
當愍此 無盡意菩薩	당민차 무진의보살
及四眾 天龍夜叉	급사중 천룡야차
乾達婆阿修羅	건달바아수라
迦樓羅緊那羅	가루라긴나라
摩睺羅伽 人非人等故	마후라가 인비인등고
受是瓔珞	수시영락

卽時 觀世音菩薩	즉시 관세음보살
愍諸四眾 及於天龍	민제사중 급어천룡
人非人等 受其瓔珞	인비인등 수기영락

무진의보살이 부처님께 사뢰었다.
"세존이시여, 저희들이 지금 마땅히 관세음보살께 공양하겠나이다."
곧바로 목에서 보배 구슬로 된 보물들을 끄르니
그 가치가 백 천금에 해당하는 것이었다.
이를 바치면서 말하길
"어진 이시여, 이 법공양으로 드리는 보배 영락을 받아주소서!"

그 때 관세음보살이
이를 받으려 하지 않았다.
무진의 보살이 다시 관세음보살에게 아뢰기를
"어진 이시여, 저희들을 불쌍히 여기셔서 이 영락을 받아주소서!"

그 때에 부처님께서 관세음보살에게 말씀하셨다.
"그대는 무진의보살 및
저 사부대중과 천룡야차,
건달바와 아수라,
가루라와 긴나라,
마후라가와 사람인 듯 사람 아닌 이들을 불쌍히 여겨
그 영락을 받도록 하라."

그 즉시 관세음보살이
사부대중과 천룡과
사람인 듯 사람 아닌 이들을 불쌍히 여겨 그 영락을 받았다.

3. 관세음보살이 보배 영락을 석가모니 부처님과 다보탑에 바치다.

分作二分	분작이분
一分 奉釋迦牟尼佛	일분 봉석가모니불
一分 奉多寶佛塔	일분 봉다보불탑

無盡意 觀世音菩薩	무진의 관세음보살
有如是自在神力	유여시자재신력
遊於娑婆世界	유어사바세계

그리고는 (영락을) 둘로 나누어
하나는 석가모니 부처님께 바치고
하나는 다보부처님의 탑에 바치었다.

(석가모니 부처님께서 말씀하시었다)
"무진의보살이여, 관세음보살은
이처럼 자재한 신통력이 있어
사바세계를 자유로이 오고 가느니라."

[제25/관세음보살보문품] 98일차
세존께서 관세음보살의 위신력을 게송으로 말씀하시다.

1. 무진의보살이 게송으로 여쭈다.

爾時 無盡意菩薩 以偈問曰	이시 무진의보살 이게문왈
世尊妙相具 我今重問彼	세존묘상구 아금중문피
佛子何因緣 名爲觀世音	불자하인연 명위관세음

2. 석가모니불께서 게송으로 관세음보살의 위신력을 말씀하시다.

具足妙相尊 偈答無盡意	구족묘상존 게답무진의
汝聽觀音行 善應諸方所	여청관음행 선응제방소
弘誓深如海 歷劫不思議	홍서심여해 역겁부사의
侍多千億佛 發大淸淨願	시다천억불 발대청정원
我爲汝略說 聞名及見身	아위여약설 문명급견신
心念不空過 能滅諸有苦	심념불공과 능멸제유고

假使興害意 推落大火坑	가사흥해의 추락대화갱
念彼觀音力 火坑變成池	염피관음력 화갱변성지
或漂流巨海 龍魚諸鬼難	혹표류거해 용어제귀난
念彼觀音力 波浪不能沒	염피관음력 파랑불능몰
或在須彌峯 爲人所推墮	혹재수미봉 위인소추타
念彼觀音力 如日虛空住	염피관음력 여일허공주
或被惡人逐 墮落金剛山	혹피악인축 타락금강산
念彼觀音力 不能損一毛	염피관음력 불능손일모

그 때에 무진의보살이 게송으로 여쭈었다.
"묘한 상을 갖추신 세존이시여, 이제 제가 거듭 여쭈옵나니
저 부처님의 아들께서는 어떤 인연으로 관세음이라 하시나이까?"

묘한 상을 갖추신 세존께서 게송으로 무진의보살에게 답하시었다.
"너희들은 관세음의 행을 들으라. 모든 곳에 선하게 응하나니
중생을 이롭게 하고자 세운 맹세가 바다와 같으니 헤아릴 수 없는 겁 동안
수천억의 부처님들을 모시면서 크고 청정한 서원을 발하였도다.
내가 너에게 간략히 말하나니 그 이름을 듣거나 몸을 보고
마음의 생각이 헛되거나 지나치지 않으면 능히 모든 고통을 멸하느니라.

가령 어떤 사람이 해치려고 큰 불구덩이에 밀어 떨어뜨린다 해도
관세음보살의 위신력을 생각한다면 불구덩이가 변하여 연못이 되고
혹 큰 바다에서 표류하여 용이나 물고기, 귀신을 만나는 재난이 닥쳐도
관세음보살의 위신력을 생각한다면 파도가 능히 침몰시키지 못하고
혹 수미산 꼭대기에서 다른 이가 밀어 떨어뜨린다고 해도
관세음보살의 위신력을 생각한다면 허공에 해처럼 떠 있을 것이며
혹 악인이 쫓아와서 금강산에서 밀어 떨어뜨린다 해도
관세음보살의 위신력을 생각한다면 머리카락 하나 다치지 않을 것이며

或値怨賊繞 各執刀加害
念彼觀音力 咸卽起慈心
或遭王難苦 臨形欲壽終
念彼觀音力 刀尋段段壞
或囚禁枷鎖 手足被杻械
念彼觀音力 釋然得解脫
呪詛諸毒藥 所欲害身者
念彼觀音力 還着於本人

혹치원적요 각집도가해
염피관음력 함즉기자심
혹조왕난고 임형욕수종
염피관음력 도심단단괴
혹수금가쇄 수족피추계
염피관음력 석연득해탈
주저제독약 소욕해신자
염피관음력 환착어본인

或遇惡羅刹 毒龍諸鬼等
念彼觀音力 時悉不敢害
若惡獸圍遶 利牙爪可怖
念彼觀音力 疾走無邊方
蚖蛇及蝮蠍 氣毒煙火燃
念彼觀音力 尋聲自迴去
雲雷鼓掣電 降雹澍大雨
念彼觀音力 應時得消散

혹우악나찰 독룡제귀등
염피관음력 시실불감해
약악수위요 이아조가포
염피관음력 질주무변방
완사급복갈 기독연화연
염피관음력 심성자회거
운뢰고철전 강박주대우
염피관음력 응시득소산

衆生被困厄 無量苦逼身
觀音妙智力 能救世間苦

중생피곤액 무량고핍신
관음묘지력 능구세간고

혹여 원수들이 둘러싸고 칼로 해치려 하여도
관세음의 위신력을 생각한다면 그들도 곧 자비심을 내어 풀어줄 것이며
혹 왕으로부터 형벌을 받아 목숨을 마치게 되었다 해도
관세음보살의 위신력을 생각한다면 내리치는 칼마저 산산조각 날 것이고
혹 옥에 갇혀 큰칼을 뒤집어쓰고 손과 발이 쇠사슬에 결박되었다 해도
관세음보살의 위신력을 생각한다면 풀려나 자유롭게 될 것이며
저주의 주문과 모든 독약으로 누군가 해하려 하여도
관세음의 위신력을 생각한다면 그 재앙이 도로 그에게로 돌아갈 것이며

혹 악한 나찰들이나 독룡, 모든 귀신의 무리를 만나도
관세음보살의 위신력을 생각한다면 전부 다 감히 해치지 못할 것이며
악한 짐승들이 둘러싸서 날카로운 이빨과 발톱으로 위협해도
관세음보살의 위신력을 생각한다면 사방으로 다 도망할 것이고
살무사나 독사, 전갈 등이 그 독기를 불처럼 내뿜는다 해도
관세음의 위신력을 생각한다면 염불소리를 듣고 저 스스로 돌아갈 것이며
먹구름 속에 우레와 번개가 가득하여 큰 비와 우박이 내린다 해도
관세음보살의 위신력을 생각한다면 그 즉시 흩어지리라.

중생들이 재앙을 입어 곤란하여 한량없는 고통이 그 몸에 닥치더라도
관세음보살이 묘한 지혜와 힘으로 능히 세간의 고통에서 구할 수 있나니

具足神通力 廣修智方便　　구족신통력 광수지방편
十方諸國土 無刹不現身　　시방제국토 무찰불현신
種種諸惡趣 地獄鬼畜生　　종종제악취 지옥귀축생
生老病死苦 以漸悉令滅　　생로병사고 이점실영멸

眞觀淸淨觀 廣大智慧觀　　진관청정관 광대지혜관
悲觀及慈觀 常願常瞻仰　　비관급자관 상원상첨앙
無垢淸淨光 慧日破諸闇　　무구청정광 혜일파제암
能伏災風火 普明照世間　　능복재풍화 보명조세간

悲體戒雷震 慈意妙大雲　　비체계뢰진 자의묘대운
澍甘露法雨 滅除煩惱焰　　주감로법우 멸제번뇌염
諍訟經官處 怖畏軍陣中　　쟁송경관처 포외군진중
念彼觀音力 衆怨悉退散　　염피관음력 중원실퇴산

妙音觀世音 梵音海潮音　　묘음관세음 범음해조음
勝彼世間音 是故須常念　　승피세간음 시고수상념
念念勿生疑 觀世音淨聖　　염념물생의 관세음정성
於苦惱死厄 能爲作依怙　　어고뇌사액 능위작의호
具一切功德 慈眼視衆生　　구일체공덕 자안시중생
福聚海無量 是故應頂禮　　복취해무량 시고응정례

온갖 신통력을 구족하여 광대한 방편을 알고 닦아
시방의 온 국토에서 몸을 나타내지 않는 곳 없으니
갖가지 모든 악한 갈래 곧 지옥, 아귀, 축생과
생로병사의 고통을 점차 다 멸하게 하느니라.

진실하게 보며 청정하게 보며 광대한 지혜로 보며
슬프게 보는 동시에 자애롭게 보니 항상 뵙길 원하며 항상 우러러 볼지니
무구하고 청정한 빛 그 지혜의 태양으로 모든 어둠 깨뜨리느니
능히 재앙과 바람과 불도 굴복시키며 세간을 널리 비추느니라.

슬퍼하는 몸은 우레 같은 계율 같지만 자비로운 뜻은 묘한 큰 구름 같아
감로의 법의 비로 적시니 번뇌의 불꽃을 멸하느니라.
관청에서 송사로 다툴 때나 전장 한가운데에서 적에게 둘러싸였을 때도
관세음을 생각한다면 원수의 무리들도 전부 다 물러가 흩어지리니

관세음의 묘한 음성, 하늘 범천의 음성이나 바다의 파도 소리 같아
저 세간의 소리를 뛰어넘나니 고로 모름지기 항상 생각할지니라.
의심하는 생각을 전혀 내지 말지니 관세음은 청정한 성인으로
고통과 번뇌와 죽음의 재앙에서도 능히 의지처가 되리라.
모든 일체의 공덕을 갖추어 자비로운 눈으로 중생들을 보나니
복덕이 바다처럼 한량없으니 그러므로 응당 고개 숙여 예배할지니라."

3. 지지보살이 관세음보살품 듣는 공덕을 말하다.

爾時 持地菩薩	이시 지지보살
卽從座起 前白佛言	즉종좌기 전백불언

世尊 若有衆生	세존 약유중생
聞是觀世音菩薩品	문시관세음보살품
自在之業	자재지업
普門示現 神通力者	보문시현 신통력자
當知是人 功德不少	당지시인 공덕불소

佛說是普門品 時	불설시보문품 시
衆中 八萬四千衆生	중중 팔만사천중생
皆發無等等	개발무등등
阿耨多羅三藐三菩提心	아뇩다라삼먁삼보리심

그 때에 지지보살이
자리에서 일어나 부처님 앞에서 사뢰었다.

"세존이시여, 만일 어떤 중생이
이 관세음보살품을 듣고서
(관세음의) 자재한 일들과
널리 나타내 보이는 신통력을 듣는다면
그 사람의 공덕도 적지 않은 줄 마땅히 유념해야 하겠습니다."

부처님께서 이 보문품을 설하실 때에
팔만 사천 중생의 무리들이
전부 다 차별 없이 동등하게
아뇩다라삼먁삼보리의 마음을 내었다.

[제27/묘장엄왕본사품] 99일차
묘장엄왕이 과거 법화경을 만나게 된 이야기

1. 과거 운뢰음수왕화지 부처님께서 법화경을 설하셨다.

爾時 佛告諸大衆	이시 불고제대중
乃往古世 過無量無邊	내왕고세 과무량무변
不可思議 阿僧祇劫	불가사의 아승기겁
有佛 名雲雷音宿王華智	유불 명운뢰음수왕화지
多陀阿伽度 阿羅訶 三藐三佛陀	다타아가도 아라하 삼먁삼불타

彼佛法中	피불법중
有王 名妙莊嚴	유왕 명묘장엄
其王夫人 名曰淨德	기왕부인 명왈정덕
有二子 一名淨藏	유이자 일명정장
二名淨眼 是二子	이명정안 시이자
有大神力 福德智慧	유대신력 복덕지혜
久修 菩薩所行之道	구수 보살소행지도

爾時彼佛 欲引導妙莊嚴王	이시피불 욕인도묘장엄왕
及愍念衆生故 說是法華經	급민념중생고 설시법화경

그 때에 (석가모니) 부처님께서 모든 대중들에게 말씀하셨다.
"아주 오랜 옛날 한량없고 끝없는
불가사의 아승기 겁 이전에
부처님께서 계셨으니 그 이름이 운뢰음수왕화지
다타아가도(여래), 아라하(응공), 삼먁삼불타(정변지)이셨느니라.

그 부처님 법이 있던 시대에
왕이 있었으니 그 이름이 묘장엄이었는데
그 왕의 부인 이름은 정덕이었느니라.
그들에게 두 아들이 있었으니 하나는 정장
둘은 정안이었느니라. 이 두 왕자는
큰 신통의 힘과 복덕, 지혜가 있었고
오랫동안 보살이 수행해야 할 도를 닦았느니라.

그 때 그 부처님께서 묘장엄왕을 인도하시고자,
또 중생들을 불쌍히 여기셔서 이 법화경을 설하셨느니라.

2. 묘장엄왕의 두 왕자가 법화경 듣기를 원하다.

時 淨藏 淨眼 二子 到其母所　　시 정장 정안 이자 도기모소
合十指爪掌 白言　　　　　　　합십지조장 백언
願母往詣 雲雷音宿王華智佛所　원모왕예 운뢰음수왕화지불소

此佛 於一切天人衆中　　　　　차불 어일체천인중중
說法華經 宜應聽受　　　　　　설법화경 의응청수

母告子言　　　　　　　　　　모고자언
汝父信受外道 深着婆羅門法　　여부신수외도 심착바라문법
汝等應往白父 與共俱去　　　　여등응왕백부 여공구거

淨藏淨眼　　　　　　　　　　정장정안
合十指爪掌 白母　　　　　　　합십지조장 백모
我等 是法王子　　　　　　　　아등 시법왕자
而生此邪見家　　　　　　　　이생차사견가

3. 어머니가 두 왕자에게 아버지를 방편으로 인도하길 권하다.

母告子言　　　　　　　　　　모고자언
汝等 當憂念汝父 爲現神變　　 여등 당우념여부 위현신변
若得見者 心必淸淨　　　　　　약득견자 심필청정
或聽我等 往至佛所　　　　　　혹청아등 왕지불소

그 때 정장과 정안 두 왕자가 어머니의 처소에 이르러
열 손가락을 가지런히 모은 채 말하길,
"원컨대 어머니께서는 운뢰음수왕화지 부처님 계신 곳으로 가십시오.

이 부처님께서 모든 하늘 사람과 대중 가운데에서
법화경을 설하고 계시니 응당 듣고 받아 지니셔야 합니다."

어머니가 아들에게 말하길
"너희 아버지께서 외도를 믿어 바라문 법에 깊이 빠져 계시니
너희는 응당 아버지께 가서 같이 가자고 여쭈어라."

정장과 정안은
열 손가락을 모아 합장한 채 어머니께 아뢰었느니라.
"저희들은 법왕의 아들이거늘
어찌 이 삿된 외도 집안에 태어났습니까?"

어머니가 아들들에게 말하였느니라.
"너희들은 마땅히 아버지를 염려하여 신통 변화를 나타내도록 해라.
만일 그걸 보신다면 필시 마음이 청정해지실 것이니
우리들의 청을 받아들여 부처님 계신 곳으로 가시지 않겠느냐."

[제27/묘장엄왕본사품] 100일차
묘장엄왕의 두 왕자가 기적으로 아버지를 변화시키다.

1. 두 왕자가 아버지를 위해 갖가지 신통을 보이다.

於是二子 念其父故	어시이자 염기부고
踊在虛空 高七多羅樹	용재허공 고칠다라수
現種種神變	현종종신변
於虛空中 行住坐臥	어허공중 행주좌와
身上出水 身下出火	신상출수 신하출화
或現大身 滿虛空中	혹현대신 만허공중
而復現小 小復現大	이부현소 소부현대
於空中滅 忽然在地	어공중멸 홀연재지
入地如水 履水如地	입지여수 이수여지

그리하여 두 왕자는 아버지를 생각하여
허공에 뛰어올라 다라수나무의 일곱 배나 되는 높이에서
갖가지 신통 변화를 나타내었으니
허공 가운데에서 걷거나 머무르거나 앉거나 눕거나 하면서
몸 위에서는 물을, 몸 아래에서는 불을 내뿜기도 하였으며

혹은 몸을 크게 하여 허공을 가득 채우기도 하였고
다시 몸을 작게 하였다가 다시 크게 보이기도 하였으며
공중 가운데에서 사라졌다가 홀연히 땅에 나타나기도 하고
땅에 물처럼 들어가기도 했다가 물을 땅처럼 걸어 다니기도 하였느니라.

2. 아버지가 방편에 의해 감화되다.

時父見子 神力如是　　시부견자 신력여시
心大歡喜 得未曾有　　심대환희 득미증유
合掌向子言 汝等師　　합장향자언 여등사
爲是誰 誰之弟子　　　위시수 수지제자

二子白言 大王　　　　이자백언 대왕
彼雲雷音宿王華智佛　　피운뢰음수왕화지불
今在七寶 菩提樹下　　금재칠보 보리수하
法座上坐 於一切世間　법좌상좌 어일체세간
天人衆中 廣說法華經　천인중중 광설법화경
是我等師 我是弟子　　시아등사 아시제자

父語子言 我今　　　　부어자언 아금
亦欲見汝等師 可共俱往　역욕견여등사 가공구왕

3. 묘장엄왕이 왕비와 왕자들을 데리고 부처님 처소로 가다.

妙莊嚴王 與群臣眷屬俱　　묘장엄왕 여군신권속구
淨德夫人 與後宮采女眷屬俱　정덕부인 여후궁채녀권속구
其王二子 與四萬二千人俱　　기왕이자 여사만이천인구
一時 共詣佛所　　　　일시 공예불소
到已 頭面禮足　　　　도이 두면예족
繞佛三匝 却住一面　　요불삼잡 각주일면

그 때에 아버지가 아들들의 신통의 힘이 이와 같은 걸 보고
마음으로 크게 환희하며 희유함을 느꼈느니라.
그리하여 아들들을 향해 합장하며 "너희들의 스승은
누구이며 너희는 누구의 제자이냐?"

두 왕자가 답하길 "대왕이시여,
저 운뢰음수왕화지 부처님께서
지금 칠보로 된 보리수나무 아래의
법좌 위에 앉으셔서 일체 세간과
하늘 사람들 가운데에서 널리 법화경을 설하시는데
그 분이 저희의 스승이시고 저희는 그 분의 제자입니다."

아버지가 아들에게 말하길 "나도 지금
너희들의 스승을 뵙고 싶으니 같이 가도록 하자."

묘장엄왕과 그 신하의 무리들과
정덕부인과 후궁과 채녀의 무리들과
두 왕자의 사만 이천 명의 무리들이 함께
같이 부처님의 처소로 향하였으니
이르러서 부처님 발아래에 머리를 숙이고
부처님 주위를 세 번 돌고 나서 한 쪽에 물러났느니라.

[제27/묘장엄왕본사품] 101일차
묘장엄왕이 운뢰음수왕화지 부처님으로부터 수기를 받다.

1. 운뢰음수왕화지 여래께서 묘장엄왕에게 법화경을 설하시다.

爾時彼佛 爲王說法	이시피불 위왕설법
示敎利喜 王大歡悅	시교리희 왕대환열
爾時 妙莊嚴王 及其夫人	이시 묘장엄왕 급기부인
解頸眞珠瓔珞 價値百千	해경진주영락 가치백천
以散佛上 於虛空中	이산불상 어허공중
化成四柱寶臺	화성사주보대
其上有佛 結跏趺坐	기상유불 결가부좌
放大光明	방대광명

2. 묘장엄왕이 부처님을 찬탄하다.

爾時 妙莊嚴王 作是念	이시 묘장엄왕 작시념
佛身希有 端嚴殊特	불신희유 단엄수특
成就第一 微妙之色	성취제일 미묘지색

3. 묘장엄왕이 부처님으로부터 수기를 받다.

時 雲雷音宿王華智佛 告四衆言	시 운뢰음수왕화지불 고사중언
汝等 見是妙莊嚴王	여등 견시묘장엄왕
於我前 合掌立不	어아전 합장립부
此王 於我法中 作比丘	차왕 어아법중 작비구
精勤修習 助佛道法	정근수습 조불도법
當得作佛 號沙羅樹王	당득작불 호사라수왕

그 때에 (운뢰음수왕화지) 부처님께서 왕을 위하여 법을 설하시어
가르침을 보여 이롭고 기쁘게 하시니 왕이 크게 환희하며 기뻐하였노라.
그때 묘장엄왕과 그 부인이
가치가 백 천이나 되는 진주 영락 목걸이를 풀어 바치니
부처님 위에 흩어져 허공 가운데에서
네 기둥의 보배 좌대로 화하였느니라.

그 (보배 좌대) 위에 부처님께서 결가부좌하시니
큰 광명을 발하시었느니라.

그 때 묘장엄왕이 생각하길
'부처님의 몸은 정말로 희유하여 단엄하시기가 뛰어나시구나!
제일로 미묘한 모양을 성취하시었도다!'

그 때 운뢰음수왕화지 여래께서 사부대중에게 말씀하시었느니라.
"너희들은 이 묘장엄왕이
내 앞에서 합장하고 있는 것을 보느냐.
이 왕은 내 법 가운데에서 비구가 되어
불도를 닦는데 필요한 법을 부지런히 정진하고 닦아서
마땅히 성불하리니 그 이름을 사라수왕불이라 하리라."

[제27/묘장엄왕본사품] 102일차
묘장엄왕이 이후 성불하여 두 왕자와의 인연을 깨닫다.

1. 묘장엄왕이 출가하여 불도를 닦다.

其王卽時 以國付弟　　　기왕즉시 이국부제
與夫人二子 幷諸眷屬　　여부인이자 병제권속
於佛法中 出家修道　　　어불법중 출가수도

過是已後　　　　　　　　과시이후
得一切淨功德莊嚴三昧　　득일체정공덕장엄삼매

2. 묘장엄왕이 과거 두 왕자와의 인연을 깨닫다.

卽昇虛空 高七多羅樹　　즉승허공 고칠다라수
而白佛言 世尊　　　　　이백불언 세존
此我二子 已作佛事　　　차아이자 이작불사
以神通變化 轉我邪心　　이신통변화 전아사심
令得安住 於佛法中　　　영득안주 어불법중
得見世尊　　　　　　　　득견세존

此二子者 是我善知識　　차이자자 시아선지식
爲欲發起 宿世善根　　　위욕발기 숙세선근
饒益我故 來生我家　　　요익아고 내생아가

그 왕은 즉시 나라를 동생에게 넘겨주고
부인과 두 아들과 아울러 모든 권속과 함께
불법 가운데 출가하여 도를 닦았느니라.

그리하여 이후
일체가 깨끗한 공덕으로 장엄된 삼매를 성취하였느니라.

그리고 곧 허공으로 다라수 나무의 일곱 배나 떠올라서
부처님께 아뢰었느니라. "세존이시여,
저 두 아들은 이미 불사를 지어
신통변화로 나의 삿된 마음을 굴려
편안하게 불법 가운데에 머물게 하였고,
세존을 뵙도록 하였습니다.

저 두 아들은 저의 선지식이니,
과거 숙세의 선근의 연을 일으켜서
나를 이롭게 하고자 저희 집에 태어난 것이 아닙니까?"

爾時 雲雷音宿王華智佛　　이시 운뢰음수왕화지불
告妙莊嚴王言　　　　　　고묘장엄왕언
如是如是 如汝所言　　　　여시여시 여여소언
若善男子善女人 種善根故　약선남자선여인 종선근고
世世得善知識 其善知識　　세세득선지식 기선지식
能作佛事 示敎利喜　　　　능작불사 시교리희
令入阿耨多羅三藐三菩提　 영입아뇩다라삼먁삼보리

3. 묘장엄왕과 왕비, 두 왕자는 현 석가모니 부처님의 제자들이다.

佛告大衆 於意云何　　　　불고대중 어의운하
妙莊嚴王 豈異人乎　　　　묘장엄왕 기이인호
今華德菩薩是　　　　　　 금화덕보살시
其淨德夫人 今佛前　　　　기정덕부인 금불전
光照莊嚴相菩薩是　　　　 광조장엄상보살시
哀愍妙莊嚴王 及諸眷屬故　애민묘장엄왕 급제권속고
於彼中生 其二子者　　　　어피중생 기이자자
今藥王菩薩 藥上菩薩是　　금약왕보살 약상보살시

是藥王藥上菩薩　　　　　 시약왕약상보살
成就如此 諸大功德　　　　성취여차 제대공덕
已於無量 百千萬億諸佛所　이어무량 백천만억제불소
植衆德本 成就不可思議　　식중덕본 성취불가사의
諸大功德　　　　　　　　 제대공덕

그 때에 운뢰음수왕화지 여래께서
묘장엄왕에게 말씀하셨느니라.
"그러하다, 그러하다, 네 말대로 이니
만일 선남자나 선여인이 선한 근본을 심는다면
세세토록 선지식을 만나게 되나니, 그 선지식은
능히 불사를 짓고 가르침을 보여 이롭고 기쁘게 하여
아뇩다라삼먁삼보리로 들어가게 하느니라.'"

부처님께서 대중에게 말씀하셨다. "어찌 생각하느냐,
묘장엄왕이 어찌 다른 사람이겠느냐.
지금의 화덕보살이 바로 그이니라.
그 정덕부인은 바로 지금 부처님 앞에 있는
광조장엄상보살이니라.
묘장엄왕과 그 모든 권속들을
불쌍히 여겨 그 가운데 난 것이니라. 그 두 아들은
지금의 약왕보살과 약상보살이니라.

이 약왕보살 약상보살이
이와 같은 크나큰 모든 공덕을 성취하였으니
벌써부터 백 천 만억의 모든 부처님의 처소에서
덕의 근본을 심어 불가사의한
모든 큰 공덕을 성취하였느니라."

[제28/보현보살권발품] 103일차
보현보살이 법화경을 만날 수 있는 조건을 여쭈다.

1. 보현보살이 영산회상으로 오다.

爾時 普賢菩薩	이시 보현보살
以自在神通力 威德名聞	이자재신통력 위덕명문
與大菩薩 無量無邊	여대보살 무량무변
不可稱數 從東方來	불가칭수 종동방래
所經諸國 普皆震動	소경제국 보개진동
雨寶蓮華 作無量百千萬億	우보련화 작무량백천만억
種種伎樂	종종기악

到娑婆世界 耆闍崛山中	도사바세계 기사굴산중
頭面禮 釋迦牟尼佛	두면예 석가모니불
右繞七匝 白佛言	우요칠잡 백불언
世尊 我於寶威德上王佛國	세존 아어보위덕상왕불국
遙聞此娑婆世界 說法華經	요문차사바세계 설법화경
與無量無邊 百千萬億	여무량무변 백천만억
諸菩薩衆 共來聽受	제보살중 공래청수

2. 보현보살이 석가모니불께 법화경 만나는 인연에 대해 여쭈다.

唯願世尊 當爲說之	유원세존 당위설지
若善男子善女人 於如來滅後	약선남자선여인 어여래멸후
云何能得 是法華經	운하능득 시법화경

그 때에
자재한 신통력과 위엄과 덕망으로 드높은 보현보살이
한량없이 많은 무수한 대보살들과 더불어
동방으로부터 오는데,
그 지나치는 모든 나라가 다 진동하였고
보배 연꽃들이 비처럼 내리며 무량한 백 천 만억의
갖가지 악기들이 저절로 울리었다.

그리하여 사바세계의 기사굴산 가운데에 이르러
머리 숙여 석가모니 부처님께 예배하고
오른쪽으로 일곱 바퀴를 돈 후에 부처님께 사뢰었다.
"세존이시여, 저는 보위덕상왕불국에 있다가
저 멀리 사바세계에서 법화경 설하심을 듣고서
한량없고 끝없는 백 천 만억의
모든 보살의 무리와 함께 같이 듣기 위하여 이처럼 왔나이다.

원컨대 세존이시여, 마땅히 설하여 주시옵소서.
선남자나 선여인이 여래께서 멸도하신 이후에
어떻게 해야 이 법화경을 만날 수 있겠나이까?

3. 부처님의 말씀 - 법화경을 만나려면 네 가지 법을 성취해야 한다.

佛告普賢菩薩　　　　　　　불고보현보살
若善男子善女人 成就四法　　약선남자선여인 성취사법
於如來滅後 當得是法華經　　어여래멸후 당득시법화경
一者 爲諸佛護念　　　　　　일자 위제불호념
二者 植衆德本　　　　　　　이자 식중덕본
三者 入正定聚　　　　　　　삼자 입정정취
四者 發救一切衆生之心　　　사자 발구일체중생지심

善男子善女人 如是成就四法　선남자선여인 여시성취사법
於如來滅後 必得是經　　　　어여래멸후 필득시경

부처님께서 보현보살에게 말씀하셨다.
"만일 선남자나 선여인이 네 가지 법을 성취하면
여래가 멸도한 이후에도 반드시 이 법화경을 만나리라.
첫째, 모든 부처님께서 보호하시고 생각하시는 바가 있어야 하며,
둘째, 덕의 근본을 많이 심어야 하고,
셋째, 흔들림 없는 바른 사람의 범주(정정취)에 들어야 하며,
넷째, 모든 중생들을 구제하려는 마음을 내어야 하느니라.

선남자나 선여인이 이와 같은 네 가지 법을 성취한다면
여래가 멸도한 이후에도 필히 이 경을 만나게 되리라."

[제28/보현보살권발품] 104일차
보현보살이 법화경 수행자를 수호하길 서원하다.

1. 보현보살이 법화경 수행자를 수호하길 서원하다.

爾時 普賢菩薩 白佛言	이시 보현보살 백불언
世尊 於後五百世	세존 어후오백세
濁惡世中 其有受持	탁악세중 기유수지
是經典者 我當守護	시경전자 아당수호
除其衰患 令得安隱	제기쇠환 영득안은
使無伺求 得其便者	사무사구 득기편자

2. 법화경 수행자에게는 흰 코끼리를 탄 보현보살께서 현신하리라.

是人 若行若立 讀誦此經	시인 약행약립 독송차경
我爾時 乘六牙白象王	아이시 승육아백상왕
與大菩薩衆 俱詣其所	여대보살중 구예기소
而自現身 供養守護	이자현신 공양수호
安慰其心 亦爲供養法華經故	안위기심 역위공양법화경고

其人 若於法華經	기인 약어법화경
有所忘失 一句一偈	유소망실 일구일게
我當敎之 與共讀誦 還令通利	아당교지 여공독송 환령통리

그 때에 보현보살이 부처님께 사뢰었다.
"세존이시여, 오백세 후에
탁하고 악한 세상에서
이 (법화)경을 간직하는 자가 있다면 제가 마땅히 수호하여
그 모든 근심을 없애 안락함을 얻게 하고,
어떤 이도 그 사람의 허점을 엿볼 수 없게 하겠나이다.

그 사람이 걷거나 서서 이 경을 독송한다면
제가 그 때 여섯 어금니의 흰 코끼리를 타고
대보살의 무리와 함께 거기에 이르러
내 몸을 나타내어 공양하고 수호하며
그 마음을 편케 위로하리니 이 역시 법화경에 공양키 위한 것입니다.

그 사람이 만일 법화경에서
한 구절이나 한 게송이라도 잊어버린다면
제가 마땅히 가르쳐 같이 독송하여 돌이켜 밝히 이해하도록 돕겠습니다.

3. 보현보살이 법화경 수행자에게 각종 다라니를 줄 것을 약속하다.

爾時 受持讀誦 法華經者	이시 수지독송 법화경자
得見我身 甚大歡喜	득견아신 심대환희
轉復精進 以見我故	전부정진 이견아고
卽得三昧 及陀羅尼	즉득삼매 급다라니
名爲旋陀羅尼 百千萬億旋陀羅尼	명위선다라니 백천만억선다라니
法音方便陀羅尼 得如是等陀羅尼	법음방편다라니 득여시등다라니

그래서 법화경을 간직하고 독송하는 이가
나의 몸을 보게 되면 심히 크게 환희하면서
더욱 정진할 것입니다. 나를 본 고로
곧 삼매와 다라니를 얻을 것이니
소위 선다라니, 백 천 만억 선다라니,
법음방편다라니 등의 다라니들을 얻게 될 것입니다.

[제28/보현보살권발품] 105일차
오탁악세 중에 법화경을 수행할 자는 21일 동안 정진하라.

1. 오탁악세에 법화 행자가 21일 정진하면 보현보살을 뵐 것이다.

世尊 若後世	세존 약후세
後五百歲 濁惡世中	후오백세 탁악세중
比丘比丘尼 優婆塞優婆夷	비구비구니 우바새우바이
求索者 受持者	구색자 수지자
讀誦者 書寫者	독송자 서사자
欲修習是法華經	욕수습시법화경
於三七日中 應一心精進	어삼칠일중 응일심정진

滿三七日已	만삼칠일이
我當乘 六牙白象	아당승 육아백상
與無量菩薩 而自圍繞	여무량보살 이자위요
以一切衆生所喜見身 現其人前	이일체중생소희견신 현기인전
而爲說法 示敎利喜	이위설법 시교리희
亦復與其 陀羅尼呪	역부여기 다라니주

2. 보현보살의 수호를 받는 수행자는 어지럽혀지지 않는다.

得是陀羅尼故	득시다라니고
無有非人 能破壞者	무유비인 능파괴자
亦不爲女人 之所惑亂	역불위여인 지소혹란
我身 亦自常護是人	아신 역자상호시인

세존이시여, 뒷날
오백세 뒤 오탁악세에서
비구나 비구니, 우바새나 우바이 가운데
이 경을 찾아 간직하고
독송하며 베껴 쓰는 자가 있어
이 법화경으로 수행하려 한다면
응당 일심으로 21일 동안 정진해야 할 것입니다.

21일을 다 채운다면
제가 응당 여섯 어금니의 흰 코끼리를 타고
한없이 많은 보살들에게 둘러싸인 채
모든 중생들이 기뻐하는 모습으로 그 사람 앞에 나타나리니
법을 설하여 가르침을 보여 이롭고 기쁘게 하고
또한 다라니 주문을 줄 것입니다.

다라니를 얻은 고로
사람 아닌 것들이 능히 그를 깨뜨리지 못할 것이며
또한 여인으로 인해 미혹되거나 어지럽혀지지도 않을 것입니다.
저 또한 그 사람을 항상 보호할 것입니다."

3. 보현보살께서 다라니를 주시다.

卽於佛前 而說呪曰　　　즉어불전 이설주왈

世尊 若有菩薩　　　세존 약유보살
得聞是陀羅尼者　　　득문시다라니자
當知普賢 神通之力　　　당지보현 신통지력

그리고서는 곧 (석가모니) 부처님 앞에서 주문을 외웠다.

아단지 단다바지 단다바제 단다구사례 단다수다례 수다례 수다라바지 붓다파
선네 살바다라니아바다니 살바바사아바다니 수아바다니 상가바리사니 상가
녈가다니 아싱기 상가바가지 제례아다상가도랴 아라제파라제 살바상가 삼마
지가란지 살바달마수파리찰제 살바살타루타교사랴 아로가지 신아비기리지제

"세존이시여, 만일 보살이
이 다라니를 듣고 얻었다면
이는 마땅히 보현보살의 신통의 힘이라는 걸 알아야 할 것입니다."

[제28/보현보살권발품] 106일차
법화경을 베껴 쓰기만 해도 천상에 날 수 있다.

1. 법화경을 바르게 읽고 사유하는 자는 보현행을 닦는 것이다.

若法華經 行閻浮提　　　약법화경 행염부제
有受持者 應作此念　　　유수지자 응작차념
皆是普賢 威神之力　　　개시보현 위신지력

若有受持讀誦 正憶念　　　약유수지독송 정억념
解其義趣 如說修行　　　　해기의취 여설수행
當知是人 行普賢行　　　　당지시인 행보현행
於無量無邊諸佛所 深種善根　어무량무변제불소 심종선근
爲諸如來 手摩其頭　　　　위제여래 수마기두

2. 법화경을 베껴 쓰기만 해도 도리천에 태어난다.

若但書寫 是人命終　　　약단서사 시인명종
當生忉利天上　　　　　당생도리천상
是時 八萬四千天女　　　시시 팔만사천천녀
作衆伎樂 而來迎之　　　작중기악 이래영지

(보현보살이 부처님께 사뢰길)
"만일 법화경을 사바세계에서 행하며
수지하는 자가 있다면 응당 그것이
다 보현보살의 위신력이라 생각해야 할 것입니다.

만일 이 경을 수지하고 독송하며 바르게 사유하여
그 뜻을 이해해서 취하여, 설하신 대로 수행하는 자가 있다면,
그 사람이 보현행을 행하고 있음을 마땅히 알아야 할 것입니다.
그 자는 한량없고 끝없는 모든 부처님 처소에서 선한 근본을 심은 자이니
모든 부처님들께서 손으로 그 머리를 쓰다듬어 주실 것입니다.

다만 경전을 베껴 쓰기만 해도 그 사람은 목숨을 마친 뒤에
응당 도리천에 나게 될 것입니다.
그 때 팔만 사천의 천녀들이
악기를 연주하며 그를 맞이할 것입니다.

3. 법화경을 바르게 이해하여 뜻을 취하는 자는 도솔천에 나서 미륵보살을 뵐 것이다.

何況受持讀誦	하황수지독송
正憶念 解其義趣	정억념 해기의취
如說修行 若有人	여설수행 약유인
受持讀誦 解其義趣	수지독송 해기의취
是人命終 爲千佛授手	시인명종 위천불수수
令不恐怖 不墮惡趣	영불공포 불타악취
卽往兜率天上 彌勒菩薩所	즉왕도솔천상 미륵보살소

彌勒菩薩 有三十二相	미륵보살 유삼십이상
大菩薩衆 所共圍繞	대보살중 소공위요
有百千萬億 天女眷屬	유백천만억 천녀권속
而於中生	이어중생

하물며 이 경을 수지하고 독송하며
바르게 사유하고 이해하여 그 뜻을 취하여
설한대로 수행한 자는 어떠하겠습니까!
그렇게 수지하고 독송하며 이해하여 뜻을 취하는 자가 있다면
그 사람은 목숨이 마친 뒤에 천 명의 부처께서 손을 잡아주시어
두렵지 않게 해주실 것이며, 악취에 떨어지지 않도록 해주실 것입니다.
그리고 곧 미륵보살께서 계신 도솔천에 나게 될 것입니다.

미륵보살께선 32상을 갖추신 상태로
대보살의 무리들에 둘러싸여 계실 것이고
백 천 만억의 천녀의 권속들이 있을 것이니
그 가운데에 나게 될 것입니다.

[제28/보현보살권발품] 107일차
석가모니불께서 보현보살을 칭찬하시다.

1. 보현보살이 법화경을 사바세계에서 수호키로 서원하다.

世尊 我今	세존 아금
以神通力故 守護是經	이신통력고 수호시경
於如來滅後 閻浮提內	어여래멸후 염부제내
廣令流布 使不斷絶	광령유포 사부단절

2. 석가모니불께서 보현보살을 칭찬하시다.

爾時 釋迦牟尼佛	이시 석가모니불
讚言 善哉善哉	찬언 선재선재
普賢 汝能護助是經	보현 여능호조시경
令多所衆生 安樂利益	영다소중생 안락이익
汝已成就 不可思議功德	여이성취 불가사의공덕

深大慈悲 從久遠來	심대자비 종구원래
發阿耨多羅三藐三菩提意	발아뇩다라삼먁삼보리의
而能作是 神通之願	이능작시 신통지원
守護是經 我當以神通力	수호시경 아당이신통력
守護能受持 普賢菩薩名者	수호능수지 보현보살명자

세존이시여, 이제 제가
신통력으로 이 법화경을 수호하리니
여래께서 열반하신 후에 사바세계에서
이를 널리 유포하여 끊어지지 않도록 하겠나이다."

그 때에 석가모니불께서
칭찬하며 말씀하셨다. "장하고 장하도다,
보현이여, 네가 능히 이 법화경 수호하는 일을 도와
많은 중생을 안락케 하고 이롭게 하니
너는 이미 불가사의한 공덕을 성취한 것이로다.

깊은 대자비로 오랜 옛적부터
아뇩다라삼먁삼보리의 뜻을 일으켜
능히 신통의 원을 세워
이 경을 수호하여 왔으니, 나도 마땅히 신통력으로
보현보살의 이름을 수지하는 자를 수호하리라.

3. 석가모니불께서 법화경 수호자를 극찬하시다.

普賢 若有受持讀誦 正憶念	보현 약유수지독송 정억념
修習書寫 是法華經者	수습서사 시법화경자
當知是人 則見釋迦牟尼佛	당지시인 즉견석가모니불
如從佛口 聞此經典	여종불구 문차경전
當知是人 供養釋迦牟尼佛	당지시인 공양석가모니불
當知是人 佛讚善哉	당지시인 불찬선재

보현아, 만일 이 법화경을 수지하고 독송하며 바르게 기억하고 생각하여
수행하여 익히고 베껴 쓰는 자가 있다면
마땅히 알지니 그 사람은 곧 석가모니 부처님을 뵙고
부처님께서 친히 말씀하시는 경전을 듣는 이이며,
마땅히 알지니 그 사람은 석가모니 부처님께 공양드리는 이이며,
마땅히 알지니 그 사람은 부처님께서 착하다고 칭찬해주시는 이이니라.

[제28/보현보살권발품] 108일차
석가모니불께서 후오백세의 법화경 수호자를 말씀하시다.

1. 법화경 수호자는 세간의 즐거움에 탐착하지 않는다.

如是之人 不復貪着世樂	여시지인 불부탐착세락
不好外道 經書手筆	불호외도 경서수필
亦復不喜 親近其人 及諸惡者	역부불희 친근기인 급제악자
若屠兒 若畜猪羊鷄狗	약도아 약축저양계구
若獵師 若衒賣女色	약엽사 약현매여색

是人 心意質直	시인 심의질직
有正憶念 有福德力	유정억념 유복덕력
是人 不爲三毒所惱	시인 불위삼독소뇌
亦復不爲 嫉妬我慢邪慢	역부불위 질투아만사만
增上慢所惱	증상만소뇌

是人 少欲知足	시인 소욕지족
能修普賢之行	능수보현지행

(법화경을 수지, 독송하며 바르게 이해하며 수행하는)
그와 같은 이는 세간의 즐거움에 탐착하지 아니하며,
외도의 경서나 글을 좋아하지 않고
또한 그러한 사람이나 온갖 악한 이들을 만나길 즐겨하지 않으니
도살하는 사람이나 돼지나 양, 닭, 개와 같은 가축을 기르는 사람이나
사냥하는 사람, 여색을 파는 사람을 가까이 하지 않느니라.

그러한 이는 마음과 뜻과 바탕이 곧아서
바르게 생각하는 힘과 복덕의 힘이 있으니
세 가지 독(탐욕, 분노, 어리석음)으로 인해 번뇌치 않을 것이며
또한 질투심이나 교만함, 삿된 생각,
깨닫지도 못했으면서 깨달았다 하는 교만함으로 번뇌치 않으리라.

그러한 이는 적은 것으로도 만족할 줄 알 것이니
능히 보현의 행을 닦을 수 있으리라.

2. 오백세 후에 법화경 수호자가 있으리니 성불할 이일 것이다.

普賢 若如來滅後	보현 약여래멸후
後五百歲 若有人見	후오백세 약유인견
受持讀誦 法華經者	수지독송 법화경자
應作是念 此人不久	응작시념 차인불구
當詣道場 破諸魔衆	당예도량 파제마중
得阿耨多羅三藐三菩提	득아뇩다라삼먁삼보리
轉法輪 擊法鼓	전법륜 격법고
吹法螺 雨法雨	취법라 우법우
當坐天人大衆中	당좌천인대중중
師子法座上	사자법좌상

3. 후오백세 뒤의 법화경 수호자를 모욕치 말고 반드시 공경하라.

若有人 輕毀之言	약유인 경훼지언
汝狂人耳 空作是行	여광인이 공작시행
終無所獲 如是罪報	종무소획 여시죄보
當世世無眼	당세세무안

若復見 受持是經者	약부견 수지시경자
出其過惡 若實若不實	출기과악 약실약부실
此人現世 得白癩病	차인현세 득백라병

| 是故普賢 若見受持 | 시고보현 약견수지 |
| 是經典者 當起遠迎 當如敬佛 | 시경전자 당기원영 당여경불 |

보현보살이여, 여래가 멸도한 후
오백세 뒤에 만일
이 법화경을 수지하고 독송하는 이를 본다면,
마땅히 생각하길 '저 분은 오래지 않아
응당 도량에 나아가 모든 마군의 무리를 물리치고
아뇩다라삼먁삼보리를 이루시겠구나!
법륜을 굴리시고, 법의 북을 울리시며
법의 나팔을 불고, 법의 비를 내리실 것이니
마땅히 하늘 사람들의 큰 무리 가운데 앉아
사자법좌 위에 앉으시리라!' 해야 할 것이니라.

만일 어떤 이가 (법화경 수행자를) 가볍게 여겨 훼방하면서
"너처럼 미친 사람의 말을 들으면서 헛된 짓을 하면
결국 아무 것도 얻지 못해!"라 한다면 그 사람은 그 죄의 과보로
세세토록 장님이 될 것이니라.

또 누군가 이 법화경을 수지한 이를 보고
그 허물을 들추어낸다면, 그것이 사실이든 아니든
그 사람은 현세에 문둥병을 앓게 되리라.

그러므로 보현이여, 만일 이 법화경을 수지한 이를 보거든
마땅히 멀리서부터 일어나서 부처님을 공경하듯 해야 할 것이니라."

특별 부록

1. 21세기 붓다의 메시지

1) 일대사인연

　부처님께서 사바세계를 찾아 사람 몸 받아 오시는 것은 봄철에 농부가 씨를 뿌리듯 불법이라는 정법의 씨앗을 뿌려두고자 함입니다.
　우주가 성주괴공을 거듭할 때마다 우주의 주겁住劫 초에 사바세계를 많이도 찾아오셨습니다물론 다른 붓다님들도 오심. 부처님께서 그 극락 중의 극락을 떠나 인간 고해에 오신 깊은 뜻을 우리는 주목해야 합니다.
　부처님께서는 2600년 전 인도 땅 북부 카필라국 정반왕의 아들로 다시 이 땅에 오셨습니다. 수많은 중생의 구제를 위해 불법을 사바에 뿌리내리는 대역사를 펼치시기 위해 오셨습니다. 그리고 삼악도 중생을 건지고, 인연 깊은 많은 착한 이들이 아라한과를 증득하여 윤회생사에서 벗어나도록 하시기 위한 큰 원력 때문에 오셨습니다. 바로 이것이 부처님의 대자비이십니다.
　인간 세계는 생노병사 등 4고苦 8고苦가 있는, 근심·걱정과 불안·공포 등 괴로움이 도사리고 있는 늪이자 고통의 바다입니다. 아무리 전생에 복을 많이 지은 이라 하더라도 인신을 받아 오게 되면 괴로움에서 자유로울 수 없는 것이 사실입니다. 그런데도 이 고해를 왜 부처님께서 찾아오신 줄 아십니까?
　부처님이 이 세상에 오셔서 불과를 이루시기까지는 말로 다 할 수 없는 가시밭길의 수행이 있었습니다. 당신께서는 사바에 오실 때 왕궁으로 탁생하셔서 왕위가 보장된 태자의 자리를 헌신짝처럼 버리고, 온갖 부귀영화도 마다하고 설산에 들어가 수행하셨습니다. 사의四依걸식, 분소의, 수하좌, 진기약에만 의존하는 출가 행걸行乞 사문의 생활을 선택하셨습니다. 모든 세속의 욕망을 내던지셨습니다. 다만 죽지 않는 큰 법法, 완전한 대열반을 성취하고자 위대한 방기放棄를 감행하셨습니다.
　우리들은 이러한 커다란 방기를 하지 않고서는 결코 생노병사의 윤회고를 뛰어넘을 수 없습니다. 예수님이 십자가에서 온 인류의 원죄를 속죄하기 위해 대신 못 박혀 죽었다고 하듯이그러나 예수는 인류의 원죄를 대속하기 위해 죽음을 선택한 것은 아니었다, 부처님께서 중생고를 대신하여 스스로 선택한 그런 죽음도 한두 번이 아니었습니다. 마침내 6년간의 뼈를 깎는 수행으로 위없는 바른 진리아뇩다라삼먁삼보리를 깨쳐 부처님이 되셨습니다.
　부처가 되면 당신의 지복의 몸解脫身을 생노병사 우비고뇌가 없는 극락의 극락, 환희의 세계에 둔다고 했습니다. 빛無量光으로 이루어진 몸이기에 그 적멸 환희의 절대계에 영원히 있을 수 있는 것입니다. 윤회생사에서 완전히 벗어나 버립니다. 삼계에서의 완전 탈출입니다.
　다시 말씀드리지만 왜 부처님은 한두 번도 아니고 여러 번을 이 사바세계를 찾으셨겠습니까? 불과를 이룬 붓다가 인연 중생을 구제하고자 사람 몸을 받아올 때 거기 절대계의 불신佛身은 놔두고 오지만, 다시 불과를 이룰 때까지는 일정기간 난행·고행의 구도자의 삶, 사의四依의 수행이 요구되는 것입니다. 이런데도 부처님께서 종종 사바세계에 몸 받아 오신 것은 앞에서도 말했지만 그것은 오직 고통 받는 윤회고의 중생을 건지고자 하시는 대자대비심 때문입니다. 이것을 일대사인연이라 하는 것입니다.

중생은, 사람들은 업을, 죄惡업을 짓고 삽니다.

사람들은 어리석어 자기 욕심 채우려고 갖가지 업을 짓고 삽니다. 탐진치 삼독의 번뇌로 업을 짓습니다. 그리고 지옥 등 삼악도로 떨어집니다. 인과의 법칙karma법칙은 진리입니다. 지옥은 필설로 그릴 수 없는, 불과를 증한 붓다라 하더라도 차마 눈 뜨고 볼 수 없는 극심한 형벌을 받고 있는 세계입니다. 이 지옥이 실제로 있습니다. 그런데 사람들은 이를 모릅니다. 아니 말을 해도 믿질 않습니다.

간단히 말해서 부처님께선 어리석은 중생들에게 죄를 짓지 말라는 메시지를 전하기 위해서 사바에 몸 받아 오십니다. 지옥이 있고 아귀 세계도 있고 축생의 몸을 받기도 합니다. 죄를 지으면 그곳으로 떨어져 무서운 고통을 받기 때문에 인연·인과의 이법을 말씀해 주고자 오십니다.

한편 하늘 종자들에게는 육도윤회를 벗어나 니르바나열반의 세계에 날 수 있는 길을 가르쳐주고자 오시는 것입니다. 그러기 위해서는 다시 붓다가 되어 완전한 지혜와 자비, 만능자재하신 절대자적 인격을 갖춰야 하는 것입니다. 그리고 중생을 향해 죄악을 범하면 악도에 떨어진다는 법설을 하십니다. 설득력 있게 고구정녕히 가르쳐 믿음이 가도록 해주십니다.

세상一切有爲法은 꿈夢이요, 환영幻影이며, 이 몸뚱이 역시 믿을 것이 못되는, '나'도 아니고 '내 것'도 아님을 철저히 일러주십니다. 이것들에 대한 집착을 여의고 팔정도로 수행해서 삼매를 얻으면 성중 아라한이 되어 열반에 들 수 있음을 법설하시는 것입니다.

-[21세기 붓다의 메시지 2편] 3장 중에서

2) 성중 ⇒ 보살 ⇒ 붓다

윤회를 벗어난 해탈오계解脫悟界로는 크게 성중 아라한의 세계, 무루대아라한의 세계, 서방극락 정토 보살의 세계, 약사정토 보살의 세계, 붓다의 무아 속 절대계가 있습니다. 성중 아라한 이상, 정토보살 그리고 삼신을 갖춘 붓다를 해탈성자라고 합니다. 그러나 아라한과 보살, 보살과 붓다의 각 지위 간에는 천지현격의 차이가 있습니다.

공부를 잘하고 수행을 잘해서 깨달음을 얻었거나선불교에 대한 고언, 이미 깨달았다면 이제부터가 더욱 중요합니다. 특히 여자 관계異性關係를 주의해야 합니다. 불음계를 파하는 것은 부처님과 법을 능멸하고 모독하는 대망어의 과보만큼이나 무섭습니다.

또한 나 없는 수행, 곧 두타행으로 나아가야 합니다. 본성本性을 깨달은 후 보림을 잘해 업장을 정화한다면 아라한이라는 성과를 얻어 윤회생사를 뛰어 넘습니다. 아라한은 영원히 인간의 몸을 받고 싶지 않으면 안 받게 되며, 윤회를 벗어나 해탈의 세계에 태어납니다. 아라한의 극과가 무루대아라한大阿羅漢입니다. 인간은 여기까지가 한계입니다. 부처님께서 그렇게 말씀하십니다.

아라한에서 보살부처님께서는 보살 8지不動地 이상을 보살이라 하심로 올라가려면 타력이 필요합니다. 무엇보다도 부처님에 대한 신심입니다. 부처님의 절대하신 위신력, 곧 가피력이 요구됩니다. 돌아가신 부모님, 형제, 가까운 직계·방계영가가 지옥이나 축생계에 남아있어도 보살과를 얻기 어렵습니다.

보살이 되려면 물론 보살행을 많이 해야 하며 효孝가 필요조건이 됩니다. 그리고 ≪아함경≫≪금강경≫≪법화경≫≪화엄경≫≪부모은중경≫ 등의 부처님 경전을 독송하고, 부처님께서 일러주신 몇몇 다라니를 암송하면 더욱 좋습니다. 그러면서 일심불란 칭명염불이 되어 깊은 삼매에 들어야 보살지에 들 수 있습니다. 보살위에 이르면 보다 깊은 삼매에 들도록 더욱 정진해 가야 합니다.

보살지에 이르면 성불은 보장되어 있다고 보서도 됩니다. 여기까지 도달하면 불퇴전입니다. 아라한을 뛰어넘어 보살지菩薩地에 오른 성자는 서방 극락정토에 왕생합니다. 중국 당唐의 현장 삼장법사와 일본의 일련日蓮 선사, 한국에도 잘 알려진 베트남의 틱낫한 스님, 대만 불광산사의 회주 성운 스님 등은 모두 극락정토에서 온 보살입니다.

한국이 낳은 원불교의 대종사 소태산과 숭산 행원 큰스님도 극락에 왕생한 보살입니다. 그리고 현재 경기도 평택의 모 비구니 스님, 세계를 돌아다니며 보살행을 하고 있는 한국의 어느 비구 스님, 이곳 현지사의 무량 비구니比丘尼 스님 역시 정토에서 온 보살입니다.

보살에서 붓다가 되려면 다시 백천만리도 더 가야 합니다. 다만 보신부처님을 만나 무량광으로 영체작업을 통해서 억겁토록 익혀온 나쁜 습과 기氣, 천만 생 동안 내려오면서 신구의身口意 삼업으로 지은 업장아직 과보를 받아야 할 업, 악연惡緣, 원결怨結, 삼독 번뇌의 뿌리, 이 모두가 소멸되어야만 나我와 우주가 일체一體로 계합하는 것입니다. 여기가 붓다의 경계입니다. 붓다가 되면 법·보·화 삼신을 구족해서 우주와의 완전무결한 계합을 이루니 대열반이요, 대해탈인 것입니다. 이것은 우주아宇宙我의 실현이기도 합니다. 그래서 영원히 죽지 않는 무량수無量壽가 되는 것입니다.

-[21세기 붓다의 메시지 1편] 8장 중에서

3) 삼신불

청정법신 비로자나불은 저 하늘에 떠 있는 태양과도 같이 언제나 삼천대천세계를 두루 비추고 있습니다.

대우주아이며 변조偏照 광명체입니다. 청정법신 비로자나불은 석가모니부처님의 법신체이며 진불眞佛이시고 삼계 모든 붓다의 법신체이십니다. 청정법신 비로자나부처님은 인격적 존재는 아니지만 여기에 보신불이 계합하게 되면 우주적인 인격체가 됩니다.

어떤 우주적인 작업을 하실 때 청정법신 비로자나부처님께서 뜨십니다. 예를 들어 사바세계에 겁에 하나 애제자가 처음 불과를 이루어 응화신이 되어 있을 때는 삼계의 수많은 붓다님이 그 비로자나부처님 몸속으로 드십니다. 가히 상상할 수 없는 우주적인 작업이 이루어집니다.

저 유명한 당唐의 이통현李通玄 장자는 〈신화엄경론〉에서 비로자나불은 모든 부처님의 총명總名으로, 대지大智의 광명체라고 했습니다. 상당한 안목眼目이 아닐 수 없습니다.

허공 가운데 떠 있는 태양은 구름이 끼거나 비가 오는 날에는 가려져 안 보일 수도 있으나, 부처님의 청정법신 비로자나불은 언제나 온 법계를 두루 비추고 계십니다. 희유하고 부사의합니다.

붓다님들은 빛으로 일체처 일체시에 아니 계신 곳 없기 때문에 법신 개념에서 볼 때 천수천안이 문제가 아니며 가고 오고 하는 그런 존재도 아닙니다. 무소종래無所從來온 바가 없다이며 역무소거亦無所去간 바가 없다입니다. 삼천대천세계 우주 자체가 바로 붓다의 몸입니다.

모든 붓다님은 무아 속 절대계에 당신들의 법신불청정법신불을 두십니다. 대적정삼매에 계시면서 한 걸음도 당처를 이탈하지 않으시고 각기 자기 국토의 중생을 위해 원만보신으로 나투어 그들을 교화하십니다.

법신 이야기는 이쯤에서 멈추고 중심이 되는 보신붓다의 초월적 인격체에 대해 말씀드리겠습니다.

보신은 '지복至福의 몸'이라 하겠습니다. 지혜와 복덕을 완전 구족하고 미래제가 다하도록 진락眞樂을 누리기에 그런 이름을 붙일 수 있습니다. 청정법신불, 곧 '전 우주적인 몸'이 육체적인 형태를 띠고 경험세계 속에 반영된 몸이 바로 보신報身입니다.[1]

부처님붓다의 몸보신, 곧 불신은 거듭 말씀드리지만 엄청난 광도를 지닌 대지의 광명빛으로 이루어집니다. 붓다님들께서 마음대로 이용하실 수 있는 이 불가사의한 빛은 우주 본성의 빛自性光이 아니라 우주와 온 법계 모든 빛의 본원광本源光입니다.

중생이 불신을 본다면 즉시 가루가 되고 말 것입니다. 마치 100볼트 전구에 수십억 볼트 고압이 들어와 산산이 부서지듯 말입니다. 그래서 붓다들은 32응신化身으로 나투어 중생을 교화하시는 것입니다.

불신報身은 사바세계에 변화신으로도 오십니다. 변화신이란 불과를 이룰 대수행자

---

[1] 여래如來의 밀장密藏으로서 극히 오묘한 현리玄理이다. 상적광세계의 청정법신 비로자나불로부터 현신現身하는 원만보신佛은 연화장세계에 자리하고, 또 그곳에서 경험 세계로 내려오는 불신佛身은 본불本佛의 변화신變化身이다.

곁에 와서 온전한 붓다 이루도록 도와주기 위해 여러 방편으로 나투시는, 혹은 인연 있는 중생을 제도하기 위해 보이게끔 형체를 띠고 나타난 몸을 가리킵니다. 원만보신불본불께서 외형만 변장한 모습이 변화신이므로 화신과는 다른 개념입니다. 문수보살을 예로 들어보겠습니다.

그 분은보살명은 문수,Mañjuśrī 무수 아승기겁 전에 불과를 이루신 이래 7번이나 사바세계에 오셔서 붓다가 되신, 지혜와 변재가 뛰어난 부처님이십니다. 현재까지 알려진 문수보살님의 불호는 '용종정지존왕불', '대신불', '보상불', '승선불', '환희장마니보적불' 등이며, 미래세 언젠가 보견현불로 성불하십니다. 지금 중국 오대산청량산에서 1만 보살을 교화하고 계시지만, 주로 영산불교 현지궁에 주하십니다. 가끔 동자와 사자의 분신을 지어 현신하시기도 합니다.

문수보살의 변화신은 회색 두루마기에 하얀 동정, 대삿갓을 쓰셨으며 등에는 괴나리봇짐, 손에는 지혜의 칼을 들고, 발에는 버선에 행전과 짚신을 신으신 것이 특징입니다.

화신化身은 보신불께서 중생교화를 위해 나투시는 붓다의 몸입니다. 보신은 필요하다면 백천만억 화신을 내십니다. 그리고 붓다가 사람 몸을 받아 날 때가 있는데 그 사람 몸을 응화신이라고도 합니다.

-[21세기 붓다의 메시지 1편] 10장 중에서

4) 부처님께서는 스승 없이 스스로 최초불이 되셨습니다

나 아난 자재 만현, 불과를 이룬 붓다로서 우리 교주 불세존이 어떤 능력을 갖추셨는지에 대해 진솔하게 말씀드리고자 합니다.

우주가 시작도 없이 생성되고 파괴되기를 무수히 반복하는 동안 지금으로부터 천만억 나유타 아승기겁 전에 우주에는 두 위대한 수행자가 있었습니다. 그 수행 목적은 영겁토록, 영원히 죽지 않는 법을 성취해서, 일체의 고苦가 멸진한, 완전한 열반에 드는 일이었습니다.

급기야 그 두 분 중 우리 부처님께서만이 이 큰 일을 해내셨습니다. 인류 역사상 최초로 무상정등정각을 이루시고 불신三身을 갖추신 부처님이 되셨습니다. 대적정삼매에 들어 불가사의한 무량억종광을 발명, 당신의 불신 곧 청정법신과 보신報身을 일구어 내는데 성공하셨다는 말입니다. 이는 실로 경천동지할 일이었습니다. 이 불신의 부사의함은 색계의 대범천왕이나 여러 욕계 하늘왕들이 미래제가 다하도록 사유한다해도 이를 알 수 없고, 더더욱 불신을 얻는 일이란 꿈에도 불가능하답니다.

부처님은 아무리 찬탄한다해도 부족할만큼 거룩하시고 희유하신 그러한 지존이십니다. 이 점이 끝없는 원력과 사랑, 자비, 우주적인 구원의 힘을 지니신 부처님께 우리가 귀의하고 마땅히 칭명염불해야 하는 이유인 것입니다.

다른 한 분의 수행자는 아직까지도 불신을 얻지 못하고, 철학사상으로 볼 때 불교 다

음가는 종교의 수장으로 욕계하늘 54품 위쪽 하늘왕이 되는데 그쳤습니다. 지금 현재도 그 꿈을 버리지 못하고 수행 중에 있답니다.

부처님의 몸佛身을 이루고 있는 무량억종광은 온 우주를 원자만한 입자로 압축이 일은 불가능하지만했을 때나 얻을 수 있는 그런 불가사의 '빛 아닌 빛'입니다. 초천문학적인 광도光度와 강도强度, 열, 속도, 힘을 가진 빛으로서 부처님의 몸을 이루고 있습니다. 부처님께서는 대적정삼매를 자유자재로 들 수 있기에 천만억 서로 다른 색깔의 무량광을 이용, 그 무한한 힘으로 중생의 업장을 소멸할 수 있고, 극락세계와 같은 정토를 창조할 수 있으며, 우주 온 법계를 생성할 수도 있습니다.

욕계 54품 외도하늘 수장이나, 크리아kriya 요가를 완성한 파탄잘리Patanjali, 그리스도 바바지2000년 이상 죽지 않고 사는 히말라야 초인, 1권 16장 각주)28 참조, 예수Jesus 등이 필요할 때 몸에서 낼 수 있다는 10억 와트watt는 물질 1g을 에너지로 전환하였을 때 $<E=mc^2>$, 8만3천 세대의 월간 전력의 1/90 정도입니다. 우리 교주 불세존의 불신이 낼 수 있는 에너지는 얼마나 될 것이라고 보십니까? 우리 부처님께서는 온 우주만한 질량을 모두 에너지화化 할 수 있습니다. 가히 놀랄 일이 아닐 수 없습니다.

이러한 무한 능력을 갖추고 계시므로 가령 우주법계의 모든 외도들이 일시에 합하여 공격해 온다 하더라도 부처님께서는 찰나에 억종광의 빛을 내어 그들을 포위, 온도를 수천억으로 끌어 올려 조여들게 함으로써 항복을 받아 내실 수 있고, 중생의 지중한 업장무간지옥에 갈을 소멸하실 수 있는 가히 상상할 수 없는 그런 위신력을 지니십니다. 부처님은 전 우주의 본체와 계합이 되셨기에우주의 이법 자체가 되심 우주를 창조한 하나님은 없지만 그 이상의 전지하시고 만능 자재하심을 나 아닌 자재 만현은 조금도 보태지도 빼지도 않고 증언하는 바입니다. 이 놀라운 부처님의 위대하시고 희유하신 우주의 주로서의 위상을 만천하에 선언합니다.

또한 부처님께서는 일찍이 무량겁 이래로 지금까지최초 성불하신 이래로 조금도 흐트러짐 없이실로 삼천위의 팔만세행으로 살아 오셨고, '미안하게 됐다. 죄송하다.'는 그러한 허물까지도 지은 적 없으셨으며, 한번 말씀하신 것은 이를 결코 바꾸지 않으셨고, 물론 약속한 것은 반드시 지키셨답니다. 이 얼마나 거룩하시고 희유하신 어른이십니까?

'부처님을 마음'이라거나, '마음이 곧 부처心即是佛'라 하거나 부처님은 없다하는 이러한 법설은 진실을 외면하고 중생을 오도하는 대망어大妄語가 되어 극무간지옥에 간다는 것을 분명히 해둡니다.

부처님께서는 천만 생을 일찍이 발보리심하여 악을 짓지 않으시고, 착한 사람 되어 지혜롭게 사셨습니다. 특히, 세상에서 제일가는 효행을 한 생이 수도 없이 많았습니다. 오직 멸도하지 않는 법을 증득하기 위하여 무아의 이타행으로 사셨습니다. 삼계의 모든 중생들 가운데 태어나실 적마다 그 인생의 성적표는 항상 '수'였습니다. 인간으로서도 너무나 순수하고 완전하신 분이셨습니다.

천마, 용신을 막아 주고 깊은 삼매로 이끌어 주시는 부처님을 만나야 불과를 이룰 수 있는 것인데, 큰 스승 없이 우주 인류 최초로 부처가 되었다는 것은 삼계 지존의 자질을 갖추지 않고서는 불가능한 일이라 아니할 수 없습니다.

화두타파깨달음하는 일도 눈 밝은 스승의 지도 없이는 안 되는 것입니다. 하물며 아라한이 되고, 보살이 되는 일은 부처님 같은 큰 스승 없이 혼자서는 불가능한 것입니다. 그런데 부처님께서는 스승 없이 불과를 이루어 내셨습니다.

스스로 우주의 이법, 자연의 섭리와 인연·인과의 법칙카르마법칙을 알아서 지혜롭게 육근을 제어하여 팔정도 수행으로 선정에 들고, 깊은 삼매에 들어 자신과의 싸움에서 승리할 수 있었습니다. 다시 말하지만 부처님께서는 처음 불과를 이루실 때까지 무수한 생生을 십선도로, 팔정도로, 보살행으로 향상만을 이어 갔다는 것입니다.

다른 종교의 교주들은 팔정도가 아닌 수행으로 공의 자리마음자리까지는 갔다가 곁길로신통으로 빠져 하늘54품 세계 내원 깊숙이 들어가는데 그치고, 우리 정법 문중에서 보살의 상락아정의 세계에는 발도 들여놓지 못했습니다.

이렇듯 우리 교주, 불세존 석가모니부처님께서는 다만 혼자의 노력으로 수많은 생을 보리를 구하시면서 지혜를 키워가셨습니다. 자력으로 아라한이 되고 보살과를 얻고 마침내 보살도가 완성되어 스승도 없이 최초불이 되신 것입니다. 법·보·화 삼신을 구족한 부처님이 되셨습니다. 무아행으로, 깊은 삼매력으로 자기 부처佛를 창조한 것입니다. 이 사건은 우주 역사 전체를 통틀어, 순수한 자력으로 인류의 영적 진화의 최정점에 최초로 도달한 우주적 쾌거임에 틀림없습니다. 부처님의 위대하심은 바로 여기에 있습니다.

상적광 절대계의 무량억종광이라는 '빛 아닌 빛의' 주인이 되셔서, 그 빛으로 32상의 거룩한 색신보신불을 일구어 내셨습니다. 바로 이것이 부처님께서 다겁생을 두고 개발한 위대한 반야 지혜와 대적정삼매의 결과물이었습니다.

억겁을 두고 나 없는 무아행으로 보리를 일구어 지혜를 완성하고 백천 삼매를 얻고, 이타행, 보살행을 쌓아 완성함으로써 마침내 거룩하신 삼신三身佛을 갖춘 부처님이 되셨습니다. 온 우주 법계의 주主가 되신 겁니다.

빛 중의 빛인 무량억종광과 하나됨으로써 적멸과 합일할 수 있게 되었습니다. 우주 본체인 공空의 빛Ayin sof Aur_원초의 자성의 빛 광명을 흡수, 우주와 한 몸이 되었습니다. 이제 필요하다면 현상계 나아가 적멸계 곧 상락아정의 니르바나 세계, 온 법계까지도 창조하고 파괴도 할 수 있는 진정한 우주의 주主가 되신 것입니다. 전지하시고 만능자재하신 부처님이 되신 것입니다. 있다 없다를 초월한 상적광세계 청정법신 안에 당신의 불신을 두셨습니다.

-[21세기 붓다의 메시지 2편] 3장 중에서

5) 붓다님들은 무아 속 절대계에 32상 빛의 몸으로 계신다

나는 지난 2005년 5월에 발간한 ≪21세기 붓다의 메시지Ⅰ≫에서 억겁의 수행과 무량겁 동안에 복덕을 짓고 탐진 삼독, 오욕의 뿌리를 뽑고 다겁생의 업장과 악惡·습기習氣를 녹이고 부처님의 위신력에 따라 대적정삼매를 통과해서 불과佛果를 증하신 수많은 붓다님들이 무아 속 절대계에 32상相 빛의 몸으로 계신다는 사실을 세상에 선포한 바 있습니다.

깊은, 아주 깊은 삼매를 통해 발견한 것입니다. 진실로 소중한 발견이었습니다. 그리고 그 붓다님들은 필요에 따라 경험세계에 원만보신을 나투시어 32응신과 천만억의 화신化身을 내어 항하사恒河沙의 신통력으로 삼계三界의 인연중생을 교화, 제도하신다는 법설도 함께 덧붙인바 있습니다.

내 진심으로 사랑하는 독자 여러분!

모든 붓다님들은 무아 속 절대계에다 억종광億種光으로 이루어진 자기 부처佛신를 두고 있습니다. 그 불신佛身의 모습은 자비·단엄端嚴하고 광휘光輝가 찬란합니다. 부처님의 능력은 아라한, 보살이 행할 수 없는 항하사의 묘용을 행사합니다. 백천삼매·대적광정静삼매에 자유자재하며 미래제가 다하도록 멸도滅度할 수 없습니다.

"……넓고 긴 혀를 내시어 위로 범천 세계에 이르게 하시고, 일체 터럭 구멍으로는 한량없고 수없는 빛깔의 광명을 놓으사 시방세계를 두루 다 비추시었다."

— ≪법화경≫〈여래신력품〉

라고 말씀하신 바와 같이 절대계에 계시는 붓다님들은 천만억 나유타 빛깔 광명으로 이루어져 있습니다. 5가지, 7가지 색깔이 아니라 천만억종種의 색깔로 이루어져 있습니다.

≪화엄경≫에서 이를 "백천억 묘한 빛깔 광명……"이라 하고, ≪법화경≫에서는 "한량없고 수없는 빛깔의 광명"이라 하고 있습니다. 그러면서도 끝없이 방광해도 무량하기가 불가사의 합니다. 삼천대천세계를 다 감싸고도 남을 정도랍니다. 그래서 무량광이라 합니다. 이 빛의 특징은 초고광도超高光度의 빛으로서 안과 밖이 드러난다는 것입니다. 그리고 백천억 묘한 빛깔 광명으로서 빛깔 하나하나가 서로 다른 역능力能이 있습니다.

불佛은 곧 진리요, 우주 자체입니다. 우주 삼라만상은 빛의 영상映像에 지나지 않습니다. 이 세계는 빛이라고 하는 궁극적 실체, 공空에서 나온 환영幻影인 것입니다. 모든 물체의 본질은 빛입니다. 따라서 모든 붓다는 우주와 온 법계를 창조할 수도 있는 능력을 지닙니다.

모든 붓다님들은 이 삼천대천세계에 백천만억의 자기 화신化身을 낼 수 있습니다. 넓고 긴 혀를 내어 위로 범천 세계에 이르게 할 수도 있습니다. 나는 이러한 경천동지할 부처님의 위신력을 거듭, 오늘을 사는 인류 모두에게 알리고자 하는 바입니다.

-[21세기 붓다의 메시지 2편] 5장 중에서

6) 관세음보살

관세음보살은 무량겁 전에 불과를 이루셨고 붓다 이름이 '정법명왕'입니다. 무아 속 절대계에 법신을 두시고 원만보신을 나투어 극락세계에 아미타 부처님의 좌보처로 계십니다.

동시에 관세음보살은 남섬부주 중생을 교화하시려 자모慈母자비로운 어머니의 모습으로 와 계십니다. 머리엔 아미타불을 정대한 화관을 쓰시고, 목엔 영락을 두르시고 하얀 실크드레스 같은 옷에 가끔은 버들가지를 드신 백의관음의 모습이십니다.

남섬부주에 와서 불과를 이룬 붓다의 대법회에 가끔 현신하셔서 천수천안1천의 화신을 나투실 때도 종종 있으며 이때에도 백종오색광명을 놓아 축복해 주십니다. 32응신을 나투시어 불법과 인연있는 불자들을 교화해 서방 극락정토로 인도하시기도 합니다.

관세음보살의 좌보처는 해상용왕과 남순동자가 아닙니다. 큰 부처님이시기에 불격을 갖추신 최상수보살인 해수관음과 육관음이 좌우보처가 됩니다. 해수관음은 여인상이지만, 육관음은 때에 따라 여섯 몸으로 나투시는 남자상입니다.

〈불정심관세음보살모다라니〉 진언은 해수관음 진언이며, 육관음 진언은 '옴 마하 가로니가 사바하'로서 부사의한 힘이 있음을 전합니다.

따라서 관세음보살은 지금 불가佛家에서 일반적으로 인식하고 있는 일생보처一生補處 보살이 아니라 이미 붓다를 이룬 부처님으로 바로 잡습니다.

-[21세기 붓다의 메시지 1편] 9장 중에서

7) 왜 관음태교인가?

관음태교는 바로 위와 같은 우리 삶에 대한 심오한 통찰과 과학적인 논리 위에 서있는 새로운 차원의 태교법입니다. 세계 최초로 공개하는 영혼체 중심의 근본적 태교법입니다. 선진국의 어떤 훌륭한 태교법과도 비교할 수 없는 차원 높은 태교법입니다. 이것이 바로 우리가 관음태교를 해야 할 이유입니다. 이제 좀 더 자세히 알아보겠습니다.

첫째, 관음태교는 관세음보살님께서 직접 현지사 큰스님께 부촉하신, 가장 믿을 수 있는 태교법입니다. 어느 날 자재 만헌 큰스님께서 깊은 삼매에 들어 있을 때, 관세음보살님께서 현신하셔서 《법화경》〈관세음보살보문품〉의 관음태교 관련 내용은 부처님께서 직접 하신 말씀이라고 확인해 주셨습니다. 그리고 관음태교 방법을 알려 주시면서 널리 보급할 것을 부촉하셨습니다. 지금 시작해도 결코 늦지 않다고 말씀하셨습니다. 세상에서 이 이상 더 믿음이 가고 더 좋은 태교법이 어디 있겠습니까?

둘째, 관음태교는 태아의 본체인 영혼체를 정화함으로써 천재적 두뇌와 성현의 인품을 가진 인재로 길러낼 수 있는 전인적全人的 태교법입니다.

사람의 선악의 행위는 모두 영혼체에 반영이 됩니다. 동영상처럼 찍혀서 영혼체에 업으로 저장이 된다고 보면 됩니다. 악업惡業을 많이 지어 영혼체가 심하게 오염되어 있으면 불행한 삶을 살게 되고, 선업善業을 많이 지어 영혼체가 깨끗하면 건강하고 행복한 삶을 살 수 있습니다.

그런데 보통 우리 인간의 영혼체에는 다겁생을 살아오면서 지은 악업이 태산같이 쌓여 있습니다. 특히, 악업은 인간에게 온갖 고통을 주는 주범으로서 업장業障이라고 합니다. 따라서 태아의 영혼체에 붙어있는 이 업장을 씻어 주고 소멸시켜 영혼체가 깨끗해져야만 지혜와 복덕이 증장되고 인품도 좋아지며, 행복한 삶을 살 수가 있습니다.

그러므로 태교의 본질은 바로 이 영혼체의 업장을 정화시켜 주는 것입니다. 영혼체의 업장을 정화하는 일은 오로지 큰부처님만이 할 수 있습니다. 현지사에 상주하시는 관세음보살님께서 바로 이런 작업을 해 주십니다. 그러므로 관음태교는 관세음보살님의 위신력으로 영혼체를 정화시켜 천재적 두뇌와 성현의 인품을 가진 인재로 길러낼 수 있는, 인간 완성을 지향하는 전인적全人的 태교법입니다.

셋째, 관음태교는 훌륭한 태아 영혼체를 잉태할 수 있게 인연을 맺어줍니다.

태아의 영혼체는 네 갈래 정도의 경로를 통해 인연 있는 미래의 부모를 찾아오게 되고 부부관계 시 모태로 들어와 수정이 이루어집니다. 첫째 경로는 가장 흔한 경우로서 지옥·아귀·축생의 과보를 다 받고난 후 사람의 몸을 받아 오는 것입니다. 둘째는 천상세계에서 수명복壽命福이 다하여 인간의 몸을 받아 오는 경우입니다. 셋째는 무주고혼귀신으로 있다가 사람의 몸을 받아 오는 경우입니다. 넷째는 드물지만 해탈 성자가 원에 의해 몸을 받아 오는 경우입니다. 이는 대체적으로 훌륭한 성현의 삶을 살아갈 것이 예상되는 경우입니다.

부모 될 사람이라면 누구나 해탈 성자나 머리 좋고 건강하고 성품이 훌륭한 사람으로 성장할 태아 영혼체와 인연 맺기를 바랄 것입니다. 그런데 예비부모들은 태아 영혼체와 다양한 확률로 부모─자식이 될 인연을 갖고 있습니다. 그대로 둔다면 당연히 가장 확률이 높은 인연을 가진 태아 영혼체가 들어올 것입니다. 그러나 관음태교를 잘하여 관세음보살님의 가피를 받게 되면, 인연이 될 수 있는 많은 영혼체 중 가장 훌륭한 영혼체를 골라서 보내 줄 수 있습니다.

실제로 관음태교를 하고 있는 많은 분들이 이런 가피를 받고 있습니다. 현지사의 '관음태교 1호' 아이는 2010년 1월에 태어난 어느 착한 부부신도의 딸 아이인데 이름도 현지顯智로 지었습니다. 관세음보살님께서 인연을 맺어 주신 아이입니다. 너무나 영특하고 총명하며, 예쁘고 사랑스럽게 생겼습니다.

이 아이의 과거생은 ≪금강경≫을 비롯한 여러 경전에서 대표적인 청법 대중의 사례로 인용되고 있는 영산 당시 부처님 제자 1,250인 중의 한 명이었습니다.

부처님께서는 대반열반에 드시기 전에, 제자들의 법위를 심사하여 1번에서 1250번까지 높은 법위부터 시작하여 차례로 부여하셨는데, 성중1~27품에서 보살까지 다양하게 걸쳐 있습니다. 관음태교를 하면 이런 성자 영혼체와 인연을 맺을 수 있습니다. 지금 관음태교 2호, 3호, 4호, 5호 …… 아이가 계속 나오고 있습니다.

넷째, 관음태교는 행복한 가정, 건전한 사회, 그리고 국가 미래를 위한 인재 양성의 지름길입니다.

관음태교는 잉태 전 태교를 강조합니다. 그러므로 관음태교는 '좋은 배우자 찾기'에서부터 시작됩니다. 특히 결혼 전의 젊은 남녀들이 좋은 배우자 만나기를 원한다면 관음태교를 통해 그 꿈을 이룰 수 있습니다. 그리고 좋은 태아 영혼체와도 인연을 맺을 수 있습니다. 이것은 행복한 가정을 보장하는 토대가 됩니다. 또한 관음태교를 하는 부모도 태아와 함께 업장이 씻어지고 영혼체가 정화되어 행복한 삶을 살 수 있습니다. 당연히 가정이 행복해 집니다.

뿐만 아니라 미혼의 많은 젊은 남녀들이 관음태교를 하여 영혼체가 깨끗해지면 인격이 높아지고 윤리의식이 강해지면서 모범적인 사회생활을 하게 됩니다. 절대로 나쁜 길로 빠질 염려가 없습니다.

도덕적으로 퇴폐해지고 특히, 성 윤리가 문란해진 요즈음 사회에서 이런 젊은이들이 많이 나온다면 우리 사회는 더욱 건전한 사회가 될 것입니다. 그리고 영혼체가 깨끗해진 아이는 총명하여 커서 공부도 잘하고 착한 사람이 될 것이므로 특별히 부모님들이 과외·학원 보내고 대입에 목매는 그런 부담도 훨씬 줄어들 것입니다.

관음태교는 또한 머리 좋고, 유능하고, 인품이 훌륭한 지도자를 길러내는 국가 인재 양성 태교법입니다. 천연자원이 부족한 우리나라가 의지할 것은 오로지 인적 자원뿐입니다. 관세음보살님께서 지금도 늦지 않았으니 관음태교를 널리 보급하라고 하신 뜻은, 관음태교를 통해 지금부터라도 인재를 양성하면 머지않아 세계의 지도국이 될 수 있다는 관세음보살님의 사랑과 배려가 담긴 희망의 메시지가 아닌가 생각됩니다.

관음태교를 하는 방법

관음태교를 하는 방법은 기본적으로 칭명염불과 같습니다. 말하자면 염불태교입니다. 다만 발원할 때는 태교에 관한 내용을 중심으로 하면 됩니다. 결혼 전에는 원하는 상의 배우자와 인연되게 해 주고, 원하는 태아를 잉태되게 해 달라는 내용이 중심이 되겠고, 결혼 후 잉태 전에는 원하는 태아를 잉태하게 해 달라는 발원을 중심으로 하면 되겠습니다. 그리고 잉태 후에는 태아 업장소멸과 부모가 원하는 아이로 성장하게 해 달라는 내용이 중심이 될 것입니다. 물론 어느 경우에나 본인의 업장소멸 발원은 들어가도 좋습니다.

경전, 다라니, 염불을 모두 하는 염불태교는 매일 정해진 시간에 정기적으로 하는 것이 가장 좋고, 관세음보살을 부르는 염불은 언제 어디서나 많이 할수록 좋습니다. 특히 잉태 후에는 배를 쓰다듬어 주면서 '관세음보살, 관세음보살……'하면서 수시로 발원해도 좋습니다.

염불태교와 함께 태아에게 부처님과 여러 붓다님의 게송이나 법문, 부처님의 가르침 등을 들려주는 태담태교를 병행하면 더욱 좋습니다. 이 염불태교의 방법을 출산 후에도 계속 활용하여 영유아교육으로 발전시켜 나가는 것은 대단히 바람직스러운 일입니다. 염불태교를 하는 방법은 다음과 같습니다.

① 관세음보살님께 3배 - 귀의·참회 108 참회문 봉독 등
② ≪법화경≫〈관세음보살보문품〉 1독
③ 불정심관세음보살모다라니 5, 15, 25, 32, 50, 108독 중 택일

나모라 다나다라 야야나막 알야 바로기제 새바라야 모지 사다바야 마하 사다바야 마하가로 니가야 다냐타 아바다 아바다 바리바제 인혜혜 다냐타 살바다라니 만다라야 인혜혜 바리마수다 못다야 옴 살바작수가야 다라니 인지리야 다냐타 바로기제 새바라야 살바돗따 오하야미 사바하.

④ 발원
발원할 때는 자신의 주소·생년·이름을 고하고 간절한 마음으로 한다.
⑤ 관세음보살 칭명 20~30분
나무 보문시현 원력홍심 대자대비 구고구난 관세음보살
　관세음보살……
구족신통력 광수제방편 시방제국토 무찰불현신 고아일심귀명정례
⑥ 관세음보살님께 3배

한국의 어머니들에게

관음태교와 관련하여 우리 어머니들에게 꼭 당부드리고 싶은 말씀이 있습니다. 관음태교는 아이와 가정의 행복은 물론, 우리나라의 미래를 짊어지고 나갈 국가 만년대계의 인재 양성 태교법입니다. 어머니들의 순간의 선택이 우리 아이들의 평생과 영원한 미래를 좌우할 수 있습니다. 우리 어머니 한 분 한 분에게 나라의 미래가 달려 있습니다.

관음태교는 우리 어머니가 자식에게 베풀 수 있는 최대의 사랑이고 은혜입니다. 이제 자녀교육에 대한 우리 어머니들의 헌신과 열정을 관음태교의 실천과 보급으로 돌려주시기 바랍니다.

한국의 어머니들은 관음태교를 보급하고 실천하는 위대한 어머니가 되기를 바랍니다. 모유 먹이기와 자연분만을 실천하는 지혜로운 어머니가 되기를 바랍니다. 불법적인 낙태를 절대로 하지 않는 착한 어머니가 되기를 바랍니다. 아이 둘 이상 낳기 시책에 적극 호응하는 애국적인 어머니가 되기를 바랍니다.

-[21세기 붓다의 메시지 1편] 특별부록 중에서

8) 대승불교 경전을 쓴 붓다의 화신들

대승경전을 보면 상당 부분이 붓다가 아니고서는 쓸 수 없는 부분들이 발견됩니다. 따라서 붓다의 소설所說이라 아니 할 수 없습니다. 석가모니부처님이 아닌 다른 어느 붓다님들또는 불식을 갖춘 최상수보살께서 경전 편찬의 대임을 띠고, 이 땅에 화신으로 오셔서 여러 대승경전을 기록한 것이 분명합니다.

그것을 학자들이 첨삭 보정, 가필加筆, 윤문해 오늘 날 우리가 보는 대승 불전이 되었음을 이 자리에서 천명합니다.

(1) ≪화엄경≫ ≪열반경≫ ≪반야경≫ ≪법화경≫ ≪능가경≫ ≪능엄경≫ ≪지장십륜경≫ 등에서, 부처님의 미간 등 불신의 여러 부분에서 빛을 방사放射함이 나오는데, 이것은 사실입니다. 불과를 증함이 없는 학자가 필요에 따라 부처님께서 방광하시는 것을 절대로 볼 수 없습니다.

(2) 부처님 화신불의 설법이 바른 가르침임을 증명하기 위해 하늘과 땅이 육종六種으로 진동震動하는데, 대승경전 곳곳에 '육종진동'이라는 구절이 나옵니다. 이것은 사실입니다.

(3) 수많은 보살과 성중, 하늘 사람들이 설법의 장場에 운집한 것 역시 사실입니다.

(4) ≪법화경≫ <여래수량품>의 말씀은 방편설이 아니고 거의 사실인 바, 불과를 증하지 못하고서는 이를 알 수 없습니다.

(5) ≪법화경≫ <신력품>에 부처님의 혀가 삼천대천세계를 덮는다는 부분도 사실입니다.

(6) 백천만억 화신을 붓다께서 나투신다는 말씀 등은 붓다를 이루지 않고서는 알 수 없는 대목들입니다.

(7) ≪화엄경≫에 나오는 수많은 신은 붓다가 아니고서는 말할 수 없습니다. 방편설이 아닙니다.

(8) 32상 80종호는 불신원만보신의 거룩한 점인 바 붓다만이 알 수 있습니다.

(9) 다보탑의 다보불을 알 수 있는 이는 오직 붓다뿐입니다.

(10) ≪법화경≫ <종지용출품>에서 볼 수 있는 항하사수의 불격을 갖춘 보살의 존재도 붓다가 아니고서는 알 수 없습니다.

(11) 지옥의 수와 그 소름이 오싹할 정도의 형벌 받는 상황을 어떻게 꾸며낼 수 있겠습니까?
(12) 극락을 누가 그토록 자세히 그려냈겠습니까? 윤회 안과 밖, 모두 가볼 수 있는 붓다 아니면 이야기할 수 없습니다.
(13) 백천삼매三昧, 해인삼매, 적정삼매 등 모든 삼매는 오직 붓다만이 알 수 있습니다.
(14) 법法·보報·화化 삼신三身을 어찌 알았을까요?
(15) ≪유마경≫〈부사의품〉의 내용 등도 사실입니다.
(16) 불사음이 무서운 계율이라는 것도 불과를 중한 이만이 그 이유를 압니다.
(17) 불佛마다 인행시時에 세운 서원이 있다는 말씀도 맞습니다.
(18) 법당 탱화에 있어서도 가령 관음보살의 아미타불을 정대한 관, 여러 불·보살의 영락 등 장신구, 지장보살의 석장, 문수보살의 지혜의 칼 등 이 모두는 진정 불과를 이뤄 원만보신의 변화신을 보았기에 말할 수 있는 사실입니다.

나는 거듭 선언합니다. 대승경전은 붓다의 응화신또는 불격을 갖춘 최상수보살들이 쓴 것을 불교학자들이 증보, 윤문해서 편집한 것이라고!부처님께서 대반열반하신지 수백 년 후 사리불 존자가 오셔서 ≪금강경≫을 쓰셨다는 소식만을 전해줍니다.

남섬부주에 부처님 이후로 오셨던 다른 붓다님들의 후신을 소개하겠습니다. 인도의 유마힐 거사·아일다보살미륵·아쇼카왕, 중국의 구마라즙 삼장, 한국의 이차돈 성사, 일본의 성덕태자는 석가모니부처님 후신이 아닌 다른 붓다들의 응화신後身으로서 보살행만 하고 가셨습니다. 그리고 여러 대승경전을 쓰고 가신 3~4분의 붓다님은 여기 소개하지 않겠습니다.

소승의 ≪아함경≫, 대승의 ≪금강경≫≪법화경≫≪화엄경≫ 등은 대부분 붓다께서 직접 말씀하신 내용이거나, 진실을 담은 경전입니다. 동서고금 아니 시공時空을 뛰어넘어 가장 심오하고 위대한 종교는 불교뿐입니다. 불교는 희유하고 거룩하신 부처님의 가르침을 전하는 위대한 종교입니다.

-[21세기 붓다의 메시지 1편] 23장 중에서

2. 법화경 영험담

1) 마음의 눈으로 보다

　청신사 왕범행王梵行은 산동성 낭야현 임기 출신이다. 그는 어려서 실명하여 앞을 보지 못하였다. 그의 모친이 불쌍히 여겨 구술로 법화경을 가르쳐 주었다. 그는 13세가 될 때까지 무려 1만7천번이나 경전을 외워 통달하였다.
　그는 비록 맹인이었지만 길을 걸을 때 남의 안내를 받지 않아도 걸을 수 있었다. 길 가운데 웅덩이가 있으면 능히 피해 다녔으며 자리를 짜고 옷을 꿰매고 편지를 쓰는 일도 척척 해냈다. 그렇게 할 수 있었던 것은 그가 경전을 읽어 마음의 눈이 열렸기 때문이었다.
　더욱 놀라운 일은 그가 죽은 다음에 생겼다. 그는 개황 6년(586)에 세수 71세로 생을 마쳤는데, 시체를 들판에 내다 놓아도 감히 들짐승이나 새가 범접하지 못하였다. 또 비바람에 살이 다 없어진 뒤 백골만 남았는데도 경전을 읽던 혀만은 입 밖으로 나와 썩지 않았다. 이는 마치 법화경을 번역한 구마라집 법사를 화장했을 때 혀만 불에 타지 않고 남았던 것과 유사한 일이었다. 그의 아우 혜의는 형의 유골과 혀를 벽돌로 덮어 탑을 쌓아서 여러 사람들이 이에 공양하였다 한다.

-[법화행자의 초상] 1장 중에서

2) 불속에서도 살아나다

　법지 스님이 아직 속인으로 있을 때의 일이다. 어느 날 넓은 벌판을 혼자 걸어가고 있는데 어디선가 불길이 치솟아 사방으로 타들어 왔다. 이제 꼼짝없이 죽게 되었구나 하는 생각이 들어 얼굴을 땅에 대고 오직 관세음보살만을 열심히 불렀다. 그랬더니 이상한 일이 일어났다. 그 무서운 불길이 그에게는 다가오지 않았다.
　법지는 고개를 들어 벌판을 살펴보았다. 온천지가 모두 까맣게 불에 타서 하나도 성한 것이 없었다. 그러나 오직 그가 있던 자리만큼은 털끝 하나 타지 않은 채 그대로였다. 법지는 이 일로 하여 크게 신심을 일으켜 출가했다.
　이 이야기는 〈사부관음전〉에 전한다.

-[법화행자의 초상] 4장 중에서

3) 폭풍 속에서 살아나다

　신라 경덕왕 때의 일이다. 경주 우금방에 보개라는 여인이 살고 있었는데 그에게는 장춘이라는 아들이 있었다. 아들 장춘은 나이가 들어 장사꾼이 되어서 외국으로 나가는 무역선을 타고 바다로 나갔다.

그런데 1년을 기약하고 떠난 아들이 해가 바뀌어도 돌아오지 않았다. 어머니 보개는 근심이 되어 몸져눕게 되었다. 하루는 동네 사람이 병문안을 왔다가 딱한 사연을 듣고 '관세음보살은 자비의 화신이니 그 이름을 힘써 부르면 환난에서 벗어날 수 있다'고 일러주었다. 지푸라기라도 잡고 싶은 심정인 어머니는 가까운 민장사敏藏寺를 찾아가 관음상 앞에서 7일 기도를 시작했다.

이레째 되는 날이었다. 보개 부인이 기도를 하고 있는데 홀연히 아들이 나타나 어머니의 손을 잡았다. 어머니는 아들이 돌아온 것이 꿈인지 생시인지 몰라 얼굴을 꼬집어 보았더니 현실이었다. 어머니는 아들을 얼싸안고 상봉의 눈물을 흘렸다. 이를 본 민장사의 스님이 어떻게 된 일이냐고 물으니 장춘이 그간의 일을 소상하게 털어놓았다.

"집을 떠나 바다에 들어간 지 얼마되지 않아 갑자기 폭풍을 만났습니다. 배가 뒤집혀 같이 타고 있던 사람들은 다 고기밥이 되었고 나만 널빤지 하나를 타고 표류하다가 오나라에 닿았습니다. 여기서 저는 어떤 집의 종이 되어 험한 일을 하고 있었는데 하루는 기이한 스님이 찾아와 고국으로 가고 싶지 않느냐고 물었습니다. 내가 '늙으신 어머님 생각을 하면 밥이 목구멍으로 넘어가지 않습니다. 어떻게 해야 고향에 갈 수 있겠습니까?'하고 물으니 그 스님이 당신을 따라오라고 했습니다. 그 스님은 나를 어떤 큰스님에게 데려다 주었습니다. 나는 그 큰스님을 뵙자 그만 정신이 혼몽해졌는데 문득 어디선가 우리나라 사람들의 말소리가 들리는 것이었습니다. 정신을 차리고 보니 여기 민장사의 어머니 곁에 와 있었습니다."

장춘의 말을 듣고 시간을 따져보니 그는 천보天寶 4년(745) 4월 8일 오후 3시에 오나라를 떠나 저녁 7시에 어머니 곁으로 돌아온 것이었다.

경덕왕은 이 소문을 듣고 아들의 효성과 어머니의 불심에 감복하여 전답과 곡식을 내려 생계에 보태도록 하였다. 그리고 다달이 8일이면 이 절에 행차하여 부처님께 공양하는 것을 잊지 않았다. 또 어머니 보개와 아들 장춘은 여러 신자들과 힘을 합쳐 금자金字로 〈법화경〉 한 질을 만들어 해마다 봄이 되면 재를 베풀었다. 인근의 사람들도 부처님을 깊이 믿고 정진하는 데 게으르지 않았다.

이 이야기는 〈민장사기敏藏寺記〉, 〈계림고기〉, 〈해동전홍록〉 등에 전한다.

-[법화행자의 초상] 4장 중에서

4) 나찰로부터 풀려나다

경전을 구하기 위해 천축(인도)을 다녀오던 어떤 스님의 이야기다.

스님은 사자국(스리랑카)에서 부남(태국)으로 오기 위해 여러 사람들과 배를 탔다가 중간에 폭풍우를 만나 이름을 알 수 없는 어떤 미개국에 표착하게 되었다. 스님은 일행들과 함께 먹을 것을 구하기 위해 배에서 내렸다가 사람을 잡아먹는 나찰들에게 붙잡혔다.

　스님은 뱃사람들과 함께 열심히 관세음보살을 염했으나 소승을 믿는 어떤 스님은 관세음보살을 부르지 않았다. 식사 때가 되자 나찰들은 관세음보살을 부르지 않은 그 스님부터 잡아먹으려 했다. 그러자 그 스님도 급한 마음에 관세음보살을 불렀더니 잡아먹지 않았다.

　이 이야기는 〈사부관음전〉에 전한다.

-[법화행자의 초상] 4장 중에서

5) 도적도 헤치지 못하다

　동진東晉의 안제安帝 시대에 혜달이란 스님이 있었다. 흉년이 들어 산에서 먹을 것을 구하기 위해 어린 사미와 감초를 캐다가 서쪽 오랑캐인 강인羌人들에게 붙잡히게 되었다. 오랑캐들은 굶주림을 참다 못해 사람을 잡아먹고 다녔는데 스님이 그만 그들에게 잡히게 된 것이다.

　그들은 사람을 우리에 가두어 놓고 살전 순서대로 잡아먹었다. 스님은 두려워서 일심으로 관세음보살을 염하고 〈(관세음보살)보문품〉을 지성으로 독송했다. 그 사이 강인들은 다른 사람들을 다 잡아먹고 혜달 스님과 어린 사미 둘만을 남겨놓았다. 이제 스님은 내일이면 죽을 운명에 처했다. 스님은 밤을 새워 관세음보살 정근을 계속했다.

　드디어 이튿날 아침이 되었다. 그때였다. 어디선가 돌연 호랑이 한 마리가 나타나 온 산이 흔들릴 만큼 큰 소리로 울부짖었다. 오랑캐들은 놀라서 도망쳤다. 호랑이는 큰 입으로 사람을 가두어 놓은 우리를 물어뜯어 부셔놓고 어디론가 사라졌다. 그 사이 스님과 어린 사미는 도망쳐서 살아났다.

　이 이야기는 〈천태별행소〉, 〈사부관음전〉 등에 전한다.

-[법화행자의 초상] 4장 중에서

3. 찾아보기

ㄱ.

고제苦諦 : 모든 것은 일체 무상하여 고통이라는 진리.

구도九道 : 중생의 9가지 거처를 말함. ①욕계欲界 ②색계 초선천初禪天 ③색계 이선천二禪天 ④색계 삼선천三禪天 ⑤색계 사선천四禪天 ⑥무색계의 공무변처천空無邊處天 ⑦무색계의 식무변처천識無邊處天 ⑧무색계 무소유처천無所有處天 ⑨무색계 비상비비상처천非想非非想處天.

구부경九部經 : 경전의 서술 형식 또는 내용을 아홉 가지로 분류한 것. 수다라(산문체로 설하신 것), 가타(운문체로 설하신 것), 본사(불제자의 과거 인연에 대해 말씀하신 것), 본생(부처님의 전생 이야기), 미증유(부처님의 신통력에 대해 설하신 것), 인연(설법을 듣게 된 인연을 설하신 것), 비유(가르침을 비유로 설하신 것), 기야(산문체로 된 걸 운문체로 다시 설하신 것), 우파제사(교리에 대해 문답하신 것)

근기根機 : 마음의 그릇. 개개인이 지닌 지적, 영적인 소질이나 능력. 부처님의 가르침을 듣고 받아들일 수 있는 그릇으로, 개개인마다 다르다.

기사굴산 : 영취산의 다른 이름.

ㄴ.

나유타那由他 : 헤아릴 수 없이 많은 수. 아승기보다 더 많은 수. 1000억에 해당한다고 함.

나찰귀羅刹鬼 : 사람을 잡아먹고 산다는 악귀. 그러나 불법에 귀의하여 불법을 수호하는 경우도 있다.

녹야원 : 석가모니 부처님께서 무상정등각을 이루신 뒤에 처음으로 법을 설하신 성지. 교진여 등 5비구에게 사성제의 이치를 설하셨다.

ㄷ.

다라니 : 부처님의 가르침의 정요로서, 비교적 긴 장구의 주문. 불법을 마음속에 간직하여 잊지 않게 만들어주는 힘이 있다. 여러 선법을 일으키는 동시에 여러 악법은 막아준다.

대승大乘 : 큰 수레. 모든 중생의 해탈을 추구하는 불교 종파들을 이른다. 소승의 상대되는 말로써, 석가모니 부처님을 교주로 섬기면서 일체 모든 중생을 부처님의 자녀로 생각하고 구제하려는 태도를 지닌다.
도제道諦 : 괴로움을 제거하기 위한 실천의 길, 곧 팔정도八正道

ㅁ.

멸도滅度 : 모든 번뇌를 남김없이 소멸함. 열반의 경지로 건너감을 이른다. 부처님께서 돌아가셨을 때, 열반하셨다는 뜻으로 쓰기도 한다.
멸제滅諦 : 고통의 원인인 탐욕이 멸하면 고통도 멸한다는 진리.
무루법無漏法 : 번뇌와 망상이 소멸된 상태. 유루법有漏法의 반대말. 루漏는 새다, 번뇌라는 뜻이다.
무루지無漏智 : 번뇌의 더러움에 물들지 않은 청정한 지혜. 일체의 번뇌 망상을 다 끊어버린 밝은 지혜.
무상정등각無上正等覺 : 위없는 가장 바른 깨달음. 부처님의 깨달음을 말한다.
무상존無上尊 : 더 이상 위가 없는 가장 높으신 스승님, 곧 부처님을 일컫는다.
무색계無色界 : 삼계의 하나. 물질과 현상의 속박에서 완전히 벗어나 순수한 정신적 사유의 경지만 남아있는 세계.
무생법인無生法忍 : 모든 법이 나지 않는 이치를 깨닫는 경지. 난 것은 반드시 멸하지만 나지 않았다면 멸하지도 않는다.
무성유정無性有情 : 선의 근원인 성性은 없으면서 악의 근원인 정情만 있는 존재, 극히 악한 존재를 일컫는다. 불성佛性이 없어 부처될 가능성이 거의 없는 종자를 일컫는다.
무여열반無餘涅槃 : 더 이상 번뇌가 남아있지 않은 참 열반의 상태. 유여열반에 상대되는 말로, 고뇌가 없이 영원한 평안만 있는 열반. 육신까지 없어서 정적에 들어간 열반으로, 죽은 후에 들어가는 열반이라 할 수 있다.

ㅂ.

방편方便 : 중생을 진리로 인도하기 위하여 그 소질에 따라 임시로 사용하는 일시적이고 편의적인 수단과 방법. 일시적인 수단으로써 변하지 않는 궁극의 가르침은 될 수 없다.
백호白毫 : 부처님 미간에 있는 희고 빛나는 가는 터럭. 32상의 하나로, 여기서 나오는 광명이 무한한 세계를 비춘다.
범부凡夫 : 평범한 사람. 번뇌에 얽매여 생사를 초월하지 못하는 사람.
범천왕 : 색계의 하늘을 다스리는 왕으로 불법을 수호한다.
범행梵行 : 음욕을 끊고 계율을 지키는 청정한 수행.

법보法寶 : 부처님의 법. 여래께서 말씀하신 진리를 보물에 비유하며 부르는 말. 삼보三寶(불佛,법法,승僧)중 하나이다.

법신法身 : 삼신의 하나. 청정 법신 비로자나불. 모든 우주 그 자체를 몸으로 삼는 대지혜의 광명체이자 진리의 빛 그 자체이시다. 형상이 없고 모든 곳, 모든 시간대에 언제나 존재하시는 대우주아大宇宙我로써, 인격적 존재는 아니나 보신불과 계합하면 우주적인 인격체로 일하실 수 있다.

법장法藏 : 부처님의 법의 보물 창고.

벽지불辟支佛 : 홀로 깨달은 자. 독각獨覺, 연각緣覺이라고도 한다. 연기의 이치를 깨달아 아라한에 이르는 자. 홀로 자신의 깨달음만 구하는 수행자를 주로 말한다.

보리심菩提心 : 불도佛道의 깨달음을 달성하고 또 그 깨달음으로 중생을 구제하려는 마음.

보살菩薩 : 대승, 일승의 가르침을 실행하며 중생 구제에 전념하는 불제자로, 아라한보다 높은 경지이다. 삼계를 벗어나서 정토에 왕생한다. 현재는 일반적인 (여성 재가) 불자를 통칭하는 용어로 쓰이는 경우가 많지만, 엄밀히 말하면 대승의 가장 높은 가르침을 수행하여 장차 성불할 것이 확실시된 이를 말한다.

보살승菩薩乘 : 삼승의 하나. 성문승과 연각승보다 더 뛰어난 부처되는 궁극의 가르침. 일체 중생의 해탈을 추구하며 화엄법계 전체를 이해하는 데까지 정진해 나가는 수행법이다. 위로는 깨달음을 구하며 아래로는 중생을 구제하는 데 전념한다.

보시普施 : 은혜를 널리 베풂

보신報身 : 연화장세계, 곧 정토에 거하시는 부처님의 빛의 몸. 엄청난 광도를 지닌 대지혜의 광명 빛으로 이루어져 있으며 32상을 갖추고 계신다. 모든 부처님들께서는 무아 속 절대계(연화장세계)에 무량억종광으로 이루어진 자기만의 보신불을 두신다. 무분별이면서도 분별사유하시며 중생 구제를 대업으로 삼는다.

보특가라補特伽羅 : 다시 태어나고 또 죽는 윤회의 주체. 영혼.

불과佛果 : 부처님의 열매, 성불의 증과. 불과를 증하였다는 말은 진실로 부처님이 되셨다는 뜻이다.

불안佛眼 : 모든 법의 실상, 참모습을 보는 부처님의 눈. 6도를 전부 볼 수 있는 것은 물론 과거, 현재, 미래의 삼세를 다 볼 수 있으시다.

불요의경不了義經 : 부처님의 가르침이지만 깨달음을 그대로 드러내지 않고, 방편의 가르침을 담은 경전.

비구니比丘尼 : 출가하여 구족계를 받은 여자 승려.

비구比丘 : 출가하여 구족계를 받은 남자 승려.

ㅅ

사견邪見 : 요사스럽고 바르지 못한 견해.

사다함斯多含 : 일왕래一往來의 뜻. 다음 생에 천상이나 인간계에 태어나 한 생애만 더 살면 이후 윤회를 벗어날 수 있는 경지. 초기불교 수행단계인 사향사과四向四果의 두 번째 단계이다.

사리舍利 : 참된 불도 수행의 결과로 생기는 구슬 모양의 유골.

사무량심四無量心 : 한량없는 중생을 건지려는 보살의 네 가지 마음. 자비희사慈悲喜捨의 네 가지가 있다. ①자무량심. 모든 중생을 자애롭게 여기는 마음. ②비무량심. 중생을 불쌍히 여겨 고통에서 건져주려는 마음. ③희무량심. 중생이 고통에서 벗어남을 자신의 일처럼 기뻐하는 마음. ④사무량심. 중생을 위하여 자신을 버리고 모두를 평등케 대하는 마음.

사무소외四無所畏 : 부처께서 가르침을 설하실 때, 확신하고 있으시기에 누구에게도 두려움이 없으신 네 가지를 이른다. ①정등각무외正等覺無畏. 가장 바르고 원만한 깨달음을 이루었으므로 두려움이 없음. ②누영진무외漏永盡無畏. 모든 번뇌를 끊었으므로 두려움이 없음. ③설장법무외說障法無畏. 끊어야 할 번뇌에 대해 설하므로 두려움이 없음. ④설출도무외(說出道無畏). 미혹을 떠나는 수행 방법에 대해 설하므로 두려움이 없음.

사미沙彌 : 10계를 받고 불도를 닦는 어린 남자 승려.

사바세계娑婆世界 : 중생이 갖가지 고통을 겪어야 하는 이 세상. 인간 세상.

사부대중四部大衆 : 사부중이라고도 함. 출가한 승려인 비구, 비구니와 재가 신자인 우바새, 우바이를 통틀어 이르는 말.

사생四生 : 생명이 생겨나는 네 가지 방식. 곧 태생胎生(태에서 태어남), 난생卵生(알에서 태어남), 습생濕生(습기로부터 태어남), 화생化生(홀연히 생겨남)을 통칭하는 말.

사섭법四攝法 : 중생을 불법(佛法)에 끌어들이기 위한 보살의 네 가지 행위. ①보시布施. 부처님의 가르침이나 재물을 베풂. ②애어愛語. 부드럽고 온화하게 말함. ③이행利行. 남을 이롭게 함. ④동사同事. 서로 협력하고 고락을 같이함.

사성제四聖諦 : 고집멸도苦集滅道의 네 가지 성스러운 진리. ①고제: 모든 것이 고통이란 진리 ②집제: 고통의 원인은 끝없는 집착에 있다는 진리 ③멸제: 고통의 원인인 탐욕이 멸하면 고통이 멸한다는 진리 ④도제: 고통을 멸하기 위한 실천의 길, 곧 팔정도八正

道.

살바야薩婆若 : 일체지. 모든 것의 안팎을 깨달은 부처님의 지혜.

삼계三界 : 중생이 거하는 세 가지 세계. 욕계欲界, 색계色界, 무색계無色界. 욕계는 탐욕과 집착이 남아있는 세계이고, 색계는 탐욕에서는 벗어났으나 아직 색법色法(현상법)이 남아있는 세계이며, 무색계는 현상에서 벗어나 순수한 정신적 사유만의 경지에 오른 세계이다.

삼독三毒 : 사람을 해치는 세 가지 번뇌, 탐貪·진瞋·치癡. (탐욕과 성냄, 어리석음)

삼매三昧 : 아라한 이상의 대성자가 드는 선정. 아집이 떨어져 나가고 망상이 쉬어 마음이 전혀 움직이지 않는 동시에 모든 번뇌가 끊어져버린 상태. 삼매에도 여러 종류가 있다.

삼세三世 : 과거, 현재, 미래.

삼승三乘 : 부처님의 가르침을 크게 세 가지로 나눈 것. 성문승, 연각승, 보살승을 이른다.

삼신三身 : 모든 부처님께서 갖추신 세 가지 몸. 법신法身·화신化身·보신報身 셋을 말한다. 법신불은 형상이 없으시되 일체 모든 곳, 모든 시간대에 두루 펴져 계시는 진리의 빛, 대지혜의 광명체이시며, 화신불은 인간으로 오신 부처님이나 중생 구제를 위해 나타내신 변화신을 뜻한다. 보신불은 상대계를 벗어난 절대계, 곧 정토에 계시는 부처님의 빛의 몸이다. 석가모니불의 법신은 비로자나불이시고, 화신은 인간으로 오셨던 석가모니불이셨으며, 정토에 계시는 보신불은 원만보신 노사나불이시다. 가장 중심은 절대계에 계시는 보신불이시다.

삼십이상三十二相 : 부처님이 갖추신 32가지의 신체적 특징들. 32상을 갖추신 분이 세속에 있으면 전륜성왕이 되고, 출가하면 부처님이 되신다고 한다. 32가지 특징은 다음과 같다. ①발바닥이 평평하다. ②발바닥에 수레바퀴 자국이 있다. ③손가락이 가늘고 길다. ④손발이 매우 부드럽다. ⑤손가락 발가락 사이에 얇은 물갈퀴가 있다. ⑥발꿈치가 원만하다. ⑦발등이 높고 원만하다. ⑧장단지가 사슴 다리 같다. ⑨팔을 늘어뜨리면 손이 무릎 아래까지 내려온다. ⑩남근이 오므라져 숨어 있는 것이 말의 것과 같다. ⑪키가 두 팔을 편 것과 같다. ⑫모공에 새까만 털이 나왔다. ⑬몸의 털이 위로 쏠려 있다. ⑭온 몸이 황금빛이다. ⑮항상 몸에서 솟는 광명이 한 길이나 된다. ⑯살이 부드럽고 매끄럽다. ⑰발바닥·손바닥·정수리가 모두 판판하고 둥글며 두껍다. ⑱두 겨드랑이가 편편하다. ⑲몸매가 사자와 같다. ⑳몸이 크고 단정하다. ㉑양 어깨가 둥글고 두툼하다. ㉒이가 40개이다. ㉓이가 희고 가지런하며 빽빽하다. ㉔송곳니가 희고 크다. ㉕빰이 사자와 같다. ㉖목구멍에서 향기로운 진액이 나온다. ㉗혀가 길고 넓다. ㉘목소리가 맑고 멀리 들린다. ㉙눈동자가 검푸르다. ㉚속눈썹이 소의 것과 같다. ㉛두 눈썹 사이에 흰 털이 나 있다. ㉜정수리에 살이 불룩하게 나와 있다.

삼악도三惡道 : 악업을 지은 이가 가는 세 가지 고통의 길. 지옥, 아귀, 축생의 길.

삼천대천세계三千大千世界 : 수미산을 중심으로 한 네 대륙과 지옥과 도솔천, 범천까지 포함하여 존재하는 하나의 세계를 일세계라고 한다. 일세계에 하나의 태양, 하나의 달이 있는데, 이런 일세계가 1000개가 모인 것이 소천세계, 소천세계가 다시 1000개가 모인 것이 중천세계, 중천세계가 다시 1000개가 모인 것이 대천세계이다. 이를 삼천대천세계라고 한다. 1000의 3승에 해당한다 할 수 있다. 전 우주를 통칭하는 말이다.

색계色界 : 삼계의 하나로 욕계와 무색계 사이의 중간 세계. 탐욕과 집착에서 벗어나 윤회에서는 벗어났으나 아직 색법에서 벗어나지 못한 세계.

선근善根 : 온갖 선을 낳는 근본. 좋은 과보를 받을 선한 행위.

선정禪定 : 마음을 집중시켜서 산란함을 멈추고 고요함 속에 거하면서 반야의 지혜를 얻기 위해 마음을 닦는 수행. 불교의 근본 수행 방법 가운데 하나로 계戒·정定·혜慧의 삼학 중 하나이다.

선지식善知識 : 불도를 잘 알고 덕이 높아 사람을 교화할 만한 능력이 있는 승려.

성문聲聞 : 부처님의 설법을 듣고 사성제의 이치를 깨달아 아라한에 이르는 불제자.

성문승聲聞乘 : 삼승의 하나. 부처님의 가르침, 특히 사성제의 가르침을 잘 듣고서 아라한의 경지에까지 이르는 수행을 말한다.

세존世尊 : 석가세존의 준말. 문자 그대로 풀이하면 세간의 존경을 받을 이.

소승小乘 : 작은 수레. 자기의 해탈만을 구하며 개인적인 수행에만 집착하는 불교 종파들을 이른다. 대승의 상대되는 말로써, 생사윤회를 벗어나는데 집착하다가 생사의 윤회 세계를 무시하는 수행 태도를 가진다.

속제俗諦 : 세속의 진리. 제諦는 진리를 뜻한다. 분별과 차별을 통하여 인식하는 진리로 중생들이 상식적으로 아는 진리를 말한다.

수기受記 : 불제자가 부처님으로부터 내세에 부처가 될 것이라는 예언을 받는 일을 말한다.

수다원須陀洹 : 흐름에 들어갔다는 뜻. 잘못된 견해와 미혹에서 벗어나 비로소 진리 추구의 흐름에 들어선 경지. 초기불교 수행단계인 사향사과四向四果의 첫 번째 단계이다.

시방十方 : 불교에서의 우주의 공간적 구분. 동·서·남·북의 사방과 동북·동남·서남·서북의 사유四維, 또 상·하까지 열 가지 방향을 말한다. 시간 구분인 삼세와 통칭하여 전 우주를 가리킨다.

십력十力 : 부처님만이 갖추고 있는 열 가지 지혜의 능력. ①처비처지력處非處智力. 이치에 맞는 것과 맞지 않는 것을 분명히 구별하는 능력. ②업이숙지력業異熟智力. 선악의 행위와 그 과보를 아는 능력. ③정려해탈등지등지지력靜慮解脫等持等至智力. 모든 선정(禪定)에 능숙함. ④근상하지력根上下智力. 중생의 능력이나 소질의 우열을 아는 능력. ⑤종종승해지력種種勝解智力. 중생의 여러 가지 뛰어난 판단을 아는 능력. ⑥종종계지력種種界智力. 중생의 여러 가지 근성을 아는 능력. ⑦변취행지력遍趣行智力. 어떠한 수행으로 어떠한 상태에 이르게 되는지를 아는 능력. ⑧숙주수념지력宿住隨念智力. 중생의 전생을 기억하는 능력. ⑨사생지력死生智力. 중생이 죽어 어디에 태어나는지를 아는 능력. ⑩누진지력漏盡智力. 번뇌를 모두 소멸시키는 능력.

십선계十善戒 : 불교에서 세속인이 지켜야 할 열 가지 계율. 오계를 더 구체화하여 십선업도十善業道를 계율로 삼은 것이다. ①불살생不殺生: 살아 있는 것을 죽여서는 안 된다. ②불투도不偸盜: 도둑질해서는 안 된다. ③불사음不邪淫: 남녀의 도를 문란케 해서는 안 된다. ④불망어(不妄語): 거짓말을 해서는 안 된다. ⑤불기어不綺語: 현란스러운 말을 해서는 안 된다. ⑥불악구不惡口: 험담을 해서는 안 된다. ⑦불양설不兩舌: 이간질을 해서는 안 된다. ⑧불탐욕不貪欲: 탐욕심을 내어서는 안 된다. ⑨부진에不瞋恚: 화를 내거나 분노를 품어서는 안 된다. ⑩불사견不邪見: 그릇된 견해를 가져서는 안 된다.

십지十地 : 불교에서 대승의 보살이 수행 과정상에서 거치게 되는 10단계의 경지. [화엄경]에 의하면, ①환희지歡喜地: 중도中道의 지혜를 깨달아 일체의 견혹見惑을 끊고 환희가 넘쳐나는 경지. ②이구지離垢地: 인간의 번뇌를 다 끊고 더러움을 씻어 깨끗해진 경지. ③발광지發光地: 명지明地라고도 하는데, 모든 번뇌를 끊어 지혜의 광명이 발현되는 경지. ④염혜지焰慧地: 염지燄地라고도 하는데, 번뇌가 사라지고 지혜가 불꽃처럼 솟아나는 경지. ⑤난승지難勝地: 번뇌를 모두 끊음으로써 속지俗智와 진지眞智가 잘 조화를 이루게 된 경지. ⑥현전지現前地: 번뇌를 끊고 무위진여無爲眞如가 드러나는 경지. ⑦원행지遠行地: 2승二乘의 깨달음의 영역을 넘어서 원대한 진제眞諦의 세계에 이른 경지. ⑧부동지不動地: 완전한 진여眞如를 얻어 조금도 동요를 일으키지 않는 경지. ⑨선혜지善慧地: 부처의 십력十力을 얻어 때와 경우[根機]에 따라 중생을 교화하는 지혜를 터득한 경지. ⑩법운지法雲地: 많은 공덕으로써 많은 이들에게 대비심大悲心 같은 존재가 된 경지를 말한다.

십팔불공법十八不共法 : 다른 이와 공유될 수 없는 부처님만의 18가지 능력과 특징. ①신무실身無失. 몸으로 짓는 행위에 허물이 없음. ②구무실口無失. 입에서 비롯되는 말에 허물이 없음. ③염무실념無失. 기억이나 생각에 허물이 없음. ④무이상無異想. 모든 중생에 대해 평등한 마음을 가짐. ⑤무부정심無不定心. 중생의 산란한 마음을 없애 줌. ⑥무부지이사심無不知已捨心. 중생을 모른 채 내버려 두지 않고 구제함. ⑦욕무감欲無減. 중생을 구제하려는 의지가 줄어들지 않음. ⑧정진무감精進無減. 수행에 퇴보가 없음. ⑨염무감念無減. 기억력이 감퇴하지 않음. ⑩혜무감慧無減. 지혜가 쇠퇴하지 않음. ⑪해탈무감解脫無減. 모든 집착을 떠난 해탈의 경지에서 퇴보하지 않음. ⑫해탈지견무감解脫知見無減. 모든 해탈을 명료하게 알아 부족함이 없음. ⑬일체신업수지혜행一切身業隨智慧行. 모든 행위는 지혜를 수반함. ⑭일체구업수지혜행一切口業隨智慧行. 모든 말은 지혜를 수반함. ⑮일체의업수지혜행一切意業隨智慧行. 모든 생각은 지혜를 수반함. ⑯지혜지견과거세무애무장智慧知見過去世無礙無障. 과거세의 모든 것을 알아 막힘이 없음. ⑰지혜지견미래세무애무장智慧知見未來世無礙無障. 미래세의 모든 것을 알아 막힘이 없음. ⑱지혜지견현재세무애무장智慧知見現在世無礙無障. 현재세의 모든 것을 알아 막힘이 없음.

ㅇ.

아귀 : 탐욕과 인색함을 일삼은 죄로 아귀도에 태어난 귀신. 목구멍은 바늘만 한데 배는 수미산만하여 무엇을 먹더라도 만족치 못하며 끝없는 배고픔과 기갈에 시달린다.
아나함阿那含 : 불래不來의 뜻. 욕계의 번뇌를 끊어 그 다음 생에 욕계에 돌아오지 않고 색계나 무색계에 나는 경지. 초기불교 수행단계인 사향사과四向四果의 세 번째 단계이다.
아뇩다라삼먁삼보리阿耨多羅三藐三菩提 : 무상정등각을 말한다. 가장 높고 바르고 평등하며 완벽한 부처님의 깨달음을 말한다.
아라한阿羅漢 : 윤회에서 벗어난 경지. 소승 불교에서 도달할 수 있는 최고의 경지로, 초기불교 수행단계인 사향사과四向四果의 마지막 네 번째 단계이다.
아만심我慢心 : 스스로를 높여서 잘난 체 하며 남을 업신여기는 마음.
아비지옥阿鼻地獄 : 무간無間 지옥. 형벌이 끊이지 않는 지옥이다.
아승기阿僧祇 : 헤아릴 수 없이 많은 수. 항하사보다 더 많은 수.
야차夜叉 : 본디 모습이 추악하며 사람을 해치는 잔인한 귀신. 그러나 불법에 귀의하여 불법을 수호하는 경우도 있다.
양족존兩足尊 : 두 발로 걷는 인간 가운데 가장 존귀한 이, 곧 부처님을 일컫는다.
여래如來 : 부처님의 존칭으로, 진리의 세계에서 중생을 구원키 위해 오신 자라는 뜻.

여래장如來藏 : 여래를 내장하였다는 뜻으로, 중생에게 본디 있는 부처가 될 수 있는 가능성. 여래를 감춘 보물 창고.

연각승緣覺乘 : 삼승의 하나. 연기법의 이치, 또한 12연기의 가르침을 잘 이해하여 아라한의 경지에까지 이르는 수행법이다.

연기법緣起法 : 인연생기因緣生起법의 준말. 이것이 있으므로 저것이 있고, 이것이 사라지므로 저것이 사라진다. 모든 것은 스스로 존재하지 못하고 서로가 서로를 만들어내면서 상호 의존 관계에서만 존재할 수 있다. 이러한 법칙을 이른다.

열반涅槃 : 불어서 꺼진 상태. 번뇌의 불꽃을 지혜로 꺼서 일체의 번뇌, 고뇌가 소멸된 상태를 말한다. 미혹과 집착을 끊고 일체의 속박에서 해탈한 최고의 경지를 말한다.

염부제閻浮提 : 남섬부주, 수미산 주변의 동서남북 네 대륙 중에서 남쪽의 대륙. 우리가 살고 있는 세계를 말한다.

영취산(영축산) : 석가모니불께서 법화경을 설하신 산.

오계五戒 : 일반 불교 신자가 지켜야 할 기본적인 다섯 가지 계율. ①불살생계不殺生戒. 살아있는 생명을 해하지 않는다. ②불투도계不偸盜戒. 남의 것을 훔치지 않는다. ③불사음계不邪婬戒. 음란한 짓을 하지 않는다. ④불망어계不妄語戒. 거짓말하지 않는다. ⑤불음주계不飮酒戒. 술을 마시지 않는다.

외도外道 : 불교 이외의 가르침 또는 그릇된 가르침.

요의경了義經 : 부처님의 참되고 진실한 가르침을 그대로 담은 최상의 경전.

욕계欲界 : 삼계의 하나로, 음욕, 식욕, 재욕 등의 탐욕과 집착이 강하여 윤회에서 아직 벗어나지 못한 세계.

우바새優婆塞 : 남자 재가 불자.

우바이優婆夷 : 여자 재가 불자.

유순由旬 : 고대 인도에서의 거리 단위. 실제 거리는 명확치 않으나 보통 8km정도로 간주함.

유여열반有餘涅槃 : 아라한의 열반으로, 아직 미세한 괴로움이 남아있는 상태. 무여열반의 상대되는 말이다. 대승불교에서 부처님의 경지란 인간이 사실상 도달하기 어려운 수준에 올라가므로, 자력 수행으로는 완전한 무여열반에 도달하기 어려운 것으로 이해된다. 이에 아라한의 열반이 유여열반이라 분류되기도 한다. 또는 번뇌를 소멸하였지만 번뇌의 근거가 되는 육신이 남아있는 경지로 이해되기도 한다.

유정천有頂天 : 삼계의 하늘 중에 가장 위에 있는 하늘. 무색계의 비상비비상천非想非非想天을 말함.

육계肉髻 : 부처님의 정수리에 상투처럼 솟은 살의 혹. 32상 중 하나이다.

육근六根 : 인식 작용을 일으키는 6가지 근원, 곧 눈, 귀, 코, 입, 몸, 뜻.

육도六道 : 모든 중생이 윤회하는 6가지 세계. 지옥, 아귀, 축생, 인간, 천상, 아수라의 6가지 길.

육바라밀六波羅蜜 : 생사生死의 고해苦海를 건너 이상경인 열반의 피안에 이르기 위해 보살들이 실천하는 여섯 가지 덕목. ①보시布施: 자비심으로 일체 중생에게 베푸는 일. 부처님의 법을 베푸는 법보시法布施, 재물을 베푸는 재시財施, 두려움이 없도록 건져주는 무외시無畏施 등이 있다. ②지계持戒: 계율을 지킴. 기본적인 오계五戒뿐 아니라 십선계十善戒를 지키는 것 등이 해당한다. ③인욕忍辱: 욕됨을 참고 인내하는 일. 박해나 고통을 참고 원한이나 노여움을 만들지 않는 일. ④정진精進: 방일하거나 게으르지 않고 끝없이 깨달음을 이루기 위해 노력하는 일. ⑤선정禪定: 산란한 마음을 가라앉히고 고요함 속에서 선정을 닦는 일. ⑥지혜智慧: 나쁜 소견과 삿된 견해를 버리고 깨달음을 위한 반야를 닦는 일. 모든 법의 실상을 바르게 아는 것.

육통六通 : 불교에서 말하는 여섯 가지의 신통력. ①천안통天眼通: 천안天眼을 얻어 모든 사물의 형색을 막힘없이 환희 볼 수 있는 신통력. ②천이통天耳通: 세간 일체의 멀고 가까운 소리를 자유자재로 듣는 신통력. ③타심통他心通: 남의 마음을 아는 신통력. ④숙명통宿命通: 나와 남의 과거, 전생을 아는 신통력. ⑤신족통神足通: 몸을 자유자재로 변화시키며 어디든 이동할 수 있는 신통력. 신여의통(神如意通)이라고도 한다. ⑥누진통: 자유자재로 번뇌를 끊는 신통력.

이승二乘 : 삼승 가운데 일승을 제외한 나머지 두 가지 소승법을 말한다. 성문승과 연각승이다.

인연因緣 : 인因과 연緣, 원인됨과 연결됨. 서로가 서로의 원인이 되고, 서로 간의 관계 속에서만 서로가 정의된다. 이를 모든 법이 인연에 의해 나타났다가 사라진다고 말한다.

인욕忍辱 : 온갖 욕됨과 번뇌를 참고 원한을 일으키지 않음

인천승人天乘 : 인간과 하늘에 날 수 있는 수행법. 인과법을 잘 이해하여 착하게 살면 그 다음 생애에 악도로 떨어지지 않고 인간이나 하늘에 윤회할 수 있는데 이러한 가르침을 이른다. 그러나 윤회를 벗어날 수 있는 수행은 아니다.

일대사인연一大事因緣 : 여래께서 출현하시게 되는 가장 큰 하나의 인연. 여래께서는 중생 구제를 위해, 부처님의 지혜를 중생들에게 열어서 보여주어 중생들로 하여금 부처님의 지혜에 들어와 깨닫게 만드시려고 출현하시니, 이를 두고 하는 말이다. 대승에서는 이 일이 가장 중요한, 또 유일무이한 부처님의 출현 이유로 이해된다.

일승(일불승)一乘 : 보살승. 대승. 부처되는 궁극의 가르침이자 일체 중생을 구제하는 부처님의 가르침을 이른다.

일천제一闡提 : 깨달음을 구하려는 마음은 없고 세속적인 쾌락만을 추구하는 중생. 성불할 가능성이 없는 중생을 일컫는다.

일체지一切智(일체종지) : 우주의 모든 원리를 일체 다 아는 지혜. 부처님의 지혜이다.

ㅈ.

자성自性 : 다른 것과 혼동되지 않는 독자적인 그 본래의 성질.

적멸寂滅 : 생멸이 없어진 무위적정의 상태. 번뇌 망상의 세계를 떠난 열반의 경지.

전륜성왕 : 통치의 수레바퀴를 굴려 세계를 통일하고 정의롭게 지배하는 이상적인 제왕. 32상을 갖춘 몸으로 칠보를 갖고 정법으로 수미산 주변의 네 대륙을 각기 다스린다. 전통적으로 인도의 아쇼카 왕이 세속의 전륜성왕이었다고 전해진다.

제석천왕 : 신들의 왕으로 불법을 수호한다. 욕계 여섯 하늘을 모두 관장하며, 불격을 갖춘 최상수보살이다. 욕계 1하늘(타화자재천) 위에 그 거처가 있다.

증상만增上慢 : 깨닫지 못했는데도 최상의 교법과 깨달음을 얻었다고 착각하는 교만한 소승을 이름.

지계持戒 : 계행, 계율을 지킴

진제眞諦 : 진정한 진리. 제諦는 진리를 뜻한다. 속제俗諦의 상대되는 말로, 분별이 끊어진 상태에서 만날 수 있는 가장 뛰어난 궁극적 진리를 말한다.

집금강신執金剛神 : 불교의 수호신으로 손에 금강저를 가진 신장이다. 금강역사라고도 한다.

집제執諦 : 고통의 원인은 끝없는 집착에 있다는 진리.

ㅊ.

천마天魔 : 욕계 하늘에서 가장 낮은 6하늘에 있는 마왕의 권속들을 이른다. 불법 수행을 방해하는 세력이다.

칠보七寶 : 7가지 보물. 금·은·마노·유리·거거·진주·매괴.

ㅍ.

팔십종호八十種好 : 불보살이 특별하게 갖추고 있는 80가지의 미세한 신체적 특징.

팔정도八正道 : 깨달음을 위한 여덟 가지 실천의 길. 정견正見(올바른 견해), 정사유正思

惟(바른 견해에 뒷받침된 바른 사유), 정어正語(바른 말), 정업正業(바른 생각과 말에 기초한 바른 행동과 업), 정명正命(불법을 따른 바른 삶), 정정진正精進(방일하지 않고 올바르게 정진함), 정념正念(올바르게 모든 법의 모양을 기억함), 정정正定(번뇌를 여읜 올바른 선정).

ㅎ.

학인學人 : 배우는 자. 아직 번뇌가 남아 있어 아라한의 경지에 이르기 위해 더 수행해야 하는 수행승.

무학인無學人 : 더 배울 것이 없는 자. 모든 번뇌를 끊은 아라한.

항하사恒河沙 : 항하의 무수한 모래란 뜻으로, 무수히 많은 수량을 이르는 말.

항하恒河 : 인도의 강가 강. 곧 갠지스 강의 한자 이름.

해탈解脫 : 모든 속박으로부터 벗어나 자유롭게 되는 상태. 인간의 탐욕과 성냄과 어리석음은 물론이고 그 근본이 되는 번뇌와 아집으로부터도 자유롭게 됨을 의미한다. 궁극적으로는 윤회에서 완전히 벗어나고 삼계에서까지 벗어나 자유롭게 되는 경지를 말한다.

화생化生 : 어느 것에 의존하지 않고 스스로의 업력業力에 의해 홀연히 생겨나는 것.

화신化身 : 중생 교화를 위해서 부처님께서 나타내어 보이시는 부처님의 몸. 여래께서는 백 천 만억 화신을 내셔서 수많은 세계의 중생들을 동시에 교화하신다 한다. 인연되시는 불상에 거하실 때에도 화신불께서 그 불상이나 탱화에 깃드신다 한다.

참고 서적

1 광명 만덕·자재 만현 큰스님, [21세기 붓다의 메시지 1(보정판)], 현지궁 현지사, 2016.
2 광명 만덕·자재 만현 큰스님, [21세기 붓다의 메시지 2(보정판)], 현지궁 현지사, 2016.
3 곽자일 편역, [법화행자의 초상], 불교시대사, 1998.

간추린 법화경

법화경을 쓰신 분_어느 부처님의 화신
법화경 한문으로 번역하신 분_구마라즙 법사
법화경을 간추린 이_권회재

초판 1쇄 발행일_2023년 1월 25일
펴낸곳_나무지혜 | 출판등록 2022년 10월 20일 제2022-000073호
주소_서울시 은평구 연서로 28길 12 메트하임 1314호
전화번호_010-3509-6513
팩스_0504-252-6513
홈페이지_www.wordofbuddha.co.kr
전자우편_behindname@naver.com

삽화_조이락 Irak7@naver.com

ISBN 979-11-981484-0-7

정가 18,000원